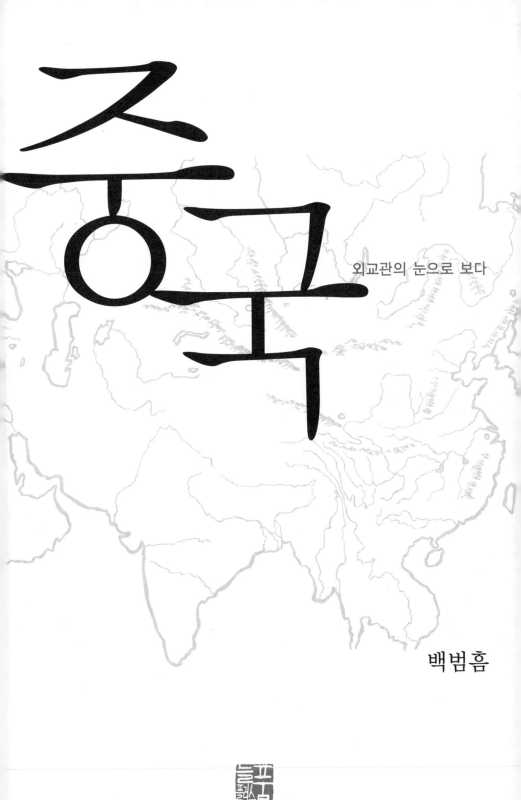

중국

외교관의 눈으로 보다

백범흠

중국

2010년 4월 19일 초판 1쇄
2011년 2월 25일 초판 2쇄

글	백범흠
펴낸곳	(주)늘품플러스
펴낸이	전미정
표지디자인	남지현
그림	인지은 손지원
기획 · 교정	이선영 이정인 위은옥
디자인 · 편집	정윤혜 전혜영 조선희

출판등록	2008년 1월 18일 제2-4350호
주소	서울 중구 필동 1가 39-1 국제빌딩 607
전화	070-7090-1177
팩스	02-2275-5327
이메일	go5326@naver.com
홈페이지	www.npplus.co.kr

정가 17,800원

ISBN 978-89-93324-15-0 03910
ⓒ 백범흠, 2010

중국

외교관의 눈으로 보다

추천사

중국과 인도의 부상浮上, 일본의 정체停滯, 미국과 EU, 러시아의 상대적 쇠퇴衰退 등 세계가 급변하고 있다. 그 중에서도 동東아시아뿐만 아니라 범凡세계적 세력구조에도 큰 영향을 미치고 있는 이웃의 거대국가 중국의 재등장은 우리나라의 현재는 물론, 미래에도 빛과 함께 긴 그림자를 드리울 것으로 보인다. 2009년 우리나라와 중국간 무역액수는 우리나라와 미국 및 일본간 무역액수를 합한 것보다 많았다. 중국은 19세기말 이후 120년 만에 다시 북한핵 문제, 북한정권의 장래, 나아가 통일 문제 등 우리 민족의 운명과 직접 연결된 이슈에 결정적인 영향을 미치는 나라로 등장했다.

저자는 중국이 흉노, 선비, 여진, 만주, 일본 등 이민족들에게 수 없이 정복당한 피정복被征服의 역사를 되풀이하면서도 외부로부터 에너지를 흡수하여 새로운 체제로 발전해 나가는 엄청난 잠재력을 갖고 있는 것으로 보고 있다. 저자는 현대에 들어와서야 중국의 족쇄足鎖에서 풀려나 해양국가의 일원으로 번영을 구가하고 있는 한국이 지속 발전해 나가기 위해서는 우리를 속박해온 성리학적性理學的 중화질서를 조속히 극복해야 한다고 주장한다.

저자는 중국의 부상浮上에 따른 범세계적인 세력관계의 변화에 대처하고 민족정체성national identity을 유지해 나가기 위해서는 통일이 필수적이라는 점을 강조하고 있다. 저자는 통일을 위해서는 중국과의 특별한 관계 구축 및 촘촘한 거미줄web 외교와 현실적으로 적敵인 동시에 동포이기도한 북한의 양면성 활용 등 다각적인 전략이 필요하다고 주장한다.

지금 이 시대를 살아가는 많은 외교관들과 국제정치학자들은 중국의 급부상이 국제적으로 커다란 파장을 가져올 것이라는 데는 의견을 같이 하면서도 그것이 구체적으로 어떠한 모습을 띨 것인가에 대해서는 의견을 달리하고 있다. 그러나 다수는 중국이 여러 가지 난관을 모두 극복하고, 조만간 미국에 육박하거나 미국을 능가하는 경제규모를 갖게 될 것으로 보고 있다. "생각이 곧 미래이다." 는 말이 있다. 우리의 생각이 우리의 미래를 결정한다는 뜻이다. 백범흠 저자의 책『중국 외교관의 눈으로 보다』는 한국외교의 방향을 제시하는 좋은 나침반이 될 것임에 틀림없다.

정태익 前외교안보수석, 前주러시아대사

역사적으로 중국은 한반도 정세에 큰 영향을 미쳐 왔다. 우리는 G2로 성장한 중국을 반드시 알아야만 하는 시대에 살고 있다. 용중用中이 필요한 이 시대에 폭넓은 식견과 더불어 외교 이론과 실무를 바탕으로 저술된 이 책은 중국을 제대로 이해하는 데 도움을 주는 매우 유용한 중국 정보의 보고寶庫라고 생각된다. 특히 외교전략가로서 저자의 인식이 돋보인다.

강한태 한국국방연구원 항공공학박사

동아시아의 미래는 중국과 깊이 연관되어 있다. 역사 속의 중국은 어떠하였을까? 글로벌 중국은 앞으로 우리에게 어떠한 의미를 갖게 될까? 중국 문제 전문가이자 외교관인 저자가 드러내는 구체적 중국은 두드러지게 다르다. 외교전략가답게 방대한 중국 역사에서 시작하여 정치와 경제, 그리고 사회와 문화에 이르기까지의 긴 지적 여정을 책 속에 담아내고 있다.

김상준 연세대학교 정치외교학과 교수

외교관인 저자는 역사와 문화에 대한 해박한 지식과 현장경험을 접목시켜 살아 숨 쉬는 중국역사를 전개하고 있다. 중국을 보다 깊이 있게 이해하기를 원하는 모든 이들에게 읽어 보기를 권한다. 뛰어난 외교 전략가로 생각되는 저자의 생동감 있는 글에 빠져들다 보면, 중국이 점점 더 또렷이 보이게 될 것이다.

김준섭 국방대학교 교수

냉전 종식 이후 유일한 초강대국이 된 미국에 대항할 수 있는 유일한 도전자가 바로 중국이다. 중국을 알지 못하면 세계의 흐름을 알 수 없다. 저자는 방대한 자료 수집과 외교관으로서의 오랜 경험, 그리고 탁월한 식견을 통해 중국의 참모습을 우리에게 보여 주고 있다. 이렇게 중요하고 심각한 주제를 독서의 즐거움 속에서 접할 수 있게 만드는 것은 저자의 타고난 능력이다.

노재봉 (주)효성 전무

2008년 미국발 글로벌 경제위기 이후 세계경제의 흐름은 중국을 비롯한 이머징 마켓으로 쏠리고 있다. 이머징 마켓 가운데서도 우리나라와 인접한 중국의 중요성은 아무리 강조해도 지나치지 않다. 중국의 미래에 대해서는 일부 비관론도 있지만, 투자 귀재인 짐 로저스 회장은 지극히 낙관적으로 보고 있다. 현직 외교관이 파헤친 중국의 역사와 문화는 정·관계는 물론 우리 기업인들에게도 소중한 자산이 아닐 수 없다. 우리 사회의 엘리트들이 꼭 읽어 보아야 할 책이다.

손희식 한국경제신문 기자

외교통상부에 파견·근무한 약 1년 6개월 동안 저자를 공·사석에서 여러 차례 만나보았다. 만날 때마다 중국문제를 포함한 여러 가지 국제문제에 대한 그의 폭넓은 지식에 감탄하였다. 중국의 급격한 부상에 대비하여 우리나라가 취해야 할 외교방향에 대한 그의 주장은 우리나라 각계 엘리트들이 경청해야 한다고 생각한다.

안범진 외교통상부 파견검사(부산지방검찰청 검사)

저자는 외교관으로서의 풍부한 경험과 세계와 중국에 대한 학자적 통찰력을 조화롭게 버무려 중국의 과거와 현재, 그리고 미래를 일목요연하게 제시하고 있다. 중국경제와 같은 드라마틱한 변화를 갈구하는 독자들에게 이 책을 권한다.

윤태식 기획재정부 통상정책과장

중견 외교관이 중국에 대해 이토록 해박한 지식을 갖고 있다는 사실이 놀라울 따름이다. 이 책은 외교관의 실무 경험을 바탕으로 변화하는 중국의 과거와 현재, 미래를 분석하고 중국이 우리에게 어떤 영향을 미치고 우리는 어떻게 대처해야 할 것인지를 명쾌하게 설명해준다. 우리는 이 책을 통해 그동안 접하지 못했던 새로운 중국의 모습을 보게 될 것이다.

이문한 대검찰청 검사

10여 년 전, 지금은 대사가 된 한 외교관으로부터 "해외공관에서 보내오는 보고서 중에서 으뜸은 주오스트리아대사관 백범흠 서기관의 것"이라고 칭찬하는 말을 들었다. 출입기자로 그 이전부터 저자를 지켜봐온 터여서 같이 근무한 적이 없는 이 외교관의 말에 고개를 끄덕였다. 역시 저자는 기대를 저버리지 않았다. 이 책은 저자의 정보수집 및 분석 능력과 함께 외교관으로서 중국의 부상에 따른 투철한 문제의식을 보여 주고 있다.

이승철 경향신문 논설위원

이 책은 또 하나의 대국굴기大國屈起이다. 2006년 중국 CCTV가 방영한 다큐멘터리 〈대국굴기〉는 강대국 탄생의 조건을 다루어 14억 중국인들로 하여금 강대국에 대한 열망을 갖게 한 프로그램이다. 저자는 세계 2대 강국의 하나로 부상한 중국을 4천년이 넘는 시간과 만주에서 티베트까지 2만 리의 공간 여행을 통해 철저히 분석하고 있다. 외교관인 저자의 열정이 배어 있는 이 책은 중국과 중국인, 중국문화를 제대로 이해할 수 있는 좋은 나침반이다. 우리나라 엘리트 모두가 읽어 보았으면 한다.

장석영 방송통신위원회 국제협력국장

한·중 관계의 미래를 정확하게 제시하는 혜안이 돋보이는 뛰어난 중국 안내서이다. 이 책은 저자가 갖고있는 중국의 역사와 문화에 대한 폭넓은 지식을 기반으로 중국의 미래를 설득력 있게 예측하고 있다. 저자는 만나본 외교관들 가운데 가장 식견이 있는 외교관으로 생각된다. 중국에 대한 폭넓은 이해를 구하는 독자들에게 적극 권하고 싶다.

표민찬 서울시립대 경영학부 교수

사랑하는 아내 임정민任貞玟과

고향 예천 땅 양지바른 곳에 누워계신 어머니·아버지께

프
롤
로
그

2009년 9월 아시아태평양경제협력체APEC 회의 참석을 위해 중국의 상하이上海와 쑤저우蘇州를 방문했다. 1999년 1월 상해 임시정부청사를 고치는 문제를 협의하기 위해 두 도시를 방문한 이후 10년 만이었다. 상하이와 쑤저우는 말 그대로 상전벽해桑田碧海가 되어 있었다. 논밭이 대부분이었던 상하이-쑤저우 고속도로 주변은 공장건물들로 가득 차 있었으며, 거리를 누볐던 거대한 자전거의 물결은 끝없는 자동차의 행렬로 바뀌어 있었다. 시민들의 우중충했던 옷차림도 화사하게 변해 있었다. 중견 외교관의 육안肉眼으로 중국의 부상浮上을 확인한 순간이었다. 외교통상부의 APEC·ASEM 과장으로 일하는 지금까지 약 30년 동안 줄곧 중국 문제를 연구해 왔다. 2006~2007년 청와대에서 근무할 때는 중국 업무를 직접 담당하기도 했다. 「중국」이라는 중요한 문제에 대한 고민을 해소하기 위해 30년이라는 긴 세월 동안 중국을 전공한 학자들과 중국에서 근무한 외교관, 기업인, 언론인 등 많은 사람들을 만나 보았다. 그들과 대화하면서 확인한 것은 중국을 제대로 알기 위해서는 먼저 중국의 역사와 문화를 이해해야 한다는 것이었다.

역사는 새로운 제국帝國의 등장이 불안정·불확실성과 폭력을 동반同伴하여 왔음을 말해주고 있다. BC 108년 (고)조선의 멸망은 통일제국 서한西漢이 북방의 강자 흉노를 제압함으로써 초래되었다. 7세기 당나라의 중원 통일은 고구려와 백제의 멸망을 가져왔다. 13세기 몽골의 팽창은 고려에 대한 30년 침략으로 다가왔으며, 14세기 명나라의 대두는 고려의 멸망으로 이어졌다. 17세기 만주滿洲의 부상은 정묘·병자호란과 조선의 속국화屬國化를 야기했고, 19세기 일본의 국력 증강은 조선의 멸망을 가져왔다. 1949년 중국 공산당에 의한 중원 통일은 한반도의 장기 분단으로 이어졌다.

「역사는 아무 것도 가르쳐 주지 않는다. 다만 역사로부터 교훈을 얻지 못하는 자들을 처벌할 뿐이다.」라는 말이 있다. 위와 같은 여러 가지 역사적 사례에도 불구하고, 우리가 중국의 부상에 제대로 대처하지 못한다면, 처벌받는 자는 바로 우리 자신이 될 것이다.

2008년 미국발美國發 세계경제위기 이후 중국의 부상은 한층 더 두드러져 보인다. 우리나라는 중국의 부상이 가져올 범세계적 세력균형의 변화가 우리나라에 어떠한 영향을 미치게 될지 심각하게 검토해 보아야 한다. 중국의 부상은 우리에게 새로운 사고방식을 요구하고 있다. 우리는 보다 주도면밀한 외교를 하여야 하며, 이를 위해서는 우리 외교의 방향에 대한 정확한 조타操舵가 필요하다. 방향이 잘못되면 외교 기술만으로는 만회할 방법이 없기 때문이다.

인구 13억 5천만 명, 면적 957만㎢, 국내총생산(GDP) 약 5조 달러의 초대국超大國 중국은 어디를 향해 가고 있는 것일까? 중국은 1979년 개방이후 연평균 8.7%의 고도성장을 계속해 왔다. 중국은 GDP 기준으로 2008년 독일을 제쳤으며, 2010년에는 일본마저 제치고, 미국에 이은 세계 제2위의 경제대국으로 부상할 것이 확실해 보인다. 현대 문명의 총아寵兒라는 자동차와 컴퓨터 판매대수는 2009년에 이미 미국을 뛰어 넘었다. 우리가 한때 우스개처럼 이야기했던 「중국인들이 모두 승용차를 타게 되면 공기오염으로 인해 우리나라는 망한다.」는 말이 현실화될 날도 멀지 않았다.

중국은 지난해 1조 2,000억 달러 어치를 수출하여 독일을 제치고 세계 제1위의 수출국이 되었다. 영국의 유력 일간지 파이낸셜 타임스Financial Times의 2010년 1월 26일자 보도에 의하면, 중국 자연과학자들의 2008년도 국제학술지 논문 게재 건수는 1981년의 64배인 11만 2,300건에 달했으며, 논문의 질도 눈에 띄게 향상되었다 한다. 지금부터 10년 뒤인 2020년에는 국제학술지 논문 게재 건수가 미국을 넘어설 것으로 예상되고 있다. 중국은 미국과 러시아에 이어 세계에서 세 번째로 지대공地對空 요격 미사일과 유인 우주선 발사에 성공하기도 했다.

우리나라가 계속 발전해 나가기 위해서는 중국의 안정과 발전이 절대 필요하지만, 중국의 지속적인 발전은 우리나라와 중국 간 국력차이를 더 크게 벌려 놓을 것이며, 우리나라의 입지를 한층 더 옹색하게 만들 것이다. 중국의 발전은 우리에게 양날의 칼과 같은 것이다.

중국은 1989년 6월 천안문 사태 이후 국가자본주의statecapitalism 국가로 변모했다. 민족주의가 공산주의를 대체하게 되었다. 그 결과 중국인들은 2008년 베이징 올림픽과 티베트 사태, 2009년 신강-위구르 사태를 계기로 그들이 얼마나 민족주의적으로 변모했는지를 국제사회에 여실히 보여주었다.

일찍이 영웅 나폴레옹(Bonaparte Napoleon, 1769~1821)은 깨어나면 매우 위험하므로 중국(청나라)을 건드리지 말라고 했다. 나폴레옹의 경고에도 불구하고, 19세기 중엽이후 영국, 러시아, 독일, 프랑스, 미국, 일본 등이 군사 점령 등 여러 가지 방법으로 중국에 도전했다. 그 결과 중국은 수십-수백만이 죽어나간 헤아릴 수조차 없이 많은 내전과 기아, 전쟁을 겪고도 살아남아 다시 초강대국으로 굴기屈起했다. 2001년 세계무역기구WTO 가입으로 국제무대에 완전히 복귀한 중국은 2008년 세계경제위기 이후에는 미국과 함께 2대 강국G2의 하나로 평가받고 있다. 지금 추세의 성장이 지속되면 중국은 10~15년 뒤에는 세계 제1위의 경제대국이 될 것으로 예상된다. 나폴레옹의 예언은 결코 과장이 아니었던 것이다.

영국, 러시아, 프랑스, 미국 등 제국주의 세력이 동아시아로 밀려들기 이전까지 중국은 동아시아의 태양이었다. 중국은 황하黃河와 양자강揚子江의 젖줄에다가 만주, 몽골, 신강, 티베트 등 사방으로부터 이민족들이 몰려와 보태준 막강한 힘을 갖고, 동아시아 전역을 지배하고 있었다. 흉노匈奴, 선비鮮卑, 몽골蒙古, 만주, 일본日本 등 주변의 이민족들이 화북華北 또는 중국 전체를 정복·지배하기도 했지만, 결국 그들은 중국에 장기

체류한 손님에 불과한 것으로 드러났다. 그들은 한족漢族에 의해 동화되거나, 원거주지로 축출되고 말았다.

4,000년의 장구한 역사에 비추어 볼 때 중국은 분열되든, 정복당하든 외부로부터 에너지를 흡수하여 내부의 상처를 치유하고, 또 다른 체제로 발전해 나갈 수 있는 힘을 갖고 있는 것으로 보인다. 그래서 서구西歐와 일본을 중심으로 제기되고 있는 「중국 위협론China threat」은 중국 때리기China bashing가 아닌 사실이며, 가까운 장래에 닥쳐올 정치·경제·문화적 현상 그 자체이다.

중국의 부상에 따른 범세계적 세력관계의 변화에 대처하고, 민족 정체성national identity을 유지해 나가기 위해서는 조속히 통일해야 한다. 인구 5천만 명, 면적 10만㎢의 한국만으로는 중국 우위하의 미-중 양극체제의 대두라는 앞으로 닥쳐올 격랑을 헤쳐 나갈 수 없기 때문이다. 중국이 완전히 부상하기 전에 남북통일을 달성하여야 한다. 중국이 완전히 부상하고 중화질서를 복구하고 나면, 자국自國 안보에 필수적인 만주의 울타리 북한을 결코 포기하려 하지 않을 것임은 물론, 북한을 직접적인 영향권 내로 끌어들이려 할 것이기 때문이다. 이 경우 북한은 중국 중심의 대륙질서체제에, 남한은 미국·일본 중심의 해양질서체제에 포함되게 될 가능성이 크다. 그리고 한반도 남부에 자리한 한국은 반종속半從屬 상태를 의미하는 핀란드화Finlandization의 운명을 피할 수 없게 될 것이다.

아래에서 중국을 중심으로 한국과 몽골, 일본, 러시아, 베트남, 우즈베키스탄, 키르키즈, 티베트, 위구르, 흉노, 저족, 강족, 묘족, 백족, 돌궐족, 여진족, 타타르족, 오이라트족, 만주족 등 동아시아 여러 나라와 민족들을 넘나들면서 중국의 역사와 문화를 찾아가는 긴 여행을 시작해 보기로 하자. 여행을 끝마칠 때쯤이면 중국의 급격한 부상을 가져온 역사·문화적 배경에 대해 누구와 이야기해도 통할 수 있는 전문가 수준에 도달해 있을 것이다. 그리고 중국이 향후 어떤 길을 걸어가게 될지 예측할 수 있는 힘도 갖게 될 것이다.

독자로서 좋은 의견을 제시해 준 동료 이동규, 여소영, 조창연, 이현승, 김보람, 이병호 서기관에게 특히 감사드린다.

2010년 2월 인왕산과 북악이 만나는 부암동에서

I

문
명 文明

그 흐 름 에 놓 여 있 는 중 국 의 강 江

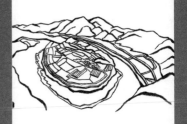

문명은 우리 인간들에 의해 만들어진다. 문명을 만드는 인간
은 생물生物이며, 생물인 인간이 살아가기 위해서는 공기와
물, 식료食料가 절대 필요하다. 공기는 거의 무한하나, 물과 식
료는 그렇지 않다. 때문에 인간은 물이 풍부하고, 용이하게
식료를 구할 수 있는 곳에 거주할 수밖에 없다. 따라서 문명
은 물과 식료를 쉽게 구할 수 있는 지역에서 탄생할 수밖에
없는 것이다.

그러면, 문명이란 무엇이며, 어떻게 형성되는가? 저명한 문화
인류학자 토인비(Arnold J. Toynbee, 1889~1975)는 『역사
의 연구 A Study of History』에서 고대문명을 ①메소포타
미아 문명, ②나일 문명, ③인더스 문명, ④황하 문명, ⑤미노
스(에게) 문명, ⑥마야 문명, ⑦잉카 문명 등 7개로 분류했다.

아메리카 대륙에서 번성한 마야 문명과 잉카문명 및 동부 지중해의 크레타를 중심으로 발전한 미노스 문명을 제외한 4대 문명은 모두 △풍부한 물, △온화한 기후, △비옥한 토양, △편리한 교통 조건을 갖춘 지역에서 발생했다. 이들 4대 문명 외에 인류에 큰 영향을 미친 동북아시아의 요하 문명과 중앙아시아의 아무 다리야 문명도 마찬가지이다.

고대문명을 통해서도 알 수 있듯이 문명이 탄생하기 위해서는 환경여건이 충족되어야 한다. 물이 없는 사하라 사막, 또는 극도로 추운 시베리아 같은 곳에서는 결코 문명이 탄생할 수 없다. 그러나 물이 풍부하고 온화한 기후를 갖고 있으며, 비옥한 토양이 있고, 교통이 편리한 한강 유역, 라인강 유역, 다뉴브강 유역, 미시시피강 유역에서도 문명이 탄생하지 않았다. 이것은 풍부한 물, 온화한 기후, 비옥한 토양, 편리한 교통 등은 문명 탄생의 필요조건이지 충분조건은 아니라는 것을 말해준다.

한편, 『문명의 충돌 *The Clash of Civilizations and the Remaking of World Order*』의 저자 헌팅턴(Samuel Huntington, 1927~2008)은 종교문화의 차이를 근거로 세계를 ①서구 문명권, ②라틴 아메리카 문명권, ③동방정교 문명권, ④이슬람 문명권, ⑤힌두 문명권, ⑥중화 문명권, ⑦일본 문명권, ⑧아프리카 문명권, ⑨불교 문명권 등 9개로 나누었다.

토인비와 헌팅턴의 이론에 따르면, 문명이란 종교, 예술, 도덕, 법률 등 문화의 가치체계를 떠받치는 물질적·기술적 기초라 할 수 있다. 즉, 문명이 탄생하고, 발전하기 위해서는 △문화, △물질, △기술이 뒷받침되어야 한다는 것이다. 결국, 하나의 문명이 탄생하기 위해서는 문화·발전을 뒷받침해 줄 수 있는 잉여생산물剩餘生産物과 상당한 수준의 기술이 필수 불가결하다 하겠다.

내성천은 왜, 문명을 탄생시키지 못했을까?

딸 혜원慧元, 아들 승환昇煥이를 데리고 2009년 3월에 별세하신 어머니의 산소에 성묘省墓를 하면서 이런 생각을 한 적이 있다. 우리는 언제부터 토장土葬을 하고 봉분을 만들었을까? 어머니의 산소 앞에 세워놓은 비석은 언제까지 그 자리에 서 있을 수 있을까? 그리고, 우리 인간사회는 언제까지 지속될 수 있을까 하고 말이다. 성묘를 마치고, 어머니의 산소에서 남쪽으로 4㎞ 정도 떨어진 곳에 위치한 천년고찰千年古刹 장안사長安寺의 뒷산을 올랐다. 장안사 관망대에 서면 낙동강의 최북단 지류支流인 내성천이 시계방향으로 350도 회전하면서 빚어 놓은 천하절경 회룡포回龍浦 마을(경북 예천군 용궁면 대은리)이 한눈에 들어온다. 내성천은 봉화군 물야면에 있는 해발 1,236m의 선달산先達山에서 발원하여 예천군 풍양면 삼강三江에서 낙동강에 합류하는 길이 110km, 유역면적 1,850㎢에 이르는 하천이다.

내성천은 태백산맥과 소백산맥의 언저리에 위치한 봉화→영주→동부 예천→북서부 안동→서부 예천을 굽이쳐 흐르면서 주변에 많은 논밭을 만들어 놓았다. 내성천 유역의 논밭에는 벼, 보리, 콩, 배추, 무, 수박 등 여러 가지 농작물이 자라고 있다. 내성천 유역의 주민들은 소와 돼지, 닭 등 가축을 키우고, 사과와 배, 복숭아 등 과수도 재배한다. 내성천은 부근 주민들에게 은어와 쏘가리, 붕어, 미꾸라지 등 민물고기를 제공하고 있다. 주위에 솟은 높고 낮은 산들은 건축용 목재木材와 함께 산도라지, 더덕, 버섯 등의 산나물도 내어놓고 있다.

신석기 시대인 4,000~10,000년 전 내성천 유역과 같이 풍부한 물, 온화한 날씨, 비옥한 토지가 있는 곳에 사람들이 모여들어 농사와 목축을 하고, 마을을 이루며, 기술을 발전시키는 등 문명을 만들어 내었다. 내성천 유역에 형성된 영주시, 예천읍, 봉화읍, 풍기읍 등의 도시들이나 내성, 경진, 구담, 향석, 회룡포(의성포), 산우물山井 등의 촌락들에서 볼 수 있는 바와 같이 그 옛날 신석기 시대부터 이 지역에 사람이 살고 있었다.

1970년대까지만 해도 내성천 유역의 인구는 50만 명에 가까웠으며, 주민 대부분은 농업에 종사하고 있었다. 이들은 소와 쟁기, 써레를 이용하여 내성천과 내성천의 지천支川을 중심으로 형성된 논밭을 일구고, 씨를 뿌렸다. 내성천 유역의 마을에서 생산된 쌀과 보리, 배추, 돼지와 닭 등 잉여剩餘 농축산물들의 일부는 내성천 뱃길을 통해 운반되었다. 이들은 영주와 예천, 점촌, 용궁, 함창, 개포 등 시장市場에서 잉여 생산물을 팔아 쟁기, 보습, 괭이, 낫 등 농기구는 물론, 옷과 신발, 생선 등을 샀다. 시장은 물건을 매매할 뿐만 아니라, 여러 가지 정보를 교환하는 커뮤니케이션Communication의 장場이기도 했다.

그렇다면 농민들이 뿌린 볍씨, 보리씨, 콩씨, 배추씨, 무씨 등 씨앗들은 어디에서 왔을까? 소, 돼지, 닭 등 가축들은 또 어디에서 왔을까? 그들이 사용한 쟁기, 보습, 괭이, 낫 등 농기구의 원료인 무쇠는 어디에서 산출되었으며, 농기구를 만드는 기술은 어디로부터 유래되었을까? 내성천 유역 주민들은 언제부터 소, 쟁기, 써레, 괭이 등 농기구들을 사용하여 농사를 지었을까? 그리고, 왜 그들은 당시 미국이나 독일, 프랑스 농민들과 같이 트랙터나 콤바인을 사용하지 못했을까? 씨앗과 가축들의 원산지는 내성천 유역일까? 외부세계일까? 시장은 어떻게 형성되었을까? 의문이 꼬리에 꼬리를 문다.

문명인지 아닌지의 여부를 판단하는 기준에 의할 때 약 50만 명의 주민들이 도시와 촌락을 이루어 살고, 소와 쟁기, 써레로 농사를 지으며, 잉여 농축산물을 시장에서 거래하고, 유교儒教, 불교佛敎, 기독교基督敎 등 종교체계를 포함한 일정한 문화도 갖고 있던 1970년대의 내성천 유역은 하나의 문명권으로 볼 수도 있다. 하지만, 내성천 유역은 결코 하나의 문명권으로 인정되지 않는다. 그 이유는 무엇일까? 쉽게 생각할 수 있는 대답은 당시 내성천 유역은 하나의 독립된 문명이 아니라, 대한민국이라는 현대 국가의 일부에 불과했기 때문이라는 것이다. 맞는 답이기는 하나 정확하지는 않다. 당시 내성천 유역 주민들이 갖고 있던 문화체계와 생산을 위한 도구와 기술 등 모두가 어느 하나 독창적이지 못했기 때문이라는 것이 보다 정확한 답이다.

우리가 잘 아는 티그리스-유프라테스강 유역(메소포타미아), 나일강 유역, 인더스강 유역, 황하黃河 유역, 요하遼河 유역, 아무 다리야 유역 등 주요 문명 발생지는 모두 내성천 유역과 같이 물이 풍부하고, 따뜻한 날씨와 비옥한 토양이 있어 인간들이 거주하고, 농경과 목축, 상업 등 경제활동을 영위하기에 알맞은 지역이었다. 이 지역들은 또한 수로水路로 원활하게 연결되며, 평지로 구성되고, 적당히 건조한 지역이었던 관계로 교통이 원활한 지역이기도 했다.

내성천 유역은 문명이 탄생할 수 있는 거의 모든 조건을 갖추고 있었지만, 문명을 잉태하지는 못했다. 불행하게도 선사시대의 내성천 유역에는 주민들의 수가 너무 적었고, 태백산맥과 소백산맥으로 가로막힌 관계로 육상교통도 원활하지 못했으며, 문명이 탄생할 수 있을 정도의 잉여생산물을 산출해 내지도, 고유한 생산기술도 갖고 있지 못했다. 물론, 분업이나 사회계층의 분화도 일어나지 않았다. 선사시대의 내성천 유역 주민들은 황하 유역, 요하 유역 주민들과 같은 수준의 기술을 갖고 있지도, 이들로부터 기술을 습득하지도 못했다. 내성천 유역은 문명 발생에 충분한 조건을 갖고 있지 못했던 것이다.

농사를 제대로 짓기 위해서는 풍부한 물, 알맞은 기후, 양질의 토양과 함께 일정 수준 이상의 농업기술이 필요하다. 개인의 능력에는 한계가 있기 때문에 기술은 구성원의 수가 많고, 정보교류가 활발한 사회에서 빨리 발전한다. 새로운 기술을 습득하기 위해서는 외부와의 교류가 절대 필요하다. 실크로드와 초원의 길 등 다양한 통로로 이어진 유라시아Eurasia 대륙의 동·서에 위치한 동아시아와 서유럽이 고도의 문명을 누려온 반면, 인디언들이 지배하던 아메리카 대륙의 발전이 정체되고, 사하라 사막과 열대우림으로 가로막혀 외부세계와 차단된 중남부 아프리카나 바다로 둘러싸인 오스트레일리아가 제대로 된 문명권을 형성하지 못한 것은 외부세계와의 교류가 문명의 발전에 얼마나 중요한 요소인지를 말해주는 대표적인 사례들이다.

문명은 강에서 시작되었다

2007년 초겨울 뉴욕New York 맨하탄Manhattan에 위치한 유엔 본부에 출장을 갔다가 임지任地인 스위스의 제네바로 돌아오는 비행기 안에서 문명의 발전과 중국 문제에 대해 깊이 생각해 본 적이 있다.

17세기 무렵 인디언들의 땅이었던 맨하탄에 네덜란드인과 영국인 등 유럽인들이 들어와서 농사를 짓고, 장사를 하며, 물건을 만들고, 건물을 지었다. 유럽인들은 북아메리카에 정착한 지 300년도 채 지나지 않아서 북아메리카의 거의 전부를 차지하고, 미국이라는 세계 제1의 강대국을 만들어 내었다. 그런데 왜 인디언들은 그러지 못했을까? 그들과 유럽인들의 차이는 무엇인가? 그러면, 미국과 비슷한 957만㎢의 면적에 13억 5천만 명의 인구를 가진 중국은 과거에는 어떠했고, 현재는 어떤 상태이며, 미래에는 어떻게 될 것인가? 그렇다면 거대한 국가인 중국 옆에 자리한 소규모 분단국가인 한국의 미래는 어떻게 될 것인가?

중국은 절대다수 민족인 한족을 포함한 56개 민족이 거주하는 다민족·다문화 국가이다. 중국의 특징 가운데 하나는 현재의 지배민족인 한족이 아닌 선비족, 만주족, 몽골족 등 소

중국 _ 외교관의 눈으로 보다

몽골고원

음산산맥

오르도스

하서회랑

위수

진령산맥

상수

육귀고원

주강

수 민족들이 오늘날의 광대한 영토를 만들어 주었다는 것이다. 한족이 개척한 영토는 황하 유역, 양자강 유역, 주강 유역 등에 불과한 반면, 만주와 내몽골, 티베트, 신강, 윈난 등은 거의 다 만주족, 몽골족, 티베트족, 티베트—버마계 백족 등 이민족들이 가져다준 영토들이다. 황하와 양자강 유역에 집중 거주해 온 한족보다는 오히려 변경의 소수민족들인 선비족, 만주족, 몽골족, 티베트족 등이 진秦·한漢 이후 중국의 역사 발전에 더 큰 역할을 수행했던 것이다.

중국 문명은 황하 문명을 근간根幹으로 요하 문명, 양자강 하류의 하모도河姆渡 문화, 양자강 상류인 민강岷江 유역의 삼성퇴三星堆 문화, 금사金沙 문화와 흉노, 선비, 돌궐, 몽골, 만주, 티베트, 위구르 문화 등을 흡수, 융합하여 발전해온 이질혼합異質混合의 문명이다. 중국의 문명과 역사에 대해 제대로 알기 위해서는 먼저 4천 년의 역사를 가진 중국의 탄생 배경이 된 자연환경을 이해할 필요가 있다.

중국 지도를 들여다보면, 동쪽은 주로 녹색으로 칠해져 있는 반면, 서쪽은 주로 황토색과 갈색으로 칠해져 있다는 것을 알 수 있다. 특히 티베트를 중심으로 한 청장고원青藏高原은 진한 갈색으로 칠해져 있다. 우리나라와는 반대로 중국은 서쪽이 높고, 동쪽이 낮은 서고동저西高東低의 지형을 갖고 있기 때문이다. 이러한 지형적 특성으로 인해 황하, 양자강, 주강, 흑룡강, 회하 등 주요 하천의 대부분이 서쪽에서 동쪽으로 흐른다.

우리가 「중국」이라고 할 때, 중국은 무엇인가? 현대 중국인가? 과거 특정 시점의 중국인가? 아니면 중국 문명을 말하는가? 대부분의 사람들은 「중국」이라고 하면, 현대 중국을 떠올리지만, 우리의 의식 속에 중국은 여러 가지 형태로 존재하는 것이 사실이다. 어머니는 2009년 89세로 돌아가실 때까지 중국을 「청국淸國」으로 이해하고 계셨다. 많은 한국인들의 의식 속에 존재하는 중국은 여전히 황하유역과 양자강 유역으로만 구성된 나라이다. 상당수의 사람들은 아직 「중국」을 중화인민공화국의 영토범위와는 다르게 이해하고 있는 것이다.

우리에게 가장 중요한 것은 현대 중국이기 때문에 현대 중국에 대해 알기 위해서는 화북華北, 화중華中, 화남華南 평원과 함께 만주, 몽골, 티베트, 하서회랑河西回廊 등 외연外延에 대한 이해가 필요하다. 중국의 중핵인 화북, 화중, 화남 지방은 동東은 바다, 서西는 청해-티베트고원, 남南은 운남-귀주고원雲貴高原, 북北은 몽골고원蒙古高原으로 에워싸여 있다. 중국의 남서부는 산악지대로 이루어진 반면, 동부는 하북평원河北平原, 호광평원湖廣平原, 만주평원滿洲平原 등 광대한 평야로 이루어져 있다. 시안西安→란저우蘭州→우루무치烏魯木齊→중앙아시아로 이어지는 하서회랑(좌측의 기련산맥과 우측의 고비사막 사이의 긴 통로)은 중국을 중동과 유럽으로 이어주고 있다. 이 하서회랑은 중국의 문명과 역사 발전에 특별한 의미를 지니고 있다.

청장고원과 운귀고원을 제외한 중국 영토의 대부분은 평탄하며, 강수량도 많고, 기후도 온난한 편이다. 미국의 역사학자 커밍스Bruce Cumings는 "한국의 면적은 중국의 45분의 1에 불과하나, 산악으로 구성된 한국을 펼쳐 놓으면 중국보다 오히려 클 것"이라 하였다. 그만큼 중국은 평야로 이루어진 나라인 것이다. 요하 유역에서 발흥한 모용선비족의 전연前燕과 거란족의 요나라가 압록강→청천강→대동강→한강 방향으로 진출하지 않고 북경→석가장→개봉 방향으로 진공進攻해 나간 이유 중의 하나도 중국 동북부가 평원으로 이루어져 있는 관계로 군사행동에 용이했기 때문이었다. 당나라 시대 베이징 부근 어양에서 군사를 일으킨 안록산이 850㎞나 떨어진 황하 중류 지역의 뤄양洛陽을 불과 1개월 만에 함락시킬 정도로 중국 동부는 매우 평탄하다.

중국의 문명과 역사에 가장 큰 영향을 미친 주요 하천은 황하, 양자강, 주강, 요하와 흑룡강의 지류인 송화강 등이다. 그 가운데 가장 큰 영향을 미친 하천은 말할 것도 없이 청해성青海省에서 발원하여 발해만渤海灣으로 흘러들어가는 문명의 젖줄 황하이다. 황하는 유역면적 75만 2,443㎢(중국 영토의 8%), 길이 5,464㎞(한강의 약 10배)에 달하는 중국 제2의 하천이다. 각기 황하 중류, 하류, 상류에서 탄생한 하夏, 상商, 주周의 융합된 문화가 사방으로 확대되어 중국 문명이 탄생하고, 중국이라는 나라가 만들어진 것이다.

황토고원을 적시는 강 황하

황하는 청해성 바옌카라巴顔喀拉 산맥의 카르취에서 발원하여 동쪽으로 흐르다가 감숙성甘肅省과 영하회족자치구寧夏回族自治區를 거쳐 섬서성陝西省에서 북쪽으로 흘러 내몽골內蒙古에 이르며, 내몽골에서 동으로 흐르다가 산서성山西省에서 남쪽으로 굽이친 뒤 하남성河南省과 산동성山東省을 지나 발해만으로 흘러들어간다. 황하는 보통 3개 구간으로 나뉘는데, ①청해성의 카르취로부터 내몽골 하구진河口鎭까지를 상류, ②하구진에서 하남성 도화욕桃花峪까지를 중류, ③도화욕 이하를 하류로 분류한다. 황하를 하늘에서 내려다보면 중상류 쪽에 큰 뱀이 먹이를 삼켜 불룩해진 것과 같은 부분이 보인다. 불룩해진 부분을 오르도스, 또는 하투河套라 한다.

황하는 황토고원의 건조지대를 흘러내리므로 유수량流水量이 비교적 적고, 불안정하다. 중국 정부가 최근 양자강 유역의 물을 황하와 회하 유역으로 흘러 보내는 남수북조南水北漕 프로젝트를 추진하고 있는 것도 황하와 회하의 유수량이 많이 부족하기 때문이다. 황하는 여름과 가을철의 유수량이 1년 수량의 70~80%에 달하고, 겨울철은 10%, 봄철은 15%에 불과할 정도로 계절별 수량의 편차가 심하다. 황하유역의 물 수요량은 늦봄과 초여름에 많지만, 이때는 갈수기에 처하고, 여름과 가을철에는 쉽게 홍수를 일으킨다. 하·상·주 3개의 고대 왕조는 모두 황하의 홍수를 통제하는 즉, 치수治水 과정에서 생겨났다. 또한 역대 왕조들은 황하 치수를 가장 중요한 국가 과제의 하나로 생각했다.

황하 상류는 하천의 굴곡이 심하고 호수와 초원이 많으며, 강물이 맑고 유속도 빠르지 않다. 황하 중류는 진섬晉陝 계곡 사이를 북에서 남으로 흐른다. 중류는 수심이 깊고, 폭이 좁으며, 물결이 거세어 황토고원의 흙과 모래土沙를 깎아 나른다. 용문龍門에서부터 동관潼關까지는 폭이 넓어지고 유속이 늦어지며, 분수汾水, 경수涇水, 위수渭水, 낙수洛水 등 여러 지류를 받아들여 수량이 증가한다. 위수와 낙수, 분수는 중국의 역사에 큰 의미를 갖고 있다. 황하는 하북평원 지역에 도달한 후 강폭이 넓고, 평탄하여 유속이 느려져 토사가 하상河床에 퇴적되어 하상이 주변의 평지보다 더 높아지는 천정천天井川을 이룬다.

문명과 야만을 가르는 강, 양자강

양자강은 길이 6,300km, 유역 면적 180만km²(중국 영토의 18%)에 달하는 중국 제1의 하천이자 나일강, 아마존강, 미시시피강, 콩고강과 함께 세계 5대 하천의 하나이다. 양자강은 3세기 삼국시대까지만 해도 중원문명 밖에 위치한 「야만野蠻의 강」이었다. 그러나 최근 양자강 하류에서 신석기 하모도문화(河姆渡文化, BC 5000년~BC 3300년), 양자강의 지류인 사천성 민강 유역에서 청동기 삼성퇴문화(三星堆文化, BC 4300년~BC 1000년)와 금사문화(金沙文化, BC 1000년) 유적지가 발견됨에 따라 양자강 이남이 야만의 땅이었다는 주장은 설득력을 잃게 되었다.

양자강의 옛 이름은 장강長江으로 상류는 금사강金沙江, 중류는 형강荊江, 그리고 하류는 양자강으로 불렸다. 19세기 말 서양 선교사들이 강 전체를 양자강으로 호칭한 이후 오늘날은 일반적으로 양자강으로 불린다. 양자강은 청해성 커커시리可可稀立 산맥에서 발원한다. 청해성에서는 「하늘과 통하는 물」 즉, 통천하通天河라고 불리며, 쿤룬崑崙 산맥과 바옌카라 산맥을 휘감아 흐르다가 사천성四川省 서부와 티베트 경계에서 깊은 협곡을 남류하여 운남성雲南省으로 흘러든다. 운남성으로 흘러든 양자강은 여강납서족麗江納西族 자치현 부근의 협곡에서 흐름을 두 차례 바꾼 다음 동쪽으로 흐르다가 운남성과 사천성의 경계에서 동북쪽으로 방향을 튼다.

사천 분지로 흘러든 뒤 양자강은, 이빈宜賓에서 민강, 충칭重慶에서 가릉강嘉陵江, 부릉涪陵에서 오강烏江과 합류한 다음 무산巫山을 횡단한다. 이곳에 구당협瞿塘峽, 무협巫峽, 서릉협西陵峽 등 험준한 삼협三峽이 형성되어 있다. 최근 이곳에 삼협댐이 건설되어 거대한 인공호수가 생겨났다. 양자강 중·하류에는 동정호洞庭湖, 파양호鄱陽湖, 태호太湖 등 호소湖沼가 발달해 있다. 양자강은 중국의 지중해라고 불릴 정도로 수운이 발달하여 여름철의 홍수기에는 하류의 상하이에서 우한武漢까지 1만t급 기선의 항행이 가능하다. 충칭까지는 1,000t급 기선이 항행할 수 있었으며, 삼국지 촉한의 수도 청두成都까지는 작은 기선이 취항하고 있었다. 양자강 북쪽 지류인 한수漢水와 남쪽 지류인 상강湘江 등에도 500t급 선박의 취항이 가능하다.

퉁구스족의 어머니 흑룡강

러시아, 몽골과의 국경에 위치한 최북단의 하천인 흑룡(아무르)강은 양자강과 황하에 이어 중국에서 세 번째로 큰 강이다. 흑룡강은 부식질 함량이 많아 강물이 흑색을 띠어 마치 검은 용이 기어가는 것 같이 보이기 때문에 흑룡강으로 불리게 되었다. 흑룡강은 대흥안령大興安嶺에서 발원한다. 흑룡강의 길이는 4,370㎞, 유역면적은 184만㎢이며, 그 중 중국내 길이는 3,474㎞, 유역면적은 88만 7천㎢이다. 흑룡강은 송화강, 눈강嫩江, 오소리(우수리)강 등의 지류를 합쳐 캄차카 반도와 쿠릴열도, 사할린섬 등으로 에워싸인 오호츠크해로 흘러들어간다. (고)조선, 부여, 숙신, 고구려, 물길勿吉, 발해渤海, 금金, 청淸 등 많은 퉁구스계 나라들이 흑룡강 유역에서 출발하여 명멸明滅해 갔다. 흑룡강은 태평양 계절풍 영향권에 위치하여 유수량이 비교적 많은 반면, 증발이 적고, 부근에는 삼림이 울창하며 유량 형성에 유리하다. 지류인 송화강 유역의 하얼빈에서는 매년 겨울 얼음축제가 개최된다. 흑룡강은 10월 중순에 살얼음이 얼고, 11월이면 완전 결빙되며, 다음해 4월이 되어서야 얼음이 풀린다.

장족壯族의 젖줄 주강

중국 남부를 흐르는 주강은 장강, 황하, 흑룡강에 이은 중국 제4의 하천이다. 주강은 운남성, 귀주성, 광서장족자치구廣西壯族自治區, 광동성, 호남성, 강서성 등의 성·자치구와 베트남 동북부를 관류貫流하는 하천이다. 주강의 총 유역면적은 45.4만 ㎢이며, 그 가운데 중국 내 면적만 44.2만㎢에 달한다. 서부는 운·귀 고원, 중부는 구릉과 분지, 동남부는 델타(삼각주)로 구성되어 있는데, 꽝조우廣州, 센첸深圳, 뚱관東莞 등이 자리한 주강 델타는 중국 최대 공업지대의 하나이다. 주강은 서강, 북강, 동강의 3대 지류로 구성되어 있다. 서강이 본류이며, 총연장 2,214㎞로 가장 길다. 서강은 운남성의 마웅산馬雄山에서 발원하여 귀주성과 광서성을 거쳐 광동성 주해珠海에서 남지나해로 유입된다. 북강과 동강은 강서성에서 발원하여 남서 방향으로 흐른다. 주강 델타는 총면적 26,820㎢로 수로가 거미줄처럼 형성되어 있다. 주강의 평균 유수량은 양자강의 1/3이며, 황하의 6배에 달한다. 주강은 서강, 북강, 동강의 홍수기가 서로 달라 하구에서는 홍수가 잘 발생하지 않는 특징이 있다.

문명을 잉태한 강 요하

요하는 길이 약 1,400㎞이고, 유역면적은 한반도와 유사한 21만 5천㎢에 이른다. 서요하와 동요하로 나뉘는데, 본류인 서요하는 대흥안령 남부에서 발원하여, 동쪽으로 흐르다가 길림성과 요녕성 경계에서 노합하老哈河와 만나는데, 그곳까지는 시라무륜강西拉木倫河이라고 부른다. 요녕성에 들어와 삼강구三江口 부근에서 장백산맥에서 발원한 동요하와 합쳐져서 요하가 된 뒤, 남하하다가 혼하渾河를 합류시킨 다음 잉커우營口에서 발해로 흘러들어간다. 요하 하류는 해마다 여름철만 되면 홍수를 겪는다. 요하는 1년 중 2~3개월간 결빙되기 때문에 해빙기에도 홍수가 일어난다. 1983년 요하 유역에 위치한 요녕성遼寧省 건평현建平縣 부근의 우하량牛河梁에서 BC 5500년경에 세운 제단과 여신상, 적석총 등이 대거 발굴돼 세계 고고학계의 주목을 받았다. 추가 조사 결과 우하량 지역은 홍산紅山문화, 나아가 요하문명의 중심지 가운데 하나로 판명되었다. 요하와 그 서쪽의 대릉하大凌河와 난하灤河는 수천 년의 긴 세월 동안 요하문명뿐만 아니라, (고)조선과 모용선비, 우문선비, 고구려, 거란, 금, 청 등 퉁구스계와 몽골계 민족들의 흥망을 지켜보면서 말없이 흐르고 있다.

고원과 광야
유목민족의 고향

누구나 한번쯤은 영국 시인 워즈워드William Wordsworth의 "초원의 빛이여! 꽃의 영광이여!"라는 구절이 들어간 「초원의 빛 Splendor in the Grass」이라는 제목의 시를 읽어 보았을 것이다. 그만큼 초원은 우리에게 「신선新鮮과 광활廣闊」의 이미지로 다가온다. 초원에 풀이 무성해진 7월 어른들의 환호와 격려하에 조랑말을 탄 한 떼의 몽골 아이들이 넓은 들판을 질주한다. 대통령을 포함한 전국의 남녀노소가 모두 참석하는 나담 Naadam 축제의 일부이다. 아이들은 경마競馬를 통해 경쟁과 함께 협동심을 배운다. 경마를 하는 소년들이 바로 세계를 호령했던 징기스칸과 알탄칸의 후예들이다. 우즈베키스탄이나 몽골 사람들은 지금도 풀이 돋아나는 3월이나 풀이 무성한 7월 남녀노소가 다함께 모여 나브루즈Navruz나 나담과 같은 축제를 통해 공동체 의식을 한층 더 공고히 하고, 가축의 번성을 기원한다.

몽골고원蒙古高原

몽골고원은 관목灌木 및 초원 지대와 사막으로 이루어져 있고, 평균 해발고도는 1,300m이다. 대륙성기후로 연간 강수량이

200mm에 불과하고, 기온은 극심한 편차를 보인다. 몽골의 수
도 울란바토르의 1월 평균기온은 −26℃인 반면, 7월 평균기
온은 17℃이다. 「초원의 빛」과는 달리 몽골고원은 매우 메마
른 땅이다. 그곳의 삶은 척박하기만 하다. 한반도의 10배 이상
에 달하는 면적을 가진 몽골고원이 수용할 수 있는 최대 인구
가 근대 이전까지는 120~150만 명 정도에 불과했다. 몽골고
원은 흉노, 선비, 유연, 돌궐, 위구르 등 세계사에 큰 영향을
미친 유목민족들의 고향이기도 하다.

만주평원

몽골 고원과 함께 중국 역사에 크나큰 영향을 미친 또 하나의
변경은 만주이다. 만주에 대한 정의는 시공時空에 따라 다르나,
대체로 오늘날의 중국령 요녕성遼寧省, 길림성吉林省, 흑룡강성
黑龍江省과 러시아령 연해주를 의미한다. 만주는 송눈평원松嫩平
原, 요동평원遼東平原, 삼강평원三江平原 등 지평선이 보이지 않는
대평원과 대흥안령, 소흥안령 등 고산준령高山峻嶺과 호륜·패이
호, 항개호, 송화호, 경박호를 포함한 호수 등 풍부한 자연환경
을 자랑하고 있다. 주역周易에 의하면, 만주는 만물이 시작하고
끝나는 간방艮方에 위치한다. 만주는 오랜 세월 조선, 부여, 고
구려, 선비, 거란, 여진, 만주 등 퉁구스−몽골 민족들의 땅이
었으나, 19세기 이후 한족들의 대량 이주 등으로 인해 한화漢化
되었다. 만주와 몽골을 묶어 만滿·몽蒙이라고 부르기도 한다.

오르도스

오르도스는 황하가 섬서성에서 북류하다가 내몽골에서 동류하고, 다시 산서성에서 남류하는 만리장성 이북 지역을 말하며, 하투라고도 한다. 오르도스의 동쪽 지역은 하동河東, 서쪽 지역은 하서河西라고 부른다. 동북쪽은 고비사막과 경계를 이룬다. 오르도스는 서북쪽으로는 음산산맥陰山山脈의 하란산賀蘭山으로 연결되어 있다. 해발 2,500~3,000m 높이의 음산산맥은 1980년대 까지만 해도 수목이 울창한 지역이었으나, 최근 사막화로 인하여 황량하게 변했다. 오르도스의 연간 강수량은 250mm가 채 되지 않는다. 많은 소금호수가 있으며, 비가 올 때만 물이 흐르는 하천인 와디wadi도 나타난다. 1월 평균기온은 -13℃에서 -10℃ 사이이다. 오르도스는 줄곧 유목민족이 지배하다가 진시황과 한무제 등에 의해 농경민족인 한족의 지배하에 들어가기도 했다. 오르도스에 대해서는 뒤에서 다시 상세히 설명하겠다. 오르도스 청동기 문화(BC 1000~AD 200)는 우리나라 청동기 문화에도 큰 영향을 미쳤다.

티베트 고원

티베트 고원은 평균해발고도가 4,000m 이상이고, 곳곳에 호수가 분포되어 있다. 티베트 남부에 위치한 히말라야에서 발원하여 방글라데시에서 갠지스강에 합류하는 브라마푸트라강雅魯藏布江은 세계에서 가장 높은 곳을 흐르는 강이다. 티베트의 지형은 ①북티베트 고원, ②남티베트 계곡, ③동티베트 고산협곡 등 3개로 나뉜다. 북티베트 고원은 초원과 호수들로 이루어져 있다. 남티베트 계곡은 브라마푸트라강 유역의 계곡과 평원으로 이루어져 있으며, 기후가 대체적으로 온화하여 농업지대를 구성한다. 동티베트 고산협곡은 주로 삼림으로 이루어져 있다. 티베트는 원元과 청 등 북방민족 왕조와 몽골에 큰 영향을 미친 라마불교의 탄생지이기도 하다.

유목과 고원은 밀접한 관계를 갖고 있다. 티베트 고원, 몽골 고원과 함께 알프스 산맥, 서아시아의 아라랏산 산록山麓 등은 유목민들의 고향이다. 티베트가 포함된 청장고원은 중국을 흐르는 ①양자강과 ②황하뿐만 아니라, ③인도와 방글라데시를 흐르는 갠지스강, ④라오스와 캄보디아, 베트남을 흐르는 메콩강, ⑤미얀마를 흐르는 샐윈강 등 세계적 규모의 하천의 발원지로서 매우 중요하다.

티베트는 고산준령으로 이루어진 고원지대이기는 하나, 운남(윈난)에서 네팔까지 이어지는 차마고도茶馬古道를 통하여 중국과 인도, 인도차이나 간 교통로 역할을 수행하기도 하였다. 또한, 티베트는 중국 문명과 역사에서 중요한 역할을 수행한 티베트계 저족氐族, 강족羌族, 탕구트족黨項羌族, 몽골−퉁구스계 모용선비 토욕혼慕容鮮卑 吐谷渾 등과도 깊은 관계를 갖고 있다.

산악지대 주민들이 평야지대를 침공하여, 구질서를 무너뜨리고 새 질서를 만들어낸 것은 동·서를 막론하고 일반적인 현상이었다. 남부 시베리아, 몽골, 티베트, 만주 등에 거주하던 수렵민족과 유목민족들이 중원을 침공하여 전조前趙, 후조後趙, 전진前秦, 후진後秦, 혁련하赫連夏, 서하西夏, 북위北魏, 서하西夏, 금金, 청淸 등을 세웠다. 예멘, 이디오피아 등에 거주하던 민족들은 나일강 중·하류에 자리한 비옥한 이집트를, 소아시아 동부에 거주하던 앗시리아, 쿠르드인 및 이란고원의 이란인은 메소포타미아를, 중앙아시아와 아프가니스탄 등에 거주하던 민족들은 메소포타미아와 힌두스탄을 침공하여 새 질서를 구축하기도 했다. 게르만과 노르만의 남유럽 침공도 예외가 아니었다. 우리나라의 경우도 산악지대에 거주하던 고구려와 신라가 대동강 유역과 한강 유역을 침공하여 새 질서를 구축했다.

II

상商
나
라
와
주周
나
라

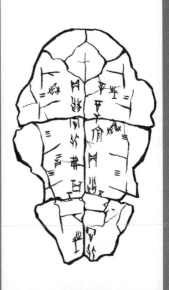

1980년대 말~1990년대 초 독일 프랑크푸르트Frankfurt am Main
에서 유학하던 시절의 이야기이다. 7~8개 동棟으로 이루어진
프랑크푸르트 대학 학생 기숙사에는 독일 학생들뿐만 아니
라, 한국과 중국, 프랑스, 이란, 그리스 출신 등 외국학생들도
살고 있었다. 일부 결혼한 학생들은 아이를 키우면서 공부하
고 있었는데, 그들은 아이를 기숙사 내에 새로 설립된 유치원
Kindergarten에 보냈다. 각기 다른 언어와 문화적 배경을 가진 아
이들은 시간이 흘러가면서 그들만의 언어와 문화를 갖기 시
작했다. 여러 나라 출신 아이들 가운데 특히 한국 아이들은
비교적 나이가 많았고, 부모의 열성으로 교육이 잘 되어 있었
다. 3~4개월이 지나자 모든 아이들이 한국어로 말하고, 산토
끼와 옹달샘 등 동요를 부르기 시작했다. 그런데 독일 아이들
이 집에 돌아가서 자기 엄마를 독일어인 「무티Mutti=Mutter」가
아니라, 「엄마」라고 부르기 시작했다. 엄마는 독일어로 할머

니라는 뜻인 「오마Oma」로도 들린다. 곧 독일인 학생들의 불평과 항의가 이어졌다.

여기에서 우리는 「각기 상이한 언어적·문화적 배경을 가진 집단이 접촉할 경우, 시간이 지날수록 상대적으로 우월한 집단의 언어와 문화가 살아 남는다.」는 것을 알 수 있다. 지금으로부터 약 3,000년 전 중국 화북지방에도 유사한 현상이 발생했다. BC 1050년경으로 추정되는 상나라로부터 주나라로의 왕조교체가 바로 그것이다. 중국사 전체를 놓고 보았을 때 군사력에서 우월한 정복민족이 언어와 문화적으로는 피정복 민족인 한족에게 흡수당한 것이 일반적이었다. 한족과 흉노족, 선비족, 여진족 간 관계가 특히 그러했다.

주나라는 상나라가 동남방으로 군대를 출동시킨 틈을 타 상나라를 침공하여, 하남성 서북부에 위치한 목야牧野 전투에서 승리하고, 상나라를 정복했다. 그런데 인구나 문화측면에서 크게 우월했던 상나라는 한자漢字의 원형인 갑골문자 등을 제외하고는 후세에 많은 유산을 남기지 못했다. 자유민의 나라였던 주나라가 노예제 국가였던 상나라의 문화를 퇴영적이라 하여 일부 필요한 것만 수용했던 것이다. 주나라는 또한 상나라의 영향력을 차단하기 위해 상나라 유민遺民들을 여러 곳에 분산시켰다. 피정복국가인 상나라가 인구나 문화측면에서는 우월했지만, 주나라는 자유민을 기초로 하는 공전제公田制를 비롯한 우월한 사회체제를 갖고 있었던 까닭에 상나라 문화에 압도되는 것을 피할 수 있었던 것이다.

중화민족의
탄생

역사를 제대로 알기 위해서는 역사학, 지리학, 고고학, 언어학 등 인문과학과 생물학, 기상학, 토양학 등 자연과학적 지식뿐만 아니라 상상력도 풍부해야 한다. 수백~수천 년 전에 일어난 일을 제대로 이해하기 위해서는 기록과 유적을 기초로 그 당시에는 어땠을까 하고 추론해 보는 고도의 상상력이 필요한 것이다.

황하 문명이 탄생하던 무렵의 중국의 환경과 기후는 오늘날과 많이 달랐다. 아열대 기후에 속한 양자강 하류는 호소와 늪지대로 구성되어 있었던 반면, 황하 유역은 온난하고, 비도 적당히 내려 농업과 목축, 수렵에 유리한 좋은 조건을 갖추고 있었다. 황하 유역에 거주하던 초기 인류는 황하 자체의 물이 아니라 황하의 지류에 인접한 단구段丘나 선상지扇狀地에 솟아나는 샘 근처에서 샘물을 이용하여 소규모 농경을 시작했다. 강가에 거주할 경우, 계절풍의 영향을 받아 자주 범람하는 황하로부터 수해를 입을 가능성이 컸던 까닭이다. 그들은 소규모 농사를 짓고, 가축을 키우며, 채집과 사냥을 했다.

황하 유역에 거주하는 부족들에게 가장 큰 고민은 역시 홍수를 다스리는 치수 문제였다. 주민들은 생존을 위해 치수를 잘

하는 자를 수장音長으로 뽑았다. 수장은 치수를 위해 장정壯丁을 동원하고, 지휘하는 과정에서 결국 군대의 지휘관을 겸하게 되었다. 이 시기인 BC 5000년 무렵에 탄생한 신석기 앙소문화仰韶文化가 하남성, 산서성, 섬서성 등지로 퍼져 나갔다. 앙소문화 시기 황하 유역의 부족들 간 격렬한 전투가 벌어졌다. 땅과 하천, 목초지, 숲을 빼앗기 위해 죽고, 죽이는 전투가 도처에서 벌어졌다. 전쟁과 함께 종족 간, 부족 간 연합도 활발히 이루어졌다. 중화족을 뜻하는 화하족華夏族 황제黃帝와 동이족東夷族 치우蚩尤간의 전쟁설화는 이 시기의 부족전쟁 상황을 묘사한 것으로 보인다. 손문孫文, 모택동毛澤東 등의 근·현대 정치가들은 하夏나라 이전의 신석기 시대를 원시공산주의적 「대동大同의 사회」로 설명했다. 이 시기에는 아직 주요한 생산 원천인 토지가 사유화되지 않고 있었던 것이다.

황하의 물줄기를 따라 거주하던 사람들이 교류와 전쟁을 통해 화하인華夏人을 형성해 나갔다. 황하 중류 이하는 동이족, 상류는 티베트족과 인도-유럽 계통 부족들로부터 영향을 받았다. 시안西安에서 중앙아시아로 이어지는 하서회랑을 통해 메소포타미아 문명도 유입되었다. 시안 부근에서 발견된 앙소문화 계통의 반파인半坡人이나 남전인藍田人은 현대 중국인이 아니라, 인도차이나계 인종으로 판명되었다. 이는 중국인들이 북방민족의 영향으로 인종적으로도 변화해 나갔다는 것을 말해준다. 오랑캐를 의미하는 「이夷」는 춘추·전국시대까지만 해도 화하인과 여타 민족을 구분하는 것에 불과하였으며, 결코 차별적 용어가 아니었다. 맹자孟子는 「이루편離婁篇」에서 "순舜은 동이東夷사람이다"라고 확언할 정도였다.

설화 속의 하왕조

우禹는 순舜으로부터 선양禪讓을 받아 하왕조를 열었다 한다. 하나라의 실체나 왕조의 교체 과정 등 아직 분명하게 밝혀진 것은 없다. 우의 이름에는 벌레 충蟲이 포함되어 있는데, 이에 비추어 그는 뱀蛇이나 용龍 토템totem 집단의 수장으로 보인다. 그런데, 용 토템으로 추정되는 유적이 최근 BC 6000년경으로 거슬러 올라가는 요하 유역의 흥륭와興隆窪에서 발견되었다. 황하 문명이 요하 문명으로부터 영향을 받았다는 구체적인 사례 가운데 하나이다. 우의 아버지는 곤鯤인데, 곤은 메기를 토템으로 하는 부족의 수장인 것으로 생각된다. 우의 아버지가 곤이라는 것은 메기를 토템으로 하는 부족이 뱀 또는 용을 토템으로 하는 부족보다 우위에 있었다는 것을 의미하며, 두 부족 간 연합이 일어났다는 것을 말해준다.

「순의 맹인盲人 아버지가 계모의 사주를 받아 순을 죽이기 위해 우물을 파게한 다음 흙을 덮어 죽이려 했으나, 이를 예상한 순이 미리 탈출구를 만들어 놓아 살아났다.」는 설화에서도 알 수 있듯이 신석기 후기 우물을 파는 방법이 알려지게 됨에 따라 사람들은 하천에서 멀리 떨어진 곳에서도 생활할 수 있게 되었다. 청동기의 보급에 따라 사유재산이 발생하고, 계급이 생겨남에 따라 원시 공산주의적 천하위공天下爲公의 사회가 자본주의적 요소가 내포된 천하위가天下爲家의 사회로 변해 갔다.

중국의 일부 학자들은 하남성 뤄양 부근에서 발견된 청동기 이리두二里頭 유적지를 BC 2070년경 건국되었다는 하나라의 수도로 보고 있다. 그들은 하나라가 우禹로부터 걸桀까지 17제 472년간 지속되었다고 보고 있다. 이 지역에 초기 형태의 국가가 존재했다는 것을 보여주는 유적은 분명히 발견되었지만, 대규모 성벽이나 문자가 확인되지 않아 그것이 하나라의 것인지 여부는 불확실하다. 또한 인접한 지역에서 하나라와는 다른 성격의 유적도 발견되는 것으로 보아 하나라가 존재했다 하더라도 지배 범위와 규모는 상당히 협소했을 것으로 보인다. 하나라 사람들은 흑도黑陶 용산문화를 계승했으며, 검은색을 숭상했다. 하나라가 우리에게 남긴 가장 큰 유산은 오늘날까지도 사용되고 있는 음력월陰曆月 책력冊曆이다.

동이족의 나라 상

BC 1751년 탕湯이 이윤伊尹의 도움을 받아 하나라의 마지막 왕 걸傑을 멸하고, 상나라를 세웠다. 탕은 음가상音價上 양陽과 동일하며, 태양신으로 해석된다. 탕은 수신水神 계열로 보이는 이윤의 지원을 받아 상나라를 세웠다. 상나라 건국설화는 태양신의 아들 해모수解慕漱가 수신인 하백河伯의 딸 유화柳花와 야합野合하여 알卵의 형태로 추모鄒牟를 낳고, 추모가 고구려를 건국했다는 고구려 건국설화와 유사한 점이 있다. 또한 큰 물고기가 전해준 알과 같이 생긴 태양의 핵核을 삼키고 전조의 시조 유연劉淵을 낳았다는 남흉노 호연씨呼延氏의 설화와도 유사하다.

상나라가 하나라를 멸하였지만, 체제변혁은 일어나지 않았다. 이에 비추어 볼 때 하나라와 상나라는 유사한 계통의 문화를 갖고 있었던 것으로 추정된다. 갑골문에 의하면, 상 왕조는 탕에서 주紂까지 32왕이나 이어졌다 한다. 상나라의 시조인 쇠契의 어머니 간적簡狄은 제비알을 삼키고 쇠를 나았다. 상나라는 새鳥를 토템으로 하는 부족이었다는 것을 알 수 있다. 새 토템은 태양 숭배사상과 통한다. 그리고 상나라는 태양빛과 통하는 흰색을 숭상했다. △태양, △흰색, △난생설화卵生說話가 모두 나타난다는 점에서 상나라의 건국설화는 퉁구스 계통인 추모 설화는 물론, 혁거세 설화 및 알지 설화와도 통하는 점이 있다. 이러한 점들에서 볼 때, 상나라는 동이東夷 계통의 퉁구스족이 주체가 되어 건국된 나라로 판단된다. 상나라가 한자의 기원이 된 갑골문자를 만들었다는 점에서 상나라와 현대 한국인과의 관계는 별개로 하고, 「동이족이 한자를 만들었다.」라는 주장은 충분한 근거를 갖고 있다 할 것이다.

BC 1384년 중흥中興의 영주英主인 제20대 왕 반경盤庚은 수도를 황하 남안南岸에 위치한 산동성 곡부曲埠 인근의 엄奄에서 황하 북안北岸에 자리한 서북쪽의 은殷으로 옮겼다. 상나라는 주나라에 의해 멸망당할 때까지 13대 270년간 은을 수도로 했다. 상商을 은이라고도 부르는 이유는 상의 수도가 은에 있었기 때문이다. 상나라가 하나라를 멸하고, 수도를 산동에서 하남으로 옮겼다는 것은 화하족(중화족)과는 다른 계통의 동이족들이 황하 하류에서 점차 세력을 확장하여 중류까지 장악하였다는 것을 의미한다. 상나라 왕은 크건 작건 모두 점을 쳐서 신의 뜻을 물었으며, 일 년 내내 조상신에게 제사를 드렸다. 곡식은 물론이고, 사냥한 짐승과 전쟁포로도 조상신에게 바쳤다. 상나라 왕은 통치자인 동시에 조상신에 대한 제사도 전담했다. 상나라는 제정일치제祭政一致制 사회였던 것이다.

상나라는 중심지인 하남성 북부뿐만 아니라, 산동과 하북, 산서, 섬서의 일부를 영향권으로 하고 있었다. 상나라는 남으로는 호북湖北까지 진출했다. 상 문명은 요하 문명으로부터 많은 영향을 받았을 것으로 보인다. 아니면, 요하 문명의 건설자들이 남서진하여 상나라를 세웠을지도 모른다. BC 6000년경

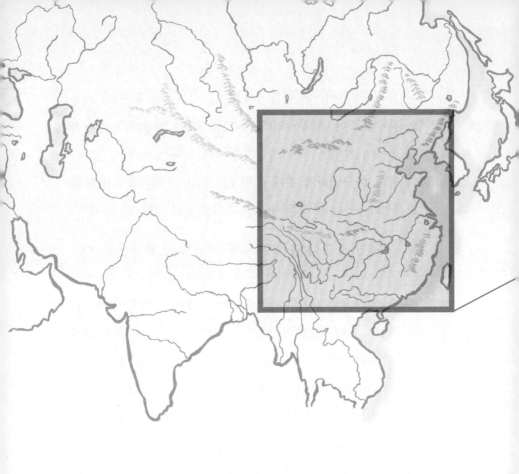

주나라의 상나라 정벌___

征伐

주나라의 상나라 정벌도

출현한 흥륭와 문화와 사해査海 문화, 그리고 BC 5000년경에 나타난 홍산 문화 등을 포괄하는 요하 문명은 황하 문명에 비해 시기도 오래되고, 수준도 더 높았으며, 황하 유역과 요하 유역은 평야로 이어져 있어 교류가 활발했기 때문이다.

동이족 상나라로부터
화하족 주나라로

티베트계 또는 터키계로 추정되는 융족戎族 거주지 부근의 빈豳 지방에 살던 부족 가운데 하나가 융족의 압박을 받아 동남쪽에 위치한 섬서성 기산岐山 기슭의 주원周原으로 이동하여 성곽을 건축하고, 국가 형태를 갖추어 나갔다. 돼지를 의미하는 「시豕」가 2개나 들어간 글자인 '빈豳'을 분석해 보았을 때 이들 주나라인들은 소규모 농사를 지으면서 산돼지를 비롯한 짐승을 사냥하여 살아가는 반농반렵半農半獵의 부족이었던 것으로 추측된다.

상나라와 달리 주나라는 자유민들로 구성되었다. 주민들은 토지를 소유하지는 못했지만 자기 경작지에서 나온 수확물을 수장에게 바친 다음 일정한 몫을 분배받았다. 주나라는 일종의 공전제를 실시했던 것이다. 공전제는 상나라의 노예제에 비해 농업 생산성을 크게 향상시켰다. 공전제가 제대로 시행되었는지 여부와 관계없이, 공전제는 동아시아 문화권에서 오랫동안 이상적인 토지제도로 간주되었다.

성姓을 희姬로 하는 주나라는 서백창西伯昌, 즉 문왕文王 시대에 이르러서는 중원의 패자霸者인 상나라도 무시하지 못할 정도의 세력으로 성장하여, 황하의 주요 지류인 위수 유역의 최강자가 되었다. 성姓, 희姬 등 「여女」 변의 한자를 통해 우리는 모계사회의 유습遺習을 알 수 있다. 문왕, 즉 희창姬昌의 할머니는 태강太姜이라 하는데, 소수민족인 강족 출신이다. 주나라 왕가가 강족과 혼인관계를 맺었다는 것은 황하 유역에 살던 여러 부족들이 전쟁과 함께 혼인을 통한 연합도 했다는 것을 말해준다. 희창은 시안 인근의 풍豊을 점령하여, 수도를 풍으로 옮겼다. 풍은 주원보다 동쪽에 위치해 있었는데, 이를 통해 주나라는 선진先進 상나라 문화를 보다 쉽게 받아들일 수 있었다. 희창은 태공망 여상呂尚=姜尚의 보좌에 힘입어 상나라의 압박을 받던 소방召方, 강羌, 촉蜀 등 인근 나라와 부족들을 자기편으로 끌어들였다.

BC 1052년 상나라가 회하 유역과 산동지방 등 동쪽에만 신경을 쓰는 점을 노려 희창의 아들인 무왕武王 희발姬發이 지휘하는 주나라군이 황하의 흐름을 타고 내려가 중류의 맹진孟津까지 진출했으나, 상나라군에 패해 회군할 수밖에 없었다. 주나라 연합군은 아직은 고도로 발전된 청동기 문화를 자랑하는 상나라군의 상대가 될 수 없었던 것이다. 상나라 주왕은 인방人方 등 회하유역뿐만 아니라, 황하를 따라 서쪽으로 진군하여, 소방 등 서이西夷를 쳤다. 그러나 전쟁 과정에서 사로잡은 엄청난 수의 노예들이 문제였다. 상나라는 노예들을 가축처럼 대우했으며, 결코 백성으로 받아들이려 하지 않았다.

무왕은 일단 후퇴했다가 2년 후인 BC 1050년 인근의 소방召方 및 촉蜀, 강羌, 용庸, 무髳, 미微 등의 이민족과 동맹하여 다시 상나라 정벌에 나섰다. 주나라 연합군 40만은 상나라군 70만과 하남성 목야에서 전투를 벌였다. 주나라군은 노예로 구성된 상나라군을 쉽게 격파하고, 수도 은을 점령했다. 상나라의 노예군이 주왕紂王을 향해 창을 거꾸로 잡았기 때문이다. 주紂는 자결했으나, 그의 아들들인 녹보祿父와 개開는 살아남았으며, 상나라의 군사력이나 경제력도 그대로 유지되었다.

관중을 중심으로 한 주가 하남을 중심으로 한 상을 정복한 이후 관중을 중심으로 한 나라들은 남흉노南匈奴의 전조나 소당강족燒當羌族의 후진 등 관중 자체가 분열되어 있었던 경우를 제외하고는 언제나 관동이나 강남, 사천을 근거지로 하고 있던 나라들에 비해 우세를 보였다. 진, 한, 전진, 북주, 수, 당 등 관중을 근거지로 한 나라들은 중원 또는 중국 전체를 통일하는 데 성공했다. 이는 송나라 이후 회하와 양자강 델타의 인구와 생산력이 관중을 포함한 중원을 압도할 때까지 계속되었다.

주나라는 상나라의 침략을 받아 영토를 삭감당한 소방召方 출신 소공 석召公奭뿐만 아니라, 상나라에 노예로 잡혀 제물로 사용되곤 하던 강족으로부터도 큰 도움을 받았다. 여기에다가 삼성퇴와 금사문화라는 고도의 청동기 문화를 배경으로 갖고 있던 촉蜀, 용庸, 팽彭 등 이민족 국가들의 지원도 확보했다. 상나라의 마지막 왕인 주紂는 △판단력이 뛰어나고, △말을 잘하며, △박학다식함을 뜻하는 「자변첩질資辯捷疾하고, 문견심민聞見甚敏」이라고 일컬어질 정도로 매우 뛰어난 인물이었다. 여기에다가 체력도 매우 좋았다. 그는 한마디로 자신과잉의 인물이었던 것이다. 자신과잉이라는 측면에서 그는 7세기 수나라 양제煬帝 양광楊廣이나 12세기 금나라 해릉왕海陵王 완안량完顔亮과 매우 유사한 인물이었다고 생각된다. 그는 어떠한 간언諫言이라도 갖은 논리로 무력화시켰다. 그는 총비寵妃인 달기妲己에 빠져 발가벗은 남녀로 하여금 술래잡기를 시키고, 미미지악靡靡之樂과 같은 음란한 음악을 연주하게 하는 등 주지육림酒池肉林에 빠져 살았다. 악래惡來와 같은 간신을 기용하고, 형인 계啓와 삼촌인 비간比干을 살해하였으며, 벌겋게 달아오른 구리기둥에 사람을 태워 죽이는 포격지형炮格之刑도 시행했다.

주왕이 정말 흉포凶暴한 인물이었을까? 그렇지 않다는 증거가 많이 있다. 즉, 현재까지 발견된 갑골문에는 달기라는 이름을 찾을 수 없으며, 주왕은 열심히 제사를 지내는 등 조상신에게 매우 경건한 인물이었다 한다. 주나라는 패배자인 주왕을 지나치게 비하한 감이 있다. 주나라는 역성혁명易姓革命을 정당화하기 위해 상나라의 마지막 왕인 주를 악마로 만든 것이다.

즉, 공자 이후에 활동한 유학자들의 입김이 작용했다는 말이다. 상나라에서 벌어진 모든 나쁜 일을 마지막 왕인 그가 혼자 다 뒤집어 쓴 듯하다. 주왕은 정복활동에 전념하다가 피정복민의 반란과 주나라의 공세에 의해 나라를 잃고 말았다. 지나치게 급속한 팽창이 상나라 멸망의 원인이었던 것이다. 과도한 팽창over-expansion이 조기 해체를 야기한 것은 수나라, 나폴레옹의 프랑스 제국, 히틀러의 독일 제3제국, 일본제국, 소련을 비롯한 국가들뿐 아니라, 대우와 쌍용, 진로 등 우리나라 기업들의 예에서도 찾아 볼 수 있다.

상나라 멸망의 주요 원인 가운데 하나는 서쪽에 대한 관심 결여였다. 상나라가 서쪽에 큰 관심을 두지 않은 것은 주나라 등 서쪽 국가들에서는 빛깔이 아름다운 조개 등 재보財寶로 사용되는 물건들이 산출되지 않고 있었기 때문이다. 상나라 군이 인방人方 등 동남쪽으로 출정한 사이에 주나라에게 허를 찔린 데다가 노예제를 채택하고 있어서 국민통합이 제대로 되어있지 않았던 것이 결국 나라의 멸망으로 이어졌다. 인방은 황하와 양자강 사이를 흐르는 회하 유역으로 아름다운 무늬의 조개를 비롯한 재보의 산지였다. '재財'와 '보寶'라는 글자에서 알 수 있듯이 색깔과 무늬가 아름다운 조개는 말 그대로 보물이었다. 주는 아름다운 조개와 노예를 획득하기 위해 인방 등 동쪽으로 자주 출정했던 것이다. 은허에서 인방백人方伯이라고 새겨진 두개골과 고래 뼈 등이 발견되었다. 고래 뼈는 황하 중류를 중심으로 한 상나라에서는 구할 수 없는 물건이다. 갑골문에 의하면, 상나라 말기에는 술 사용량이 급증했다 하는데, 이것은 잦은 정복전쟁과 연관된 것으로 보인다.

앞에서 설명한 바와 같이, 상나라 사람들은 조상신에 대한 제사를 매우 중요시하였다. 제사 지내는 날을 결정하는 문제와 관련 보수파와 개혁파 간 갈등이 일어나기도 했다. 개혁파들은 보수파들과 달리 일일이 점을 쳐서 제삿날을 결정하는 것이 아니라, 미리 정해 둔 날짜에 제사를 지내려 했던 것이다. 제삿날을 제대로 알기 위해서는 정확한 책력이 필요하였다. 상나라 사람들은 십진법으로 구성된 수준 높은 책력을 만들었다. 상나라 청동기는 의식용 제기로 대단히 정교하게 만들어졌다. 포로로 잡혀온 노예가 살아남기 위해 혼신의 힘을 다하여 청동기를 제작했다. 청동기에는 동물문양이 매우 많은데, 이로 미루어 볼 때 상나라는 농경과 수렵을 함께 영위하였던 사회로 판단된다.

한편, 상나라는 일부다처제 사회였다. 왕은 왕비, 왕자, 일가 친척 및 여타 유력한 귀족들에게 부婦, 자子, 후侯, 백伯, 아亞, 남男, 전田, 방方 등 8개의 작위를 수여하였다. 부는 왕비, 자는 왕자, 후와 백은 가까운 친척, 아는 강력한 귀족, 남과 전은 농업·축산 감독관이었으며, 방은 인근 종족의 수장에게 수여했던 것으로 보인다. 왕비가 부작婦爵에 임명되었다는 것은 모계사회의 유습을 보여준다.

상나라를 멸망시킨 2년 후인 BC 1048년 무왕이 사망했다. 무왕의 어린 아들 성왕成王을 대신하여 동생인 주공周公 희단姬旦이 정권을 잡았다. 무왕이 죽은 후 주나라가 일시혼란에 빠진 틈을 이용하여 주의 아들 녹보는 무왕의 또 다른 동생들로 자신을 감시하던 희선姬鮮, 희탁姬度과 회하유역의 이민족인 회이淮夷를 끌어들여 주나라에 반기를 들었다.

주공 희단은 소공 석, 강상 등의 지지와 외가 쪽인 강족의 도움을 받아 3년이나 걸려 겨우 반란을 분쇄할 수 있었다. 반란을 진압하는 데 3년이나 걸렸다는 것은 주나라 초기 동방에 대한 지배가 매우 취약했다는 것을 말해준다. 서주는 반란을 계기로 동방에 대한 군사적 정복과 지배를 시도했다. 우선 황하의 지류인 낙수가에 제2의 수도인 낙읍을 세워 동방 통치의 중심으로 삼았다. 희단은 상나라에서 탈취한 천하의 상징인 구정九鼎을 낙읍에 둠으로써 제2의 수도인 낙읍의 정통성을 높였다. 구정은 하나라의 시조 우禹가 천하 구주九州에서 모은 청동을 갖고 주조했다고 하며, 천하를 상징하는 보물인 전국지보傳國之寶로 인식되고 있었다. 구정은 하에서 상, 다시 주나라로 넘어가 낙읍으로 옮겨졌던 것이다. 37대나 이어진 주왕조는 BC 256년 진나라에 의해 멸망당될 때까지 구정을 보관하고 있었다. 진나라 소왕昭王이 주나라를 멸망시킨 다음 구정을 탈취하여 수도 함양으로 운반하려 했으나, 구정을 실은 배가 사수泗水에 가라앉는 바람에 영원히 사라졌다 한다.

낙읍에 주둔한 주공은 반란을 일으킨 상나라 유민 대다수를 주의 또 다른 아들 개開와 함께 하남성의 송宋으로 옮겼으며,

강상은 서주西周의 무왕, 주공과 함께 한족 탄생에 가장 크게 기여한 인물의 하나이다. 이 때문에
그를 중국 10대 위인 중 한 명으로 선정했다. 그의 선조가 여呂지방에 분봉된 적이 있어 여상呂尙
이라고도 하며, 강태공으로도 널리 알려져 있다. 그의 별칭인 태공망太公望은 서주의 문왕이 위수
에서 낚시를 하고 있던 그를 만나 선왕인 태공(太公=아버지라는 뜻)이 오랫동안 바라던望 인물이
라고 말한 데서 유래한다. 강상은 주나라 왕실과 대대로 혼인관계를 유지해 온 티베트계 강족의
대표로 이해된다. 그는 문왕의 참모가 되었고, 문왕의 아들인 무왕을 도와 상나라를 멸망시키고,
중원을 통일하였다. 그는 나중 산동성의 제齊에 분봉되었다. 관중평야를 흐르는 위수에서 낚시를
하다가 문왕 희창을 만나게 되었다는 등 강상과 관련된 이야기는 대부분 전설적 성격을 띠고 있
다. 그에 얽힌 이야기는 탕湯을 도와 상나라를 세웠다는 이윤의 전설과도 유사하다.

강상은 병법가兵法家로서도 유명하다. 그는 병서兵書인 『육도六韜』를 저술한 것으로 알려져 있
다. 여기서 '도韜'란 화살을 넣는 주머니를 의미한다. 『육도』에 의하면, 외교나 전쟁의 기본은
「원교근공遠交近攻」이다. 즉, 한 나라가 생존을 유지하고, 발전해 나가기 위해서는 먼 나라와
는 밀접한 관계를 맺고, 가까운 나라와는 경쟁해야 한다는 뜻이다. 세계적 강대국들인 중국과
일본을 이웃나라로 두고 있는 우리나라가 특히 유의해야 할 점이다.

여러 차례 상나라를 토멸하는 전쟁을 지휘한 그는 지휘관과 병사들 간 심리적 유대가 강해야
전쟁에서 승리할 수 있다고 보았다. 이러한 그의 생각은 서주 무왕과의 대화에 잘 나타나 있
다. 무왕이 하루는 「군사들이 성을 공격할 때는 앞 다투어 기어오르고, 전쟁터에서는 앞 다투
어 진격하며, (퇴각하라는) 징소리가 울리면 화를 내고, (전진하라는) 북소리가 나면 기뻐하도
록 만들고자 하는데, 어떻게 하면 되느냐?」라고 물었다. 이에 대해, 강상은 다음과 같이 대답
했다. 「진흙길을 행군할 때 병사들과 같이 걸어가는 장군을 역장力將이라 하는데, 장군 스스로
가 힘든 일을 하지 않으면 병사들의 노고를 모르게 됩니다. 추울 때 따뜻한 옷을 입지 않고, 더
울 때 부채를 부치지 않으며, 비가와도 우의를 입지 않는 장군을 예장禮將이라 하는데, 장군 자
신이 솔선수범하지 않으면, 병사가 춥고 더운지를 모르게 됩니다. 병사보다 늦게 숙소로 들어
가고, 병사의 식사가 준비된 후에 식사를 하는 장군을 지욕장止欲將이라 하는데, 장군이 욕망
을 억제하지 아니하면, 병사들이 배가 고픈지 여부를 알 수 없게 되는 것입니다. 장군이 병사
와 더불어 춥고 더운 것, 힘들고 괴로운 것, 배고프고 배부른 것을 함께 하면 병사는 시석矢石
을 무릅쓰고 장군의 명령을 따를 것입니다. 이는 그들이 평소 추위와 더위, 배고픔과 배부름을
잘 살피고 노고를 함께 한 장군의 은혜에 보답하려 하기 때문입니다.」이러한 강상의 이론을
가장 잘 실천한 사람이 춘추전국시대의 무장武將 오기吳起이다. 오기는 병사의 다리에 난 종기
를 직접 입으로 빨아주는 등 병사들을 최대한 대우함으로써 죽음에 이르기까지 충성하게 만들
었다. 강상의 리더십은 현대의 민주적 리더십과도 통한다 하겠다.

일부는 무왕의 막내 동생 희강이 분봉된 위衛에 잔류케 하고, 나머지는 다른 제후국으로 흩어버렸다. 송이 좁고, 척박한 땅이었던 관계로 상나라 유민들은 물건을 매매하는 일을 업으로 삼았으며, 이에 따라 물건을 사고파는 일은 상나라 사람이 하는 일, 즉 「상업商業」으로 불리게 되었다. 한편, 상-주 교체기에 상나라 왕실 출신인 기箕가 요동으로 이주하여, 맥貊과 선비 계통의 원주민들을 통합하여 나라(기자조선)를 세웠다는 주장이 있다. 그러나 기자箕子와 관련된 상나라 말기의 유물이 요하 이동과 한반도 북서부가 아닌 요하 서안과 산동 지역에서만 발견되고 있다는 점에서 기자가 조선으로 건너와 나라를 세웠다는 주장은 서한 시대 이후의 창작인 것으로 판단된다.

주공 희단은 무리를 이루어 폭음하는 자를 사형에 처하는 한편, 제사를 지내기는 하되 제물을 크게 줄이고, 인간은 제물로 사용하지 못하게 했다. 그는 상나라 제도를 본받아 예악禮樂을 제정했다. 공전법을 확대하고 봉건제도를 도입하였다. 그는 희성 동족들과 공신, 하나라와 상나라의 후예들을 각지에 분봉했다. 수도 가까운 곳에는 종친들을 분봉하여 왕실의 울타리로 삼았으며, 먼 지역에는 공신들과 이전 왕조의 후예들을 분봉하였다. 동이에 대비하여 산동성 동부 제齊에 강상, 맥貊을 방어하기 위해 하북성 북부 연燕에 소공 석, 적狄 터키계열의 민족에 대한 대책으로 산서성 진晉에 아우인 희우姬虞를 분봉했다. 산동성 서부 노魯에는 주공 자신이 분봉되었다.

왕과 제후 사이에 맺어진 봉건관계는 제후와 경卿, 경과 대부
大夫, 대부와 사士 간에도 적용되었다. 이를 통해 서주는 왕
을 정점으로 한 피라미드 형태의 신분구조, 이른바 봉건질서
를 갖게 되었다. 각 계층은 신분에 맞는 주거와 의복, 예악을
사용해야 했다. 이는 유교를 통해 후세로 전승되었다. 분봉된
제후는 해당 지역으로 가 그곳을 점령한 뒤 점차 세력을 확대
해 나가는 일종의 식민화 과정을 밟아나갔다. 각 제후국은 중
세 이탈리아의 베네치아, 피렌체, 제노아, 밀라노 등 도시국
가들과 같이, 도읍 가까운 곳에만 영향력을 갖고 있는 성읍국
가城邑國家였다. 이때 호북성의 초楚, 사천분지의 촉蜀과 파巴,
양자강 하류의 오吳와 월越, 요하 유역의 조선朝鮮 등 이민족의
나라들도 별도로 성장하고 있었다.

갑골문甲骨文

갑골문은 귀갑수골龜甲獸骨을 의미하는 거북의 등, 또는 동물
의 뼈에 새긴 글자를 말한다. 상나라의 후기 수도인 은허殷墟
에서 발견된 갑골문은 문자로서 이미 높은 수준에 도달해 있
다. 일부는 표의문자表意文字의 수준을 보여주고 있다. 갑골문
이전에 이미 문자가 있었다는 증거이다.

문화인류학자들은 BC 3000년경 신석기 시대에 문자가 발명되었을 것으로 추측하고 있다. 중국 최초의 왕조라는 하나라가 BC 1751년에 건국되었다고 볼 때 최초의 문자는 앙소문화, 용산문화기에 탄생했거나 또는 외부에서 유입되었을 것으로 보인다. 외부라면 황하 문명보다 탄생시기도 빠르고, 수준도 더 높았던 요하 문명을 염두에 두지 않을 수 없다. 상나라의 청동기는 고도로 발전된 형태의 것만 주로 발견되었다. 이는 상나라의 청동기가 외부로부터 전래되었다는 의미이다. 외부세계라면 지리적으로 가까운 요하 유역일 가능성이 가장 크다. 요하 상류 적봉赤峰 부근에서 복골卜骨이 발견되었으며, 조보구문화에서 제작된 채도는 앙소문화에 큰 영향을 미쳤다. 청동기와 신석기를 함께 사용한銅石竝用 소하연문화小河沿文化 유적지에서는 갑골문자의 원형이 발견되었다. 요하 문명을 주도한 동이족이 상문화商文化를 만들었다는 증거가 되는 것이다. 갑골문의 어순語順이 중국어와 다르다는 것이 밝혀지면, 상문화의 건설자가 한족이 아니라는 것이 명확해 진다.

문자는 갑골에만 기록되었던 것은 아니다. 오히려 대나무와 비단 등에 더 많이 씌어졌다. 드넓은 곳에 흩어져 살아가는 중국인들은 갑골문에서 발전한 표의문자인 한자를 사용하여, 큰 문제없이 커뮤니케이션을 할 수 있게 되었다. 한자는 표음문자인 한글이나 라틴문자, 키릴문자 등과는 달리 같은 글자를 놓고 발음은 다르게 하더라도 의미가 바뀌지는 않는다. 예를 들면, 「자子」를 「dja:」 「tse」 등으로 각기 다르게 발음하더라도 「아들」이라는 뜻은 바뀌지 않는다는 것이다. 이런 까닭에 꽝뚱어나 푸젠어, 하카어와 같이 표준말인 북경어와는 사실상 다른 언어를 사용하는 중국인이라도 한자를 사용하게 되면 문자를 갖고 의사소통하는 데 큰 문제가 없게 되는 것이다. 이러한 측면에서 한자는 중국 통합에 크게 기여했다.

상나라 사람들은 주로 제사, 수렵, 수확에 대하여 점을 쳤다. 그만큼 제사祭祀에 신경을 많이 썼다. 상나라 사람들은 죽은 사람을 두려워하는 문화를 갖고 있었던 것이다. 이는 제사 형식으로 남아있다. 그들은 또한 고蠱라는 무형의 악기惡氣도 매우 두려워했다. 왕이나 귀족이 죽으면 고독蠱毒의 침입을 막기 위해 냄새를 잘 맡는 개나 개를 데리고 다니던 무사를 순장旬葬시키기도 했다. 고蠱는 나중 저주문화로 발전했다. 갑골문을 통해 전한前漢의 역사가 사마천이 지은 『사기史記』의 신빙성이 확인되었다. 갑골문이 발견되기 이전에는 상나라에 대한 『사기』의 기술이 상상에 지나지 않는다고 생각되었으나, 갑골문의 발견으로 사기의 정확성이 증명되었다. 『사기』는 상나라 17세 30왕의 왕통을 거의 정확히 기술해 놓았던 것이다.

문명의 역진

상나라의 후기 수도인 은허殷墟에서는 장대한 궁전과 분묘, 무게가 1t이나 나가는 세발솥 구정九鼎을 포함하여 식기食器, 주기酒器, 악기樂器 등 최고 수준의 청동기가 다수 발견되었다. 전 세계의 많은 사람들이 인간의 영혼이 숨 쉬고 있는 것과 같이 느껴지는 상나라 청동기를 애호하고 있다. 청동기 제조기술 등 문화의 수준만을 놓고 볼 때 상나라를 멸망시킨 주나라는 상나라에 크게 미치지 못했다. 물질문명의 측면에서 주나라는 상나라에 비해 크게 후퇴했던 것이다. 역사는 시간의 흐름에 따라 반드시 진보하는 것이 아니라, 퇴보하기도 한다. 주나라의 청동기가 이를 증명하고 있다.

경제, 문화, 기술 모두 후진적이었던 주나라가 선진국 상나라를 멸망시킬 수 있었던 힘은 어디에서 나왔을까? 앞에서 말한것과 같이 주나라의 힘은 문화가 아니라, 우월한 사회체제에서 나왔다. △주나라의 군대는 자유민으로 구성되었으며, △주나라는 죽은 사람을 두려워하는 공포의 정서를 거의 갖고 있지 않았고, 제사를 위해 인간을 포함한 많은 제물과 술을 소모하지 않았다. 한마디로 주나라는 상나라에 비해 훨씬 더 건실한 사회체제를 갖고 있었던 것이다. 상나라에서 주나라로의 교체는 대체로 단절성이 강하다. 토템과 조상신 숭배의 문화에서 인간중심 문화로 바뀌었다. 동성同姓간 혼인은 금지되었다.

주공周公의 개혁은 중원 문화의 주류가 동이계에서 화하계(중화계)로 바뀌는 계기가 되었다. 주와 진, 한 등이 모두 위수 유역을 수도로 함에 따라 주나라 문화가 중국의 주류문화가 되었다. 인종적으로도 알타이계 동이족 중심에서 차이나-티 벳계Sino-Tibetan 화하족 중심으로 바뀌었다. 봉건제도의 실시로 중국 문명권이 확대되었다. 하남성 중·북부, 산동성 서부, 산서성 남부, 섬서성 동부 일부에 국한되었던 화하 문명권이 하남성 남부, 산동성 동부, 산서성 북부, 섬서성 서부, 하북성, 안휘성 등지로 확대되어 나갔다.

III

분 열 分裂
과
팽 창 膨脹

물은 고이면 썩는다. 크든 작든 한 나라가 외부와의 교류 없이 자기만의 철학과 제도, 법, 기술을 고수할 경우, 점차 퇴보하게 되고 결국에는 다른 나라에 밀려 역사의 저편으로 사라지고 만다. 중원의 패자霸者 상나라를 정복하고, 중국을 다른 궤도로 달리게 한 주나라도 예외가 아니었다.

태백산맥과 소백산맥으로 가로막힌 한반도의 남부 후미진 곳에 나라를 세워 강건한 기풍을 유지하다가 국제정세의 흐름을 잘 파악하여 가야伽倻를 병합하고, 백제와 고구려를 멸망시켜 삼국통일의 문을 열었던 흉노의 나라 신라도 마찬가지였다. 그렇게 강건하던 신라도 성덕왕 치하 난숙기爛熟期 무렵부터 시작된 지배층의 이완과 부패로 점차 약화되고, 결국 신흥국 고려에 나라를 빼앗기고 말았다. 이렇듯 주나라와 신라가 멸망한 것은 결국 스스로 긴장의 끈을 놓고, 자기 쇄신刷新 없이 퇴락한 것이 원인이었다.

한편 주공周公은 하나라와 상나라 2대에 걸친 중원中原의 적폐를 일소하고, 새로운 통치제도와 경제·사회제도를 도입하여 중국 문명을 일신시켰다. 사람들은 토템과 귀신으로부터 해방되어 인간다운 삶을 누리게 되었다. 주공의 개혁을 바탕으로 제2대 성왕成王, 제3대 강왕康王은 줄곧 팽창정책을 실시했다. 그들은 황하 유역 일대 아직 주나라의 세력권 내에 들어오지 않은 부족들을 정벌하고, 세력권 이원에 위치한 산서 중북부, 하북, 산동 동부, 호북 등으로도 출병했다. 제4대 소왕昭王도 팽창정책을 지속했는데, 소왕은 양자강의 북쪽 지류인 한수 유역을 공략하던 중 묘족苗族과의 싸움에서 패사敗死하고 말았다.

공화체제

애국가에 「하느님이 보우하사」라는 구절이 있다. 하느님은 하늘, 곧 '천天'을 말한다. 우리나라의 시조로 인정되는 단군왕검檀君王儉=DarGan OrKam은 하늘에서 내려온 환웅桓熊의 아들이다. 시조가 하늘의 아들, 즉 천자天子라는 생각은 흉노와 동호東胡 등 고대 우랄-알타이 부족들이 가진 일반적인 생각이었다.

주나라 사람들이 숭배한 최고의 신神도 하늘이었다. 주나라인들의 천신사상天神思想은 그들이 자주 접촉하던 적狄을 비롯한 터키계 부족들이 신봉하던 텡그리tengri, 즉 천신사상으로부터 영향을 받은 것으로 보인다. 「텐天」이라는 글자 자체가 「텡그리」에서 유래했다. 천신사상은 새로운 세계관과 정치관을 만들어 내었다. 주왕周王은 천명을 받은 군주이기 때문에 천자이고, 천자는 문명의 화하인과 야만인夷, 즉 화이華夷를 망라한 세계질서의 주재자가 되어야 했다. 천자를 인간세상의 유일한 주재자로 보는 천신사상은 통일국가 수립의 이념적 배경과 함께 왕권에 절대적 권위를 부여했다.

천자관天子觀은 남송시대南宋時代에 탄생한 주자학(성리학)과 결부되어 15세기 이후의 조선 사대부들에게 큰 영향을 미쳤다. 김장생, 송시열, 송준길 등 주자학자朱子學者들은 명明나라 황제를 하늘의 명命을 받은 천하의 지배자로 우러러 보았던 것이다. 그들은 성리학 체계와 명나라에 반대하는 것을 불충不忠과 불효不孝의 전범典範인 사문난적斯文亂賊으로 간주하고, 혹독한 탄압을 가하였다. 여기에는 조선 국왕이었던 광해군光海君도 예외가 아니었다.

한편 소왕昭王 이후 주나라는 점차 쇠퇴하기 시작했다. 세대가 바뀌면서 70여 개에 달한 이성異姓 계열의 제후들은 말할 것도 없고, 동성同姓인 희성姬姓 계열의 제후들과 주왕실과의 관계도 약화되어 갔다. 결국 주왕실의 직접적인 영향권에 포함된 지역은 관중의 종주(호경)와 하남의 성주(낙양)를 잇는 지역에 불과하게 되었다. 노魯, 제齊, 진晉 등 주요 제후들의 힘이 주왕실을 능가하게 된 것이다.

상황이 이러한 때에 능력에 비해 과도하게 의욕이 넘치는 여왕厲王이 즉위했다. 그는 주왕실이 제후들에게 무시 받는 것을 참을 수가 없었다. 여왕은 왕실을 강화하기 위해 개혁에 나섰으며, 군사력을 키우기 위해 급진적인 호구정책戶口政策과 함께 새로운 조세제도를 도입했다. 새 제도는 일반 백성은 물론, 제후들의 이권도 침탈하는 방향으로 시행되었다. 여왕과 귀족들 간 관계는 긴장상태가 되었으며, 이는 결국 내란으로 이어졌다. BC 841년 수도 호경鎬京 인근의 제후들이 반란을 일으켜 궁전을 포위했다. 여왕은 추격해 오는 제후군을 피해 도망가다가 황하의 북쪽 지류인 분수 유역의 산서성 체彘로 망명했다. 여왕은 수도로 복귀하지 못하고 그곳에서 사망하였다.

여왕이 도망가자 주나라는 왕이 없는 상태, 즉 궐위상태闕位狀態가 되었다. 제후들은 공백 화共伯和로 하여금 임시로 왕을 대신하게 했다. 공백 화는 14년간이나 집권했으며, 여왕이 체에서 사망하자 그의 아들인 선왕宣王을 즉위시키고, 자기 나라共로 돌아갔다. 19세기 서양의 정치학을 배운 일본인들은 「RepublikRepublic」을 어떻게 번역할까 고민하다가 서주시대西周時代에 왕이 아니라 귀족인 공백 화가 집권한 적이 있다는 것을 생각해 내고, 왕이 없는 상태, 즉 '공화국'으로 번역했다.

융의 침입과
서주의 동천

소년시절에 아버지가 축출되는 것을 지켜본 선왕宣王은 즉위 후 정치에 심혈을 기울였으며, 주나라를 여왕시대의 쇠락에서 구해내는 듯이 보였다. 선왕은 주나라의 영토를 넓히기 위해 사방으로 전쟁을 벌였다. 전쟁이 계속됨에 따라 호구조사를 통한 징병과 징발이 계속되고, 이에 따라 민심도 이반되어 갔다. 선왕의 분투는 서주西周의 마지막 몸부림이었다.

선왕의 아들인 유왕幽王은 일부 창업자의 2세, 3세와 같이 통치자로서의 자질이 부족한 인물이었다. 그는 향락만을 추구하는 인간이었다. 그는 총애하는 후궁 포사褒姒가 낳은 왕자 백복伯服으로 하여금 세자 의구宜臼를 대신하게 하려다가 의구의 외가 신申나라의 저항에 직면했다. BC 771년 유왕이 의구를 폐하자 신후申候는 증繪, 견융犬戎, 서이 등과 함께 거병하여 유왕을 축출했다. 티베트계(또는 터키계)로 추정되는 견융의 군대가 수도 호경을 약탈했다. 견융군은 수도 호경을 탈출한 유왕을 추적한 끝에 근교의 여산驪山에서 따라잡고 그와 백복을 죽였다. 여기에서 주나라는 사실상 멸망하였다. 서주의 멸망은 집안싸움, 즉 내홍內訌이 원인이었다. 증繪은 산동성에 있던 소국으로 포褒, 비費, 기杞, 신辛 등과 함께 하나라의 후예라 한다.

신후申候 등 제후들에 의해 옹립된 세자 의구, 곧 평왕이 BC 770년 성주(낙양)로 도피하여 나라를 이어갔다. 낙양 천도遷都 이후의 주나라(동주)는 제후들을 통제할 힘을 상실한 명목상의 종주국에 불과했다. 위衛, 노魯, 채蔡, 괵虢 등 중원中原의 제후국들보다는 변경인 산동 동부의 제齊, 산서의 진晉, 하북의 연燕 등이 강화되어 갔다. 그런데, 연나라(BC 1025~BC 222)는 전국시대에 와서야 비로소 역사에 분명하게 나타난다. 하북성河北省 북동부에 위치해 있던 초기 연나라는 민족, 언어, 문화 등의 측면에서 볼 때, 한족적인 요소가 거의 없었다. 많은 문화인류학자들은 원시 알타이어를 사용한 원시 선비족이 바로 초기 연나라의 구성원이었을 것으로 본다. 연나라는 요하 문명을 계승한 맥족貊族 계열의 (고)조선에 가로막혀 크게 성장하지 못하였다. 묘족苗族 계열인 호북성의 초楚, 사천성의 촉蜀, 동남아 계통인 양자강 하류의 오吳, 월越 등은 화하문명華夏文明의 테두리 바깥에서 별도로 발전해 나가고 있었다.

춘추시대의 개막

서주가 멸망하기 직전 재상직에 있던 환공桓公은 조카인 유왕이 다스리던 주왕실의 허락을 얻어 봉국封國인 정鄭나라를 수도 호경 부근에서 낙수洛水 동쪽에 위치한 하남성 정저우鄭州로 옮겼다. 정저우는 이전 왕조들인 하나라와 상나라 유민들이 거주하던 지역이었다. 정나라의 이동은 섬서성 서안에서 하남성 정주로 이어지는 약 500㎞에 걸친 민족 대이동이었다. 정나라의 이주 이후 견융의 침입과 주나라의 낙양 천도로 수많은 사람들이 섬서성에서 하남성으로 이주했다. 견융의 침공으로 호경은 폐허가 되었는데, 동주東周 평왕은 과거의 근거지를 융족 계통으로 보이는 영씨嬴氏 부족에게 분봉하였다. 영씨 부족은 위수 유역을 중심으로 진秦을 세웠다.

BC 715년 정鄭나라 제3대 장공莊公은 주왕실의 허락도 받지 않고, 노魯나라 세력권 내에 위치한 자국 영토「방祊」과 자국 세력권내에 위치한 노나라 영토「허許」를 맞교환했다. 정나라는 방에서 나오는 물산으로 주왕실을 대신하여 태산에 제사를 지내왔으며, 노나라는 주왕실에 인사 올 때 허에 머물렀다. 정과 노가 방과 허를 교환했다는 것은「정나라는 주왕실을 대신하여 이제 더 이상 태산에 제사를 지내지 않겠으며, 노나라는 앞으로는 주왕실에 인사를 드리지 않겠다.」는 뜻을 공표하는 도전적 행위였다. 주왕실의 권위는 완전히 바닥에 떨어졌다. 춘추시대가 본격 개막된 것이다. 정과 노의 공공연한 도전에 분노한 동주 환왕桓王은 위衛, 진陳, 채蔡, 괵虢 등 중원의 중소 제후 연합군을 이끌고 정나라를 쳤으나, 도리어 정나라군에게 대패하고 말았다. 이후 장공은 장남 홀忽이 지휘하는 군대를 파견하여 맥貊의 침입에 시달리던 제齊나라를 구원하는 등 명성을 천하에 떨쳤다. 그러나 정나라의 힘은 거기까지였다. 장공의 사망 후 송宋나라 등 외가를 배경으로 한 홀과 돌突 등 아들들 간 후계싸움으로 인해 정나라는 급속히 쇠약해져 갔다.

초나라의 흥기와
중원 국가의 단결

지금도 그렇지만, 주나라 시대에는 중원이라고 해도 곳곳에 소수민족들이 살고 있어 정치·사회·문화적으로 완전히 통일된 상태가 아니었다. 중원 각지에 이夷, 융戎, 남南이라 부르는 소수민족들이 흩어져 살면서 독자적인 정치, 사회체제를 유지하고 있었다. 묘족苗族 일파로 추정되는 호북성의 초나라가 양자강 상류의 삼성퇴 문화, 금사 문화 및 주문명周文明의 영향을 받아 강대국으로 발돋움하기 시작했다. 초기 초나라의 판도版圖는 지금의 호북성 지역인 양자강의 북쪽 지류 한수 유역이었다. 초부족楚部族은 상나라군을 무찌른 목야 전투에도 주나라편에서 참전했있다.

서주말 이왕夷王 재위기 초나라 6대 수장인 웅거熊渠가 최초로

왕王을 칭하였다. 제17대 수장인 웅통熊通은 BC 704년 스스로 무왕武王이라 칭했다. 그는 섬서성 동남부에 위치한 자국의 수도 단양丹陽 부근의 제후국인 수隨를 속국으로 만드는 등 세력을 넓혀나가기 시작했다. 무왕의 뒤를 이은 문왕文王은 수도를 단양에서 양자강 중류에 위치한 강릉 부근의 영郢으로 옮기고, 보다 적극적인 군사행동에 나섰다. 그는 섬서성과 하남성 남부의 신申, 채蔡, 등鄧나라를 침공하여 속국으로 만들었다. 남방의 이민족 국가인 초나라가 하남성 남부와 섬서성 남부 등 중원으로 쇄도해오자 진晉, 제齊, 노魯, 정鄭, 위衛 등 중원 국가들은 극도의 위기의식을 갖게 되었다. 그들은 산동성 동부의 강국 제齊나라를 중심으로 단결했다. 제나라는 태공망 강상을 시조로 하는 나라이다. 강상 이후 제나라는 산동성의 여러 부족들을 복속시켜, 산서성의 진晉과 함께 중원을 대표하는 2대 강국으로 성장했다.

초나라가 북상하기 시작하던 무렵 즉위한 제나라의 환공은 명재상 관중管仲의 보필에 힘입어 제나라를 강대국으로 만들었다. 관중은 병농일치제를 도입했다. 또한 국토를 상인과 수공업자로 구성된 6개 향鄕을 포함한 총 21개 향으로 나누고, 각 5개 여旅로 구성된 3개 군軍을 설치했다. 군에 포함되지 않은 6개 향의 상인과 수공업자들로 하여금 전차, 갑옷, 칼, 창 등 각종 군수품을 조달하게 했다. 그는 또한, 유명무실화된 공전제를 폐지하고, 토지의 등급에 따라 세금을 매기는 제도를 도입했다. 상업과 수공업이 발달함에 따라 많은 상공업자들이 제나라의 수도 임치臨淄로 모여들었다. 최전성기 임치의 인구는 30여만 명에 달했다. 이러한 실력을 바탕으로 제나라는 인근의 35개 소국들을 병탄하고, 산동성 서부의 강국 노를 압박했다. BC 679년 환공은 산동성 진甄에서 제후들을 소집하여 대초동맹對楚同盟의 패자가 되었다. BC 660년 그는 터키계로 추정되는 적족狄族에게 침탈당한 하남성 북부의 위衛를 다시 세워 주기도 하였다. BC 658년 초나라는 한때 중원의 강대국이었던 정나라를 침략하였다. 이에 대해 환공은 여타 제후들과 함께 출정하여 초나라군을 격퇴했다.

유목민족인 적족에 대한 대책으로 산서성 북부에 세워진 진晉나라는 처음부터 군국주의적 성향이 강한 나라였다. 진나라 사람들은 적족狄族과 자주 접하면서 그들과 혼인하며 스스로 적족화되기도 했다. 제환공에 이어 패자가 된 진문공晉文公의 어머니가 적족 출신 호씨狐氏인 데서도 알 수 있듯이 공실公室조차 적족이나 융족과 인척관계를 맺고 있었다. 진나라의 강대화를 가져온 것은 문공의 아버지 헌공獻公이었다. 야망이 컸으며, 적극적이었던 그는 군비를 증강하여 융족을 쳐부수고, 곽霍과 경耿, 위魏, 서괵西虢 등 소국들을 병합해 나갔다. 국내적으로는 공위公位를 탈취할 가능성이 있는 희씨姬氏 근친들을 대거 주살誅殺함으로써 통치권을 확고히 했다. 이때의 대숙청과 그의 후계자를 노리는 내란 과정에서 공족公族들이 대거 살해당함으로써 조趙, 위魏, 한韓, 지智, 범范, 중행中行씨 등 가신들의 세력이 크게 강화되어 나중 진나라가 삼분三分되는 원인이 되었다.

진이 서괵을 멸하는 과정에서 길을 빌려주었다가 나라(우나라)가 망한 「가도멸괵假道滅虢」이라는 사자성어가 이때 생겨났다. 어리석은 우공虞公은 서괵 제후의 간청에도 불구하고, 진晉의 요청과 협박에 따라 서괵으로 가는 길을 빌려주었다. 진나라군은 우虞나라를 통해 군대를 보내어 서괵을 멸하였으며, 돌아오는 길에 우나라마저 멸망시키고 말았다. 우공은 서괵이 망하면 우도 함께 망하는 순망치한脣亡齒寒의 관계를 이해하지 못하고 있었던 것이다.

이름을 중이重耳라 하는 문공은 계모繼母와 동복·이복형제들이 개입된 권력투쟁의 희생자가 되어 19년간이나 망명생활을 한 끝에 62세가 되어서야 즉위할 수 있었다. 그는 아버지 헌공의 업적을 기초로 동주東周 내부의 반란을 진압하며 환공이 서거한 후 급격히 쇠약해진 제나라를 대신하여 패자가 되었다. 그는 황하 이남의 하남성 중남부에 전진기지를 건설하는 방식으로 초楚나라의 북상을 막으려 했다. BC 632년 문공은 웅옥熊玉이 지휘하는 초나라 대군을 황하 연안의 성복까지 유인하여 대파했다.

제와 진에 의해 북상을 저지당하던 초나라는 아버지 성왕成王을 죽이고 자립한 목왕穆王 이후 다시 북진을 개시했다. 목왕은 하남성 남부와 안휘성 방면으로 군대를 보냈다. 목왕의 아들인 장왕莊王은 양자강과 회하를 따라 사방으로 영토를 넓혔다. 그는 서주가 상나라로부터 빼앗아 낙양에 보관하고 있던 천하의 상징인 구정을 탈취하려 하는 등 한때 중원 통일을 시도했다. BC 597년 장왕은 정나라를 속국화하고, 계속 북상하여 황하 남안의 하남성 필邲에서 진군晉軍을 대파하고 패자가 되었다. BC 546년 초나라의 주도로 진晉, 제齊 등 14개국의 대표들이 송나라에서 회동하여 미병지회弭兵之會라는 다자간 정전회의停戰會議를 개최하였다. 이로써 초나라의 패권은 한층 더 확고해졌다.

제자백가
: 공자, 노자, 법가, 손자

제자백가 사상의 특징은 인간중심의 사상이라는 것이다. 그리고 그들의 궁극적인 목적은 현실참여를 통한 자아의 실현에 있었다. 그들은 현실 문제 해결을 위한 학문을 했기 때문에 인간의 행동과 직접 관련된 정치와 윤리 문제에 집중할 수밖에 없었다. 그들의 사상은 지금에 이르기까지 동아시아의 사상과 문화에 큰 영향을 미치고 있다. 동아시아의 사상이 서양과 달리 종교적 색채가 적고, 현실적인 것은 제자백가의 이러한 특징에 기인하는 것이다.

공자 孔子

우리나라에서 공자는 무오류無誤謬의 성인聖人이다. 지난 2001
년 상명대 김경일 교수가 『공자가 죽어야 나라가 산다.』라는
책을 내었다가 유림儒林으로부터 인신공격에 가까운 비난을
받았을 정도이다. 그만큼 공자는 우리나라에 긴 그림자를 드
리우고 있다. 공자로 존칭되는 공구孔丘는 춘추시대가 저물어
가는 BC 551년 산동성 서부에 위치한 노나라에서 태어났다.
사마천이 지은 『사기史記』에 의하면, 그는 비정상적인 혼인관
계의 나이차가 많은 부모사이에서 태어나 가난하고 천하게 자
랐으며, 어른이 되어서는 하급관리로 일했다 한다. 공구의 선
조는 상의 유민들이 세운 송나라 출신이었다.

노나라는 주공이 분봉된 나라로 특히 문文과 예禮가 중요시되
던 나라였다. 당시 노나라를 포함한 중원의 제후국들에는 가
신이 주군의 권력을 압도하는 현상이 광범하게 일어나고 있었
다. 정나라의 자산, 제나라의 안영과 전상, 진晉나라의 지智,
조趙, 위魏, 한韓씨 등도 주군을 압도하는 세력을 갖고 있었다.
노나라에서도 적통의 제후가 아니라, 방계인 계손씨, 맹손씨,
숙손씨가 나라를 좌우하고 있었으며, 이들도 부하들인 양호
陽虎나 공산불뉴公山不狃 등에게 제압되어 가고 있는 형편이었
다. 공구는 주례周禮 등 예禮를 연구하는 교단을 만들었다. 그
는 교단을 이끌고 14년에 걸쳐 제齊, 위衛, 조曹, 송宋, 정鄭, 진
陳, 채蔡, 초楚를 돌아다니면서 포교활동을 했다. 그는 제후들
에게 인仁에 기초한 사회의 안정과 질서유지가 나라의 근본이

라고 설득했다.

공구의 이상理想은 서주의 주공이 다스리던 공전제의 과거로 돌아가는 것이었다. 그는 인에 기초한 인간평등, 즉 빈부귀천에 관계없이 인격이 뛰어난 인물이 지도자가 되어야 한다고 주장했다. 그는 또 충과 효는 무조건적인 것이 아니라는 것을 명백히 하였다. 즉, 「임금이 임금다워야, 신하는 신하답고, 아버지가 아버지다워야, 자식이 자식다울 수 있다.君君臣臣. 父父子子」라고 말했던 것이다. 315년 탁발선비족이 산서성 북부와 내몽골을 근거로 세운 대代의 수장 탁발의로拓跋猗盧는 국가체제를 정비하는 과정에서 후계자 문제로 아들 탁발육수拓跋六脩의 반발을 산 끝에 전투에 패해 시해弑害당하고 말았다. 탁발육수는 반란을 일으키면서 공구가 말한 군군신신君君臣臣, 부부자자父父子子를 들어 자신의 입장을 합리화했다. 공자의 사상은 4세기 초에 이미 유목민족인 내몽골의 탁발선비에게도 전파되었던 것이다. 춘추시대 기준으로 공구의 사상은 반체제적이었다. 춘추시대 지도층 인사들은 현실 문제 해결에 도움이 못되는 공구의 주장을 받아들이지 않았으나, 그의 사상은 전국시대戰國時代의 맹가孟軻에 의해 학문으로 정립되었으며, 중국과 한국, 일본, 베트남, 대만, 싱가포르 등 동아시아의 여러 나라들에게 오늘날도 여전히 큰 영향을 미치고 있다.

노자 老子

노자와 장자는 공자와는 달리 반문명론적인 「소국과민小國 寡民」을 역설했다. 즉, 문화가 없는 원시상태가 차라리 좋다 는 것이다. 그들은 반문명론적인 입장에서 백성들이 지나치 게 좋은 것을 보고, 느끼고, 맛보지 않는 것이 좋다고 주장했 다. 즉, 자기가 먹는 것을 가장 맛있다고 느끼고, 자기가 입고 있는 옷이 가장 아름다우며, 자기의 집이 가장 좋다고 느끼는 것이 바로 천국paradise이라는 것이다. 선악과善惡果를 맛본 후 의 아담·하와와 같이 무엇이 좋은지, 무엇이 아름다운지, 무 엇이 맛있는지를 알게 되면 불행을 느끼게 된다는 것이다.

노자와 장자는 다 같이 무위무사無爲無事를 주장했으나, 노자 는 현실정치에도 관심을 두고 있는 반면, 장자는 수양을 통한 득도得道를 중시했다는 점에서 차이가 난다. 노자의 사상은 환 경 생태주의와 무정부주의anarchism로, 장자의 사상은 허무주 의nihilism로 연결된다.

공손앙 公孫鞅

상나라의 수도였던 은을 중심으로 세워진 위衛나라 출신 공 손앙은 법가法家의 사상을 실천에 옮겨 진秦의 천하통일을 가 능하게 만든 인물이다. 공손앙의 개혁은 가족제도, 행정제도, 군사제도, 사법제도, 산업 등 모든 분야에 걸쳐 있었다. 그는 진나라를 31개 현으로 개편하여 중앙정부가 파견하는 관료를 통해 직접 통제함으로써, 권력을 군주 한 사람에게 집중시켰다. 권력이 군주 한 사람에게 집중됨으로써, 영주領主는 지주에 불과한 존재로 격하되었다. 이로써 공손앙의 개혁을 통해 체제를 일신한 진나라는 천하통일 사업을 시작할 수 있었다. 공손앙에 대해서는 뒤에서 다시 상세히 설명하겠다.

손자 孫子

손자로 존칭되는 손무孫武와 그의 후손인 손빈孫臏은 병가兵家를 대표하는 인물이다. 손무는 오자서伍子胥의 간청을 받아 오왕吳王 합려闔閭의 장수로 일한 적이 있다. 손무는 임용 초기 그의 능력을 의심하는 합려에게 연약한 궁녀들조차 절도 있는 병사로 조련해 낼 수 있는 실력이 있다는 것을 입증해 보였다. 손무가 지은 『손자병법』은 「병兵이 국가의 대사大事, 사생死生의 땅, 존망存亡의 길이다.」라는 입장에서 국책의 결정, 최고 지휘관 선임을 비롯하여 작전·전투 전반을 격조 높은 문장으로 간결하게 설명하고 있다. 『손자병법』은 평화주의 철학도 갖고 있는 등 비호전적非好戰的인 것이 특징이다. 『손자병법』에는 「싸우지 않고 상대를 굴복시키는 것이 최선이다. 그러나 싸우는 것을 겁내지 않아야 이길 수 있다.不戰而屈人之兵, 善之善者也 敢于鬪爭, 善于勝利」고 기술되어 있다. 개인이나 나라나 싸우는 것을 겁내어서는 이길 수 없다는 것이다. 특히, 현대 국가 간 외교와 군사 관계 모두에서 적용될 수 있는 대표적인 금언이라 하겠다.

BC 350년 무렵인 제齊나라 위왕威王 시절에 활약한 손빈孫臏에게는 다음과 같이 재미있는 이야기가 전해 내려온다. 제나라 출신 손빈은 위魏나라 출신 방연龐涓과 동문수학한 사이였다. 둘의 사이는 좋은 것처럼 보였으나, 방연은 속으로 자기보다 훨씬 뛰어난 손빈을 시기하고 있었다. 방연이 먼저 위나라로 가서 장군이 되었다. 손빈이 두려웠던 방연은 그를 의도적으로 위나라로 초청하고는 첩자라는 누명을 씌워 무릎 아래를 자르는 형벌인 「빈臏」을 받게 만들었다. 손빈은 제나라 사신 전기田忌의 도움으로 우여곡절 끝에 위나라를 탈출하여 제나라로 도망칠 수 있었다. 전기의 추천으로 제나라의 장군이 된 손빈은 위나라군을 이끄는 방연과 맞섰다.

손빈은 강력한 위군魏軍과 정면으로 맞서서는 승산이 없다고 보고, 계책을 내었다. 후퇴를 하면서 첫날은 아궁이 10만 개를 만들고, 다음날은 5만 개, 그 다음날은 3만 개, 이런 식으로 도망병이 많아 보이게 하여 적을 방심하게 만들었다. 방연은 행군속도를 높여 밤낮으로 제나라군을 추격했다. 손빈은 마릉馬陵이란 곳에 도착하여 주둔지 주변의 가장 큰 나무 1그루만 남기고 모두 베어버리고, 그 나무의 껍질을 벗겨 글자를 새긴 후 베어낸 나무들 사이로 군사를 매복시켰다. 곧 도착한 방연은 군사들을 시켜 나무들을 치우도록 명령하고, 휴식을 취하려는 순간 횃불 사이로 글자가 적힌 나무 한 그루가 우뚝서 있는 것이 보였다. 그가 휘하 병사에게 횃불을 가까이 하도록 하여 글자를 읽어보니 「방연, 이놈아! 너는 이 나무 아래에서 죽었다.龐涓死此樹下」라고 적혀 있었다. 놀란 방연이 피하려 했지만, 빗살처럼 날아오는 제나라군의 화살은 그를 고슴도치처럼 만들고 말았다.

오월동주와
전국시대의 개막

오월동주

중원의 제후들은 묘족苗族의 나라 초楚의 목왕과 장왕의 지속적인 북진으로 멸망의 공포를 느꼈다. 제나라는 물론, 진晉나라도 이미 전성기를 지나고 있어 초나라의 북진을 막아낼 세력은 중원 어디에도 없었다. 이러한 상황에서 초나라의 북진을 막은 것은 중원 국가들이 아니라, 양자강 델타에 자리한 강소성의 고소姑蘇를 도읍으로 한 오吳나라와 절강성의 회계會稽를 도읍으로 한 월越나라였다.

오나라는 BC 585년 족장 수몽壽夢이 주왕실을 방문하면서 중원에 처음 모습을 드러냈다. 오나라는 신석기 하모도 문화 등 기존의 문화유산에다가 중원의 선진문화를 도입하여 불과 50년이라는 단기간 내에 초강대국으로 부상하였다. BC 506년 오왕 합려闔閭는 제나라 출신인 손무孫武와 초나라 출신 오자서伍子胥의 보좌를 받아 평왕平王이 아들 건建의 신부新婦를 속임수로 빼앗는 등 집안문제로 난맥상을 보인 초나라를 치고, 양자강 중류의 수도 영郢을 함락시켰다. 욱일승천하는 오나라의 발목을 잡은 것은 배후의 월나라였다. 신석기 양저문화良渚文化를 배경으로 중원의 문화를 수용하여 급속히 발전한 월나라는 동남아계 민족이 세운 나라로 추정된다. 수장 윤상允常은 부락단위로 분열되어 있던 월족越族을 통합하여, 강력한 국가로 만들어 내었으며, 윤상의 아들 구천勾踐 역시 합려가 지휘하는 오나라군을 격파하는 등 만만찮은 실력을 보여주었다.

오나라는 부차夫差 시대에 한층 더 강력한 나라로 발전했다. 월나라를 제압하고, 북상하여 노나라를 속국으로 만들었으며, 여러 번 제나라를 쳤다. 부차는 북벌을 위해 양자강과 북쪽의 회하淮河, 기수沂水, 제수齊水를 운하로 연결하기도 했다. BC 482년 부차는 하남성 황지黃池에서 제후들을 소집하여 패자가 되었다. 오나라의 패권 쟁취는 양자강 세력이 황하 세력을 능가한 대표적인 예이다. 오나라가 선진적인 경제·문화를 갖고 있지 않았더라면 패권을 잡는 것은 불가능했을 것이다.

BC 473년 월나라왕 구천은 중원의 패권覇權을 다투느라 부차가 수도를 비운 틈을 타서 오나라의 수도 고소를 기습하여 오나라군을 격파하고, 부차의 아들을 죽였다. 4년 후 월나라는

다시 오나라를 쳤다. 월나라군은 오나라의 수도를 3년 동안
이나 포위했으며, 결국 고소를 함락시켰다. 구천에게 항복한
부차는 자살하고, 오나라는 멸망했다. 오나라의 멸망은 전국
시대의 개막을 알리는 서곡序曲이 되었다. 구천시대의 강성을
자랑하던 월나라도 BC 334년 초나라에 대패한 후 약체화의
길을 걸었다. 오·월 지역은 결국 초나라의 판도로 편입되었다.

전쟁방식의 변화

약육강식의 시대가 되면서 모든 나라들이 군사력 증강에 매
진하게 되었다. 전국시대 각 나라에서 진행되었던 개혁도 결국
효율적으로 전쟁을 준비하기 위해서였다. 전쟁에서 승리하기
위해서는 강력한 군사력과 함께 이를 뒷받침할 수 있는 경제
력을 확보해야만 했다. 전쟁의 방식, 군대의 편제, 무기 등 군
사부분에서도 큰 변화가 일어났다.

먼저 전쟁의 방식이 크게 바뀌었다. 춘추시대까지의 전쟁은
주로 들판에 진陣을 치고 싸우는 전차전戰車戰이 중심이었다.
전국시대가 되면서 전쟁터는 구릉, 삼림, 늪지대를 가리지 않
게 되었다. 이에 따라, 오·월이 선을 보인 보병전이 대세가 되
었다. 그리고 북방의 적족과 빈번하게 전투를 치르게 됨에 따
라, 그들의 장기인 기마술騎馬術도 도입되었다. 전쟁이 대규모
화함에 따라 전문 전투집단인 사士와 함께 일반 농민들도 전
쟁에 참가하게 되었으며, 이에 따라 징집제도가 도입되었다.

철기와 영토국가

영어로 contradiction을 의미하는 「모순矛盾」이란 한자성어가 있다. 모순은 『한비자韓非子』의 「난세편難世篇」에서 유래한다. 초나라에서 있었던 일이다. 한 상인이 시장에서 창과 방패를 팔고 있었다. 그는 창을 하나 들고 「내 창은 하도 날카로워서 내 창에 뚫리지 않는 방패는 세상에 없다.」고 자랑하였다. 조금 후 그는 또 방패를 하나 들고 「내 방패는 하도 견고해서 막지 못할 창은 세상에 없다.」고 떠들어 대었다. 그러자 그의 옆에 있던 젊잖게 생긴 사내 하나가 「그 창으로 그 방패를 찌르면 어떻게 되느냐?」고 물어보았다. 대답이 궁해진 상인은 부끄러운 마음에 머리만 긁적였다. 모순은 「뚫지 못하는 방패가 없다는 창과, 막지 못할 창이 없다는 방패」라는 논리의 불일치를 지적한 성어成語이다.

모순이라는 성어가 나올 정도로 초나라는 철산지鐵産地로 유명했다. 중국의 철기는 중원이 아니라, 초와 오, 월 등 양자강 유역, 즉 변경의 오랑캐, 즉 이夷를 기원으로 하고 있다. 이런 이유로 철鐵은 처음에는 오랑캐가 만든 금속이라는 뜻의 「철銕」로 불렸다. 희대의 명검인 태아검泰阿劍을 만든 간장干將과 막야莫耶 부부夫婦, 구야자歐冶子 등 철검의 명인들 역시 모두 오나라, 월나라 등 양자강 하류 지역 출신이었다. 철이 광범하게 사용됨에 따라 전쟁과 농업 양식 모두가 바뀌었다. 당시의 제철법은 쇳물을 틀에 부어 만드는 주철법鑄鐵法으로 이렇게 생산된 철제품은 대체로 무른 편이었다. 이런 관계로 철은 무기보다는 농기구로 많이 사용되었다. 철기로 땅을 깊이 팔 수 있게 됨에 따라 하천에서 멀리 떨어진 곳에서도 우물을 파고, 관개灌漑할 수 있게 되어 경작지가 늘어나고, 인구도 증가하였다.

앞서 설명한 바와 같이, BC 600년을 전후한 춘추시대 중기 이후 각 제후국은 군대를 동원하여 인근의 약소국을 멸망시킨 뒤 그 곳에 현縣을 설치하여 영역을 확대하기에 이르렀다. 초, 제, 진晉, 진秦 등의 대국들은 군현제郡縣制를 도입하여, 영토국가로 발전해 나갔다. 몇 개의 성읍城邑 정도가 아니라 수만~수십만km²에 달하는 영토를 확보한 초와 진 등의 영토국가들은 지방을 군郡과 현縣으로 나누어 지방에 대한 장악력을 높여 나갔다. 새로 설치된 군·현은 주로 유력한 가신들에게 분배되었다. 유력한 가신들은 새로 설치된 현을 거점으로 삼아 무력기반을 갖추었기 때문에 약소국의 멸망이 진행될수록 그들의 세력도 커져갔다. 특히, 진晉, 제齊, 노魯 등 중원국가들에서 이러한 현상이 두드러졌다. 가신들은 잦은 전쟁을 계기로 군권을 장악하고, 권력의 전면에 등장하였다. 이들은 권력을 이용하여 자신들의 봉토를 확대하고, 봉토 내에서 토지제도, 조세제도, 군사제도를 개혁하여 세력을 강화해 나갔다. 이런 이유도 있고 하여 강상(강태공)을 시조로 하는 제나라는 BC 379년 진陳나라 출신 권신權臣 전화田和에게 나라를 빼앗기고 말았다. 그로부터 3년 뒤 초강대국 진晉도 유력한 가신家臣들인 조趙, 위魏, 한韓 3가家에 의해 분할되었다. 진나라가 분할, 약화됨으로써, 천하통일은 변경에 위치한 야만족의 나라 진秦과 초楚 두 나라 간 쟁패로 판가름 나게 되었다.

중화문명의
외연확장

적족이 하북성 북서부에 위치한 도시 석가장石家莊을 중심으로 세운 중산中山은 처음에는 위魏, 나중에는 조趙나라의 공격을 받아 멸망당한 바 있다. 이에 비추어, 주나라 시기 섬서성 서부와 북부, 산서성 북부, 산동성 동부, 하북성 등은 거의 대부분 적족과 융족, 맥족 등 북방민족이 거주하던 땅이었다는 것을 알 수 있다. 즉, 적족이 조趙와 제齊, 연燕 등 중원국가 사이에 나라를 세운 것이 아니라, 오히려 중원의 화하족이 적족 등이 살던 땅을 침탈하여 나라를 세웠던 것이다.

위의 예에서도 알 수 있는 것처럼 중원, 즉 중화문명은 다음과 같은 방법으로 확장되어 갔다. 첫째, 제齊와 연燕, 진晉과 같이 유력한 제후를 변경에 분봉하여 이민족을 정복하게 했다. 즉, 이민족 지역에 거점을 마련하고, 거점을 중심으로 세

력을 확장해 나가는 것이다. 최초에는 지배민족인 한족의 수
가 상대적으로 적지만 시간이 가면서 수적數的으로는 다수이
나 피지배 민족이고, 경제·문화적으로 뛰어난 점이 별로 없는
민족들은 한족에 동화되고 마는 것이다. 제와 연이 원시 선비
족을 흡수하고, 진晉이 적족(터키계 민족)을 흡수한 것과 같은
경우이다. 중동과 북아프리카의 대부분을 아랍화한 메카—메
디나의 아랍족이나, 소아시아 반도와 발칸반도의 일부를 터키
화한 오스만 터키족도 한족의 경우와 같다. 둘째, 초楚나 진秦,
오吳와 같이 토착세력이 스스로 중원화 하였다. 셋째, 진晉이
나 연과 같이 문화적으로 우월한 중원인과 이민족이 함께 살
면서 이민족이 중원화 되었다. 4,000년의 장구한 역사를 가
진 중국의 힘은 바로 여기에서 나온 것이다. 서주西周라는 조
그만 핵이 상나라를 병합하여 조금 더 큰 핵이 되고, 춘추·
전국시대—진·한—삼국시대—5호 16국시대—남북조시대—수·당
을 거치면서 눈덩이처럼 계속 커지고 커져 마침내 세계 최대
규모의 나라와 민족을 이루게 된 것이다.

IV

진 秦 · 한 漢

4

백

년

상나라를 멸망시킨 주나라(서주)와 500여 년간 계속되어온 분열의 시대를 종식시킨 진나라는 세 가지 공통점을 갖고 있다.

첫째, 두 나라 모두 오늘날의 섬서성 지역을 말하는 관중關中에 자리 잡고 있었다는 것이다. 관중은 옥야천리沃野千里의 기름진 땅으로 인공 수로인 정국거鄭國渠를 통한 관개도 잘 되어 있어 농업에 유리하였다. 관중은 동쪽에 효산殽山과 함곡관, 서쪽에 농산隴山, 남쪽에 진령산맥秦嶺山脈이 자리하고 있어 방어와 공격에 모두 유리했다. 북쪽에는 유목민족이 거주하는 오르도스가 위치하고 있어 군마軍馬도 쉽게 조달할 수 있었다. 또한, 황하의 지류인 위수가 지척에 있어 물자수송과 함께 위기 시에는 도주로逃走路로 이용할 수도 있었다. 이에 더하여, 신강-중앙아시아로 이어지는 하서회랑을 통해 중동과 중앙아시아의 발달된 문물을 도입함과 동시에 무역을 통해 부도 축적할 수 있었다. 오늘날 세계 대부분의 나라가 중국을 '차이나China'라고 부르는데, 이는 진秦=Chin이라는 이름이 하서회랑을 통해 중앙아시아와 페르시아를 거쳐 그리스, 로마 등에 널리 퍼졌기 때문이다.

둘째, 두 나라 모두 문화 중심지인 중원과는 멀리 떨어져 있었던 까닭에 국민들이 실질강건實質强健하고 순박했다. 두 나라 국민 모두 순진한 시골사람들이었으나, 때에 따라 강력한 전투력을 발휘했다. 청말淸末 태평천국의 봉기를 진압하기 위해 향토 의용군인 상군湘軍을 조직한 증국번曾國藩은 머리에 기름을 바르고 얼굴이 반들반들한 도시 청년들은 장교는 물론, 병사로도 뽑지 않았다. 이들은 농민 출신들에 비해 전투력이 떨어졌기 때문이다.

셋째, 이 지역 사람들은 인종적으로 일반 중원인과는 다소 달랐다. 주나라 사람들이 붉은 머리카락을 하고 있었다는 기록이 남아 있을 정도로 이 지역 사람들은 티베트계, 인도-유럽계 또는 터키계 민족과 다소 혼혈되어 있었다. 이런 등의 이유로 그들은 유목민족들이 갖고 있던 기마술을 비롯한 전투기술을 보다 쉽게 습득할 수 있었다.

중국의 정식 국명은 중화인민공화국People's Republic of China이지만, 국제사회에서 널리 통용되는 국명은 차이나China이다. 그리고 China를 구성하는 차이니즈Chinese의 대다수는

진나라의 통일과정___

우북평

연

어양

대

상군

거록
조
한단

제
임치

대량
위
한

오
고소

진

함양

낙양

수춘
구강

월
회계

한중

초

장사

민

촉

영

남해

'Han(漢) Chinese'이다. 진秦과 한漢 두 나라가 중국의 국명과 민족명을 결정했던 것이다. 그만큼 중국 역사에서 차지하는 진·한 두 나라의 비중이 크다.

천하통일의 공로자들

진나라가 천하를 통일할 수 있었던 것은 첫째 군주에게로의 권력집중, 둘째 농업생산성의 향상, 셋째 강력한 전투력, 넷째 흉노의 약화 때문이었다. 진나라는 춘추시대에 이르러서야 비로소 역사에 모습을 드러낸 신흥국가였으며, 중원국가들로부터 오랑캐인 융戎이라고 손가락질 받던 후진국이었다. 그럼에도 불구하고, 남방의 초강대국 초나라와의 결승전에서 승리하여 중국 사상 최초의 통일제국을 만들어 내었다.

천하통일을 가능케 한 다섯 사람을 꼽으라면, 첫째 진시황 영정嬴政, 둘째 공손앙公孫鞅, 셋째 사마조司馬錯, 넷째 장의張儀, 다섯번째 백기白起와 왕전王翦을 들고 싶다.

1990년대 중반 독일 남서부 슈파이어Speyer시에 있는 독일연방행정원Deutsche Hochschule for Verwaltungswissenschaften의 법학석사 과정에서 공부하고 있을 때였다. 같이 공부하던 동료 중에 대만 출신 황黃이라는 친구가 있었다. 황은 중국사에 대한 조예가 깊어 그와 자주 이야기를 나누곤 했다. 어느 날 그에게 중국인들이 가장 위대하다고 생각하는 인물이 누구인지 물어보았다.

"4,000년 중국 역사에서 가장 위대한 인물은 누구일까?"
"그야 당연히 진시황이지."
"왜 그렇게 생각하는데?"
"중국을 통일시켰잖아."
"한의 유계劉季, 당의 이연李淵, 송의 조광윤趙匡胤도 분열된 중국을 통일시켰잖아?"
"진시황은 여타 창업자와 달리 중국을 새로 만들어 내었기 때문이야."

대화는 여기에서 끝났다. 황黃처럼 생각하는 중국인, 대만인, 홍콩인들이 많을 것이라고 생각한다.

진시황 秦始皇

영정은 BC 247년 13세에 즉위하여, 39세에 중국을 통일하고, 50세에 사망할 때까지 천하통일과 통일제국의 유지를 위해 전력을 기울인 마성魔性의 인간이었다. 그는 통일의 기초를 세운 울료蔚繚가 평가한 대로 위衛의 오기吳起, 월越의 구천, 서주西周의 선왕宣王과 같이 목적을 위해서라면 수단과 방법을 가리지 않는 냉혹무비冷酷無比한 인물이었다. 그만큼 그는 보통사람이 감히 생각할 수 없는 방식으로 그의 선조들인 효공, 혜문군, 소왕 등이 공손앙, 사마조, 장의, 백기, 왕전 등과 함께 깔아놓은 길을 단 한 치의 착오도 없이 걸어가 천하통일을 이루어 냈던 것이다.

그의 냉혹성을 보여주는 대표적인 일화는 연나라 세자 단丹과 관련된 암살사건이다. 사마천의 『사기史記』에 나오는 이야기이다. 영정과 단은 조趙나라의 수도 한단邯鄲에서 같은 시기에 볼모생활을 한 죽마고우竹馬故友였다. 그러나 천하통일을 향한 영정의 집요함은 친구사이라고 해서 예외가 아니었다. 진나라가 강력하게 압박해오자 단은 연나라의 멸망을 막기 위한 최후의 수단으로 영정의 암살을 계획했다. BC 227년 단은 영정의 암살자로 의지가 굳기로 소문난 협객 형가荊軻를 선택했다. 형가는 영정이 만나주지 않을 것을 우려하여, 연나라로 망명한 진나라 장군 번어기樊於期의 목과 함께 연나라에서 가장 기름진 지방인 독항督亢의 지도로 포장한 맹독을 바른 칼 서부인徐夫人을 품에 안고 진나라의 수도 함양으로 떠났다. 형가는 떠나기 전 역수易水가에서 친구인 고점리의 나무북筑 반주에 맞추어 다음과 같이 강개慷慨의 노래를 불렀다.

風蕭蕭兮易水寒　　바람은 소슬하고, 역수의 물은 차갑구나
壯士一去兮不復還　　장사 한 번 가면, 다시 돌아오지 않으리

형가와 단이 붙여준 소년장사 진무양은 함양의 궁궐에서 영정을 만날 수 있었다. 영정이 앉아있는 옥좌로 올라가는 계단에서 담이 약한 진무양의 얼굴이 새파랗게 질렸다. 그를 본 영정은 의심을 품기 시작했다. 형가는 계단을 급히 올라가 독항의 지도를 펼쳤다. 비수匕首인 서부인이 나타났다. 형가는 몸을 빼는 영정의 소매를 잡고 찌르려 했다. 칼날이 몸에 닿지 못했다. 영정은 기둥을 타고 도망가고 형가는 뒤 쫓는 상황이 연출되었다. 진나라의 국법에는 근위병들도 왕의 허락이 없이는 옥좌가 있는 단위로 올라갈 수 없었다. 시의侍醫 하나가 형가의 얼굴을 향해 약주머니를 냅다 던졌다. 영정은 시야가 가

영정嬴政은 즉위 후 법가인 울료와 이사, 왕전 등을 중용하여 천하를 통일하였다. 영정은 통일 후 스스로 시황제라 칭하였다. 그는 군현제도를 도입하여 강력한 중앙집권정책을 실시하고, 법령을 정비했다. 그는 또, 문자와 도량형, 화폐를 통일하고, 기간 도로망을 건설하였다. 북으로는 흉노를 격파하여 오르도스(하투)를 확보했으며, 조와 위, 연 등이 쌓은 장성을 대대적으로 개축하여 요동에서 감숙甘肅까지 이르는 만리장성을 쌓았다. 그는 남으로 광동까지 정복하였다.

시황제는 자기의 업적을 과시하기 위해 5차례에 걸쳐 전국을 순행巡行하고, 자기를 찬양하는 비석을 여러 곳에 세우게 했다. 그는 아방궁阿房宮과 수릉壽陵을 비롯한 대토목공사를 벌였으며, 가혹한 법치를 강행하여 백성의 고통을 가중시켰다. 지도자가 따뜻한 마음을 가질 필요는 없지만, 자기의 정책이 백성들에게 어떤 영향을 미치게 될지는 잘 알고 있어야 한다. 그는 백성을 사랑하고 아끼는 마음이 없었다. BC 209년 이후 일어난 각지의 반란으로 인해 결국 진나라는 멸망했다. 그럼에도 불구하고, 그가 통일한 천하는 통일 상태를 지속했다. 강상이 만들어 놓은 통일질서가 진시황에 의해 한층 더 공고화 되었다. 이것이 그를 10대 위인으로 선정한 이유이다.

려진 형가가 비칠거리는 틈을 타 장검을 뽑아 형가를 내리쳤다. 형가는 쓰러지면서 서부인을 영정에게 던졌으나, 기둥에 꽂히고 말았다. 암살시도는 실패로 끝났다. 다음해인 BC 226년 영정은 대군을 연나라에 보냈다. 수도 계薊가 함락되고, 연왕 희喜는 단과 함께 요동으로 달아났다. 진군秦軍이 압박해오자 연왕은 어쩔 수 없이 단의 목을 베어 영정에게 바치고, 화해를 구하였다. 그러나 연나라의 생명도 4년밖에 연장되지 못했다. 진나라가 BC 222년 요동을 점령하여 연나라를 멸망시켰던 것이다.

공손앙 公孫鞅

앞에서 설명한바와 같이, 상 땅에 분봉되어 상앙 또는 상군商君으로도 불리는 공손앙은 엄격한 법치주의의 도입과 군현제郡縣制의 정비 등 2차례에 걸친 광범한 개혁을 통하여 권력을 군주인 효공孝公에게 집중시킨 인물이다. 공손앙이 정한 법령은 빈틈이 없었다. 그는 법령을 공포하기 전에 백성들에게 법치法治의 본보기를 보여 주기로 하였다. "이 나무 기둥들을 남문으로 옮기는 사람에게는 금돈 1냥을 줄 것이다." 공손앙은 수도 함양의 동문에 커다란 나무 기둥 2~3개를 세워 놓고 백성들에게 포고했다. "별 이상한 사람 다 보겠네, 그까짓 금돈 1냥을 받으려고 그런 수고를 해." 백성들은 그냥 지나쳐 버렸다. "자, 이 조그만 목재를 북문으로 옮기는 사람에게는 금돈

100냥을 주겠소." 공손앙이 말하자, 지나가는 백성들은 입을 삐쭉거렸다. "거짓말 아닙니까?" "정말이네." 그 중 한 사람이 믿어지지는 않았지만, 그 목재를 북문으로 옮겼다. 그러자 공손앙은 약속한 대로 금돈 100냥을 주었다. 그는 백성들의 신뢰를 얻고 난 뒤 법령을 공포하였다. 그리고 법령을 지키지 않는 자는 가혹하게 처벌하였다. 훗날 혜문군惠文君이 되는 세자世子가 법령을 어기자 그를 대신하여 세자의 교육을 맡은 관리를 혹독하게 처벌했다. 연좌제도 도입했다. 그는 장군으로도 출전하여 강대국 위魏로부터 하서를 탈환했다. 이에 따라, 위나라는 BC 340년 도읍을 산서의 안읍安邑에서 훨씬 동쪽에 위치한 하남의 대량大梁으로 옮기지 않을 수 없었다. 공손앙은 효공이 죽은 다음 그의 후계자가 된 혜문군과 일부 귀족들로부터 배척받은 끝에 처형당하고 말았다. 공손앙이 처형당한 800년 후인 6세기말 선비족이 관중을 중심으로 건국한 북주北周의 실력자 우문호宇文護도 동일한 운명을 겪었다. 중원의 북주北周와 북제北齊, 강남의 양梁으로 분열된 천하의 일통一統을 위하여 실시한 개혁조치가 결국 그의 목숨을 앗아갔던 것이다. 명明나라 만력제 시대의 재상 장거정張居正도 사후死後 같은 운명에 처해졌다. 장거정의 정치·경제·군사 개혁조치로 인해 만력제 전반기의 명나라의 국력은 충실해졌다. 그러나 정책 수행 과정에서 정적을 양산量産하여 그가 죽은 다음 명예가 박탈되는 것은 물론, 후손들에게도 잔혹한 박해가 가해졌다.

사마조 司馬錯

사마조는 현대식 개념으로 하면 지정학地政學에 정통한 인물이었다. 혜문군 시대에 진나라 지도부는 천하통일의 방법을 놓고 격론을 벌였다. 재상 장의張儀는 먼저 주나라로부터 선양禪讓을 받은 후 천하통일에 나서야 한다는 멸주론滅周論을 주장한 반면, 군인이었던 사마조는 우선 남쪽의 촉蜀을 토벌하여 국력을 증강한 다음 천하통일에 나서야 한다는 토촉론討蜀論을 주장하였다. 사마조는 진나라의 영토는 아직 협소하고, 백성들의 수는 적으며, 경제력도 충분하지 않다 하면서 범저范雎의 원교근공론遠交近攻論에 따라 먼저 남쪽의 촉을 쳐야 한다고 주장했던 것이다. 누에를 뜻하는 「촉蜀」이 나라 이름이 될 정도로 촉나라는 비단蜀錦으로 유명했다. 오늘날의 사천지역을 의미하는 파(충칭)와 촉(청두)은 하나라의 근간이 된 이리두 문화보다 뛰어난 삼성퇴 문화와 금사 문화를 배경으로 한 때 초나라와 맞서기도 한 강국이었으나, 파와 촉 간 오랜 전쟁으로 인해 당시에는 두 나라 모두 약체화되어 있었다.

혜문군은 사마조의 주장을 채택했다. 그는 대군을 보내 약체화되어 있던 촉을 쉽게 정복했다. 그리고 관중 백성 1만여 호戶를 촉으로 이주시켜 촉을 대대적으로 개발하게 했다. 진나라는 이제 양자강 상류의 지류인 민강의 수운을 이용하여 양자강 중·하류에 위치한 초나라 지역으로 쉽게 병력과 물자를 이동시킬 수 있게 되었다. 500년 뒤 촉한의 재상 제갈량이 관중 탈취를 위해 애썼던 데서도 알 수 있듯이 관중과 사천(파·

중국_ 외교관의 눈으로 보다

촉)은 지정학적으로geo-politically 일체를 이루고 있었다. 파·촉 없이 관중만으로는 천하를 경영할 수 없고, 관중 없이 파·촉 만으로는 천하를 얻을 수 없었다. 양자강 상류에 위치한 파·촉은 중·하류에 위치한 초나라에게도 중요했으나, 초는 친진 파親秦派와 친제파親齊派 간 격렬한 파벌싸움으로 인해 촉을 점령할 기회를 놓쳤다.

장의 張儀

장의의 멸주론은 먼저 주나라를 멸망시켜 하남을 중심으로 한 중원을 손에 넣고, 다른 제후국들을 제압해야 한다는 논리였다. 장의는 마키아벨리Machiavelli적인 인물의 대표라고 할 수 있을 정도로 외교와 모략의 대가였다. 그는 「어느 한 나라가 우월적 주도권을 잡는 것을 방지함으로써, 서로 공격할 수 없는 상황을 만드는 것이 목적」인 세력균형이론balance of power theory이나 「상황 판단의 중요성을 강조하는」 게임이론game theory과 같은 현대 국제정치학적 사고思考도 갖고 있던 인물이었다. 장의의 공작은 진나라와 함께 천하의 사슴을 다투는 남방의 대국 초나라를 대상으로 하였다. 장의가 활약하던 혜문군과 소왕시대에 진나라와 함께 천하를 다툴만한 나라는 초나라가 유일했다. 초는 섬서성과 호북성을 흐르는 한수 유역에서 기원하여 양자강 하류의 오·월을 합치고, 중원의 정鄭, 진陳, 채蔡, 등鄧을 정복하였으며, 양자강 상류로 향하는 삼협

三峽을 넘어 무巫와 검중黔中까지 손을 뻗치고 있던 묘족苗族의 나라였다. 무와 검중은 상나라와의 전쟁 시 주나라의 지원군으로 참전하기도 한 용庸나라가 있던 곳으로 삼국지의 유봉과 맹달이 지키던 요충지 상용上庸을 말한다.

당시 초나라는 어리석은 지도자 회왕懷王의 시대였다. 초나라는 굴원屈原을 중심으로 대진對秦 합종合縱을 주장한 친제파親齊派와 근상靳尙과 웅란熊蘭을 중심으로 연횡連衡을 주장한 친진파親秦派 간 대립으로 국론이 극도로 분열되어 있었다. 장의는 초나라 국내 여론을 분열시키는 공작을 감행하여 초나라의 국력을 한층 더 약화시켰다. 이에 더하여, 영토 할양을 미끼로 초나라를 고립시키기도 했다. 회왕은 제나라와 단교하면 사방 600리의 땅을 떼어 주겠다는 장의의 계략에 속아 동맹국인 제나라 왕齊王을 모욕하는 서한을 보내고 말았다. 장의에게 속았다는 것을 알게 된 회왕은 앞뒤를 가리지 않고, 준비도 채 되지 않은 상태에서 단양(양자강의 북쪽 지류인 한수의 지천으로 섬서성 남부를 흐르는 단수丹水의 북안北岸에 위치)까지 군대를 보내어 진나라를 공격하게 했다. 진나라군은 장거리를 달려온 초나라군을 맞아 8만 명의 목을 베는 등 대승을 거두었다. 승세를 틈탄 진나라군은 관중과 촉을 잇는 요충지 한중漢中까지 점령했다. 단양 전투 패배에 분격한 회왕은 전국에서 군사를 긁어모아 진나라의 수도 함양을 직접 공격하게 했다. 만반의 준비를 마치고 적을 기다리고 있던 진군秦軍은 초군楚軍의 함양 공격을 저지하는 데 성공했다. 초나라군이 밀리고 있다는 것을 알아챈 중원의 한나라−위나라 연합군이 장의의 사주도 있고 하여 초나라 영토인 하남성 등鄧으로 밀고 내려왔다. 배후를 차단당할 것을 우려한 초나라군은 한수의 물줄기를 타고 남으로 후퇴하지 않을 수 없었다.

초나라는 양자강 최상류 지역인 윈난으로도 세력을 확대했다. 오늘날의 호북, 호남과 사천 일부, 섬서 일부, 하남 일부, 윈난 일부, 안휘 일부, 산동 일부, 강소, 절강 등을 영역으로 했던 초나라는 독일 제3제국이나 소련이 그랬던 것과 같이 지나치게 팽창하여over-expanded, 영토와 국민 통합의 문제를 함께 갖고 있었던 것으로 보인다. 초나라는 인구밀도가 지나치게 낮은 광대한 영토를 갖고 있던 까닭에 진나라와 같이 민첩하게 행동할 수 없었던 것이다.

한편, 장의의 활동이 지나치게 다양하고 광범위하여, 실제 인물인지 여부조차 의심받고 있으나, 사기 등의 기록을 종합해 볼 때 장의라는 외교전문가(종횡가)가 존재한 것은 분명한 것으로 보인다. 다만 여러 명의 종횡가縱橫家가 활동한 것이 모두 장의의 이름으로 기록되었다는 것이 합리적인 추측인 것 같다.

백기白起와 왕전王翦

백기와 왕전 두 사람을 함께 언급한 것은 소왕대昭王代의 백기와 시황대始皇代의 왕전의 군사적 비중이 비슷하였기 때문이다. 백기는 조, 위, 한 등 삼진三晉을 치고, 초나라 제일의 요충지인 무와 검중을 빼앗았으며, 수도 영郢을 함락시키고, 초나라 역대 왕들의 무덤이 있는 이릉夷陵을 불살랐다. 백기의 공세로 조와 위 두 나라는 수도를 수백km 동쪽으로 옮기지 않을 수 없었다. 항복한 조나라 40만 대군을 속임수로 생매장한 장평 전투는 백기가 지휘한 최후의 전투였다. 왕전은 조나라를 정벌하고, 연나라의 수도 계薊를 함락시키는 등 뛰어난 지휘 능력을 보여주었다. 그는 60만 대군을 이끌고 호북성湖北省의 평여平輿 전투에서 항연項燕이 지휘하는 초나라 40만 대군을 격파하고, 초왕 웅부추熊負芻를 사로잡아 초나라를 멸망시키는 등 전국시대戰國時代의 패권을 결정짓는 결승전을 승리로 이끈 전쟁 영웅이었던 것이다. 백기와 왕전은 모두 패배한 적인 없는 명장들이었지만, 최후는 너무나 달랐다. 소왕은 자기가 죽은 후 뛰어난 능력을 갖춘 군부의 수장 백기가 나라를 탈취할까 두려워 그를 자결로 몰고 간 반면, 시황은 나이 많은 왕전이 겸손하게 행동하고, 고의로 재물을 탐하는 등 큰 뜻이 없음을 보여주자 그를 살려 주었던 것이다. 권력은 제2인자를 결코 허락하지 않는다. 타밀 타이거와의 오랜 내전에서 승리한 스리랑카의 라자팍세 대통령이 2010년 2월 야당의 대통령 후보이자 전쟁영웅인 폰세카 전前 합참의장을 체포한 것이 생생한 사례이다.

멸망의 조짐

BC 221년 제나라의 멸망을 끝으로 천하는 통일되었으나, 흉노를 비롯한 유목민족들은 중원의 안정을 위협하고 있었다. 통일 당시 몽골고원, 만주, 신강-감숙 지역은 각각 흉노, 맥, 월지戎=인도·유럽계 등에 의해 점령되어 있었으며, 오르도스河套까지 진출해 있던 흉노는 월지와 동호가 두려워 더 이상 남쪽으로 진출할 엄두를 내지 못하고 있었다.

전국시대에 조趙, 위魏, 연燕을 비롯 적이나 맥 등 북방민족들과 국경을 직접 접한 제후국들은 장성을 쌓아 이들의 침입을 막았다. 한편, 조나라 무령왕은 친족 일부의 격렬한 반대를 무릅쓰고, 적족으로부터 「화하인들이 입고 있던 치마 대신 바지를 입고, 말을 탄 채로 화살을 쏘는 호복기사胡服騎射」를 도입하여 천하를 제패制覇하려 한 적이 있다. 시황始皇은 통일 후 흉노를 제압하기 위해 태자 부소扶蘇와 대장군 몽염蒙恬으로 하여금 30만 대군을 이끌고 오르도스Ordos에 주둔하게 했다. 그들은 오르도스로부터 흉노를 축출하고, 장성長城을 연결하는 작업을 감독했다.

반란의 깃발을 든
진승과 오광

시황은 통일을 달성한 이후에도 강압적인 법가식法家式 통치를 그만두려 하지 않았다. 문자文字와 차바퀴의 폭, 도량형을 통일시켰으며, 전국을 36군郡으로 나누고, 모든 군郡과 현縣에 행정관리를 파견하는 군현제도를 실시했다. 학자들을 죽이기도 하고, 서적을 불태우기도 했다. 그의 가장 큰 문제점은 통일을 달성하는 데 불가결했던 법가적 무단통치武斷統治를 통일 이후에도 지속했다는 것이다. 무단통치로 인해 사람들은 죄를 무서워하기만 할 뿐, 솔선해서 일을 하려 하지 않았다. 일이 잘못되면 가혹한 처벌을 받았기 때문이다. 소년시절 오랫동안 볼모생활을 하여 남을 의심하는 것이 몸에 밴 그는 여타 제후국 사람들을 믿지 못하였다. 쌓이고 쌓인 제후국 사람들의 불만은 그가 죽은 바로 다음해인 BC 209년 진승과 오광, 항적과 유계 등의 반란으로 터져 나왔다. 그로부터 불과 3년 후인 BC 206년 진나라는 항적과 유계 등에 의해 멸망당하고 말았다.

시황의 사후 진나라는 내부로부터 무너져 내렸다. 어리석고 소심한 아들 호해胡亥가 시황을 계승했다. 정권을 장악한 이사李斯와 환관 조고趙高는 오르도스에 주둔하고 있던 부소와 몽염을 속여 자살로 몰고 갔으며, 권력투쟁을 계속하여 진나

라를 위기에 빠뜨렸다. 부소와 몽염의 자살로 오르도스에 주
둔하던 진나라 30만 대군은 남쪽으로 내려와 흩어지고 말았
다. 흉노는 부흥의 기회를 잡았다.

군주제 시대의 황제독재제도나 민주주의 시대의 대통령제와
같이 권력이 1인에게 집중되는 제도는 지도자가 출중할 때는
효과적으로 작동하나, 지도자가 어리석을 때는 최악으로 기능
하게 된다. 시황이 없는 진나라는 CPU가 없는 컴퓨터나 마찬
가지 상태가 되었다. 여기에 창업자 2세인 호해의 어리석음은
진나라의 멸망을 가속화시켰다. 조趙나라 왕가 출신으로 「사
슴을 가리켜 말이라고 한」 지록위마指鹿爲馬의 주인공이기도
한 조고는 결국 한때 제자이던 호해에게 자살을 강요했다. 장
군 장한章邯이 진승陳勝과 오광吳廣의 반란 초기에 진나라군의
용맹을 보여주었으나, 진나라의 몸부림은 그것으로 끝이었다.

초나라 출신의 평범한 농부이던 진승과 오광은 BC 209년 10
월 초나라의 수도였던 하남성 남부의 진성陳城을 점령하고, 진
나라 타도의 깃발을 높이 들었다. 그러나 일찍 일어난 벌레가
일찍 일어난 새에게 잡혀 먹힌다고 했던가. 진승과 오광은 제
대로 뜻을 펴보지도 못하고, 장한이 거느린 진나라군의 압박
과 내분으로 인해 멸망하고 말았다. 진승은 평범한 농부 출신
이었다고는 하나, 사람의 그릇크기와 사회구조와 관련된 다음
과 같은 의미심장한 말을 남길 정도로 통이 큰 인물이었다.

燕雀安知鴻鵠

제비나 참새가 어찌 기러기나 고니의 뜻을 알겠는가?

王侯將相寧有種乎

왕후장상이 어찌 씨가 따로 있을 것인가?

「燕雀安知鴻鵠」과「王侯將相寧有種乎」는 이후 대대로 인용
되었다. 일세를 풍미한 3김金 중의 하나는 자신을 연작(제비와
까치)에, 대통령을 홍곡(고니)에 비교하기도 했다. 고려 무인시
대의 실력자 최충헌의 가노家奴인 만적萬積은 신분해방을 위한
반란을 시도하면서, 주저하는 동료들을 설득하기 위해 "왕후
장상이 어찌 씨가 따로 있을 것인가" 라고 부르짖기도 했다.

항적과 유계

자字를 '우羽' 로 쓰는 항적은 강소성 천현遷縣 출신으로 초나
라 최후의 명장 항연과 가계家繼를 같이한다. 자를 '방邦' 으로
쓰는 한고조漢高祖 유계는 산동성, 하남성, 강소성, 안휘성이
접경하는 강소성 패현沛縣이 고향으로 평범한 집안 출신이었다.

진나라에 대항하여 궐기하였을 때 항적은 23세의 청년이었
으며, 유계는 40세 전후의 중년이었다. 항적은「기운이 천하

를 덮는다」는 뜻의 '기개세氣蓋世'의 힘과 용맹, 뛰어난 지략을 모두 갖추고 있었지만 세상물정에 어두운 귀족출신 20대 청년이었다. 한마디로 그는 자신과잉이었다. 거록鉅鹿과 팽성彭城, 임치臨淄, 형양滎陽 등 수많은 전투에서 승리하고, 진나라를 멸망시키는데 성공했지만 결국 항적에게 돌아온 것은 자기가 임명한 제후와 장군들의 배신이었다. 그는 다른 사람들과 협력할 줄도, 다른 사람들을 존중할 줄도 몰랐다. 감정을 조절하는 데에도 매우 서툴렀다. 천하의 재사才士 범증范增을 쫓아내고, 명장 한신韓信으로 하여금 등을 돌리게 했다. 도적 출신들로 이루어진 중요한 군단의 수장이던 영포英布도 포용할 줄 몰랐다. 신안성新安城에서 진나라 항병降兵 20만 명을 생매장시키는가 하면, 함양 근교의 홍문鴻門 잔치에서는 유계 한사람도 죽이지 못했다. 그리고 최후의 전장戰場인 해하에서는 아내 우미인虞美人과 헤어지면서 울음을 삼키지 못할 정도로 감정의 기복이 심한 인물이었다.

항적은 전투에는 강했으나, 전쟁에는 약했다. 보급의 중요성도 제대로 몰랐으며, 전쟁은 용맹이 아니라 시스템system으로 수행한다는 것도 이해하지 못했다. 무엇보다도 그는 진나라가 천하를 통일한 것이 관중과 사천의 인력과 물산의 힘이라는 것을 이해하지 못하고, 기둥인 관중을 버려두고 고향에 가까운 곁가지 팽성(서주)으로 금의환향錦衣還鄉하고 말았다. 황하와 회하를 연결하는 운하인 홍구鴻溝를 경계로 하여 동쪽은 초나라의 영토로, 서쪽은 한나라의 영토로 하자는 유계의 말을 그대로 믿을 만큼 순진했다. 그는 단순하게 똑똑하고 용맹한 철없는 청년에 불과했던 것이다. 그의 숙부이자 반군의 지도자이기도 했던 항량項梁이 살아있었더라면, 천하는 항씨項氏 가문의 것이 되었을 지도 모른다. 불행하게도 항량은 BC 208년 9월에 벌어진 진나라 장군 장한章邯과의 정도定陶 싸움에서 전사했다. 사면초가四面楚歌라는 한자성어를 탄생시킨 BC 203년 안휘의 해하전투垓下戰鬪는 항적이 가진 모든 결점이 드러난 싸움이었다. 그는 정예군을 이끌고 수십만의 한군漢軍을 이리저리 쫓아다녔으나, 결정적인 승기를 잡지 못하고 결국 패하고 말았다. 29세의 청년 항적은 기개세의 용맹으로 전쟁터인 해하에서 오강烏江(양자강 흐름의 일부)까지 수백km를 탈출하는데 성공했으나, 강동江東으로 향하는 배에 타는 것을 거부하고, 스스로 머리 없는 귀신이 되고 말았다.

유계는 고향 패沛에서 함께 거병한 소하, 조참, 번쾌, 관영은 물론, 장량과 한신, 팽월, 영포英布, 역이기, 진평 등의 협조를 확보하여 천하를 두고 경쟁하는 축록전逐鹿戰에서 승리할 수 있었다. 거병 당시 그는 배짱이 두둑한 중년의 시골 면장面長이었다. 유계가 항적을 누르고 승리한 데에는 서민 출신으로 누구에게나 부담을 주지 않는 성격을 가진 인물이었다는 점도 작용했다. 그리고 그는 무엇보다 스스로의 능력을 잘 알고 있었다. 유계는 전략에서는 장량, 전술과 군사에서는 한신, 행정에서는 소하보다 못하다는 것을 자각하고, 그들을 믿고 그들에게 모든 것을 맡겼다. 그는 활달하고, 시원시원한 인물이었다.

유계는 항적과의 축록전 과정에서 수없이 많은 위기를 겪었지만, 최대의 위기는 해하의 싸움을 앞두고 찾아왔다. 유계의 별동대로 조, 위, 연, 제를 공략하고 산동의 정도定陶를 군사기지로 하여 반독립 상태에 있던 제왕齊王 한신이 괴철蒯徹이 설파한 초楚-한漢-제齊 간 천하삼분론天下三分論에 마음이 흔들리고 있었던 것이다. 괴철은 대군을 장악하고 있음으로써 유계에게 위험한 인물이 된 한신이 살아남기 위해서는 전국시대 때와 같이 △항적의 초楚, △유계의 한漢, △한신의 제齊 등 3국이 병립하는 정족지세鼎足之勢를 만들어야 한다고 설득했다. 그는 다음과 같이 말했다. 「사냥이 끝나고 나면, 사냥개를 삶아먹는 것이 세상의 이치입니다. 또한, 용기와 지략이 군주를 떨게 하는 자는 몸이 위태롭고, 공로가 천하를 덮은 자는 상을 받지 못합니다.」 괴철이 괴통蒯通으로 알려져 왔던 것은 그의 이름 철徹이 한무제漢武帝 유철劉徹의 이름인 철徹과 같아서 피휘避諱했기 때문이다. 한신은 괴철의 설득을 무시하고, 30만 대군을 이끌고 최후의 결전장인 해하로 달려왔다.

그는 주군主君 유계가 가진 인간적인 매력을 저버릴 수 없었기 때문이었다. 천하를 다투는 일에서는 지도자가 가진 인간적인 매력이 무엇보다 중요하다는 것을 말해주는 대표적인 사례라 할 것이다.

고조高祖 유계는 해하에서 승리한 후 산동의 정도에 자리한 한신 군단의 본부로 진입하여 지휘권을 **빼앗았다**. 한신은 초왕楚王으로 전임되었다. 그는 나중 모반의 혐의를 받고, 고조에게 체포되어 회음후淮陰侯로 격하된데 이어, 여후呂候와 소하蕭何의 계략으로 반란을 일으켰다는 누명을 뒤집어쓰고 장안에서 참살당하고 말았다. 고조로서는 위험한 군사천재를 살려둘 수 없었던 것이다. 게릴라 활동을 하여 한나라를 도운 양왕梁王 팽월彭越도 반란의 혐의를 뒤집어쓰고 살해되어 인육젓갈醢이 되고 말았다. 이어 회남왕淮南王 영포도 반란으로 내몰린 끝에 싸움에 지고, 결국 살해되었다. 같은 고향 출신도 아니고, 진정한 측근도 아닌 상태로 오랫동안 전쟁터를 누볐던 인물들 가운데 대다수가 살해되었으며, 연왕燕王 노관과 한왕韓王 신은 반역으로 몰린 끝에 어쩔 수 없이 흉노로 망명하였다. 이른바 토사구팽狡兎死良拘烹의 전형이었다.

장안과 낙양

'온 장안에 소문이 다 났다', '서울 장안에는 없는 것이 없다더라', '낙양성 십리허에…' 등 우리나라 사람들 중 장안과 낙양에 대해 한 번도 들어보지 못한 사람은 아마 없을 것이다. 진나라의 함양咸陽이 위수의 북쪽에 위치해 있었던 데 비해 한나라의 장안은 위수의 남쪽, 즉 함양의 대안對岸에 자리잡고 있었다.

장안의 현재 지명은 시안으로 섬서성의 성도省都이다. 낙양은 하남성에 위치한 도시로 현재도 역시 낙양(뤄양)이다. '양陽'은 하천의 북쪽, 산山·악岳의 남쪽 땅을 말한다. 조선의 수도가 한양漢陽으로 불린 것도 한강의 북쪽, 북한산의 남쪽에 위치하고 있었기 때문이다.

새 나라의 이름은 유계가 한중漢中과 파巴·촉蜀을 다스리는 한중왕漢中王에 분봉된 적이 있기 때문에 '대한大漢'으로 했다. 이후 위魏, 진晋, 전조前趙, 수隋, 당唐, 송宋 등 많은 왕조들이 창건자와 인연이 있는 곳의 지명을 따라 왕조의 이름을 지었다. 새 왕조의 수도로 함양과 낙양이 후보에 올랐다. 함양은 멸망당한 진나라의 수도여서 이미지가 좋지 않았다. 여기에 강소성, 절강성, 안휘성 등 남쪽지방 출신들이 대부분인 유계의 부하들은 고향과 가까운 낙양을 수도로 삼고 싶어 했다. 관중 출신들은 낙양은 낙수洛水의 평야지대에 위치하고 있어 사방 어디에서나 공격이 가능하여 방어에 불리하고, 주변의 땅이 좁으며, 메마르다는 이유를 들어 낙양 수도론에 반대했다.

고민에 빠진 고조 유계는 풍수학자 누경婁敬이 주장하고, 전략가인 장량張良이 지지하자 함양을 수도로 하기로 결정했다. 장량의 설득에 마음이 움직인 것이다. 앞에서 충분히 설명한만큼 장안이 위치한 관중의 이점利點에 대해서는 더 이상 설명하지 않아도 되리라 본다. 재상 소하는 황하의 지류인 위수의 남쪽, 위수의 지천인 동쪽의 파수灞水와 서쪽의 풍수豊水에 의해 에워싸인 땅에 미앙궁未央宮을 지었다. 현재의 시안은 한나라 장안의 동남쪽에 위치해 있다. 시안은 서주(호경), 진(함양), 전한(장안), 전조(장안), 전진(장안), 북주(장안), 수(대흥)와 당(장안) 등 수 많은 역대 왕조에 의해 수도로 정해졌다.

서주西周와 진秦에 이어 강소성 출신이 황제가 된 한나라마저 관중을 수도로 정하자 중국 사회와 문화에 대한 관중, 중원 출신들의 지배력은 강화되었다. 그들은 시대가 바뀌면서 한나라의 주도권을 장악하고, 초, 오, 월을 비롯한 강남과 파·촉 등 황하 유역 이외의 지역은 변경의 야만으로 몰아갔다. 이러한 중원중심주의 전통은 20세기에 이르기까지 이어져 요하 문명, 하모도 문화, 삼성퇴 문화 등 중원에 비해 우월했던 문명과 문화조차도 철저히 외면받기에 이르렀다. 상나라인들이 동이 계통의 퉁구스족일 수도 있다는 생각 자체도 철저히 부정되었다.

군국제郡國制의 도입

장안에 수도를 정한 유계는 장안 인근에는 군현제도를 실시하면서도 하남 이동에는 유씨劉氏와 함께 이성異姓 제후도 분봉하여 정치와 경제, 군사 모두를 위임했다. 이것이 바로 군현제와 봉건제가 혼합된 군국제이다. 유계는 정국이 안정되자 앞에서 말한 대로 반란 혐의를 씌워 한신, 팽월, 영포, 노관 등 이성제후異姓諸侯들을 거의 다 제거했다. 나중 고조의 손자 경제景帝는 조조晁錯의 제후왕 권리삭감책을 채택하였는데, 이것은 결국 오왕吳王 유비劉濞가 주도한 오초칠국吳楚七國의 난으로 이어졌다. 제후의 난인 오초칠국의 난이 진압되면서 제후왕의 지위는 급격히 하락하였다. 제후왕의 제거와 전국적인 군현제의 실시로 춘추전국시대 제후국을 중심으로 내려오던 지방 할거전통은 크게 약화되었다.

한漢과 흉노

중국 고대사에 가장 큰 영향을 미친 비한족非漢族 국가는 흉노이다. 흉노는 하나의 종족을 말하는 것이 아니라, 몽골고원을 중심으로 건국된 터키계 중심의 유목국가를 말한다. 농경민의 땅과 마찬가지로 유목민들의 땅도 통합과 분열을 반복했다. 특히, 유목사회는 지도자의 역할이 중요하였는데, 영명한 지도자를 추종하면 생활이 해결되었기 때문이다. 이에 따라, 유목사회는 영명한 지도자가 나오면 급속히 통일되었다가도 그가 죽으면 쉽게 분열되곤 했다.

흉노는 춘추시대인 BC 7세기 남부 러시아의 킵차크 평원과 중앙아시아에 거주하던 유목민족 스키타이로부터 철기鐵器를 받아들이면서부터 강성해졌다. BC 3세기 몽염에게 쫓겨 오르도스를 상실한 흉노의 수장은 두만頭曼이었다. 아버지인 두만을 죽이고 선우 자리를 차지한 묵특은 흉노의 최전성시대를 열었다. 그는 서쪽의 월지月氏와 동쪽의 동호東胡를 정벌하고,

남쪽의 누번樓煩과 백양白羊을 합병하였다. 묵특선우冒頓單于는 영토를 세부분으로 나누어 중부(상곡)는 직접 다스렸으며, 수도도 여기에 두었다. 남정南廷은 오르도스·음산 지역이고, 북정北庭은 외몽골 지역으로 막북왕정漠北王廷이라 하였다. 동부는 산서성 북부의 상군上郡 이동으로 조선과 접경하였으며 제2인자인 좌현왕左賢王이 통치하였다. BC 200년 묵특은 산서성 평성(진양)의 백등산에서 고조 유계劉季의 서한군西漢軍을 포위한 끝에 고조를 항복시켜 조공을 바치게 하는 등 맹위를 떨쳤다. 당시 흉노제국의 영토는 동으로는 만주와 한반도 북부, 북으로는 시베리아, 서로는 아랄해Sea of Aral, 남으로는 티베트 고원에 이르렀다.

우리나라 사람들은 중화주의中華主義의 영향으로 흉노를 나쁘게만 생각하는 경향이 있다. 「흉匈」은 오랑캐(몽골 서부의 우량하 부족을 의미)를 뜻하고, 「노奴」는 노예란 뜻으로만 알려져 있기 때문이다.

흉匈은 「슝Hshiung」에서 따온 음차音借로, 고대 터키-퉁구스어로 '사람'이란 뜻이며, 노奴-Nu는 나那, 내内와 같이 물가에 있는 '땅土地'을 의미한다. 따라서 흉노란 「물가에 사는 사람」의 의미라는 것을 알 수 있다. 한족이 슝누Hshiung Nu를 음차하면서 나쁜 뜻을 가진 흉匈과 노奴를 붙인 것이다. 고구려에도 노奴로 표기되는 부족들이 있었다. 고구려의 5부 중 왕족인 계루부桂婁部를 제외한 절노부絕奴部, 순노부順奴部, 관노부灌奴部, 소노부消奴部에도 흉노와 마찬가지로 노奴가 들어있는 것이다. 한족들은 음차를 할 때 이민족과 관련된 것에는 의도적으로 나쁜 뜻의 문자를 붙였다. 견융犬戎=개, 남만南蠻=벌레, 선비 걸복乞伏=거지, 갈羯=거세한 숫양과 같은 것들이 대표적이다. 최근 문무왕릉비의 비문을 통해 신라 김씨 왕실이 흉노의 휴도왕자 김일제金日磾의 후손이라는 것이 밝혀졌다. 우리와 흉노는 그만큼 밀접한 관계를 갖고 있는 것이다.

흉노의 황제인 선우單于의 정식 명칭은 한자로 「탱리고도선우撐犁孤塗單于」라고 음차되며 이는 「하늘tengri의 아들(고도)인 수령(선우)」 즉, 천자天子라는 의미이다. 터키계인 흉노가 천신사상天神思想을 갖고 있었던데 반해, 퉁구스계는 토템사상이 강했다. 토템을 가진 상나라인들이 퉁구스계로 추정되는 이유 중의 하나이다.

흉노는 물과 풀을 찾아 자주 옮겨 다녀야만 하는 유목생활의 특성상 가까운 혈연끼리 적절한 규모의 집단을 형성했다. 한족들은 이것을 부部라고 불렀다. 1개 부는 약 5,000명 규모로 이루어져 있었다. 부의 통솔자는 대인大人이라고 불렀다. 부의 아래에는 조금 더 작은 규모의 집단인 락落이 있었다. 부와 락을 합해, 오늘날 우리나라에서도 사용되는 「부락」이라는 말이 만들어졌다.

한나라가 흉노 공포증에서 벗어나게 되는 것은 BC 2세기 무제가 즉위하면서부터다. 그는 BC 129년부터 BC 119년까지 10년간 6차례에 걸쳐 위청, 곽거병, 이광리 등으로 하여금 흉노를 치게 했다. 위청과 곽거병은 흉노로부터 오르도스를 빼앗고, 하서회랑과 내몽골까지 쳐들어갔다. 무제는 감숙성의 일부인 하서회랑으로부터 흉노를 내쫓은 다음 하서사군河西四郡을 설치했다. 그는 BC 108년 흉노의 좌익左翼을 이루던 요동의 조선을 멸망시키고 한사군漢四郡을 설치했다.

흉노는 무제의 증손자인 선제宣帝의 잇단 공격에다가 선우 계승 문제가 겹친 끝에 BC 55년경 동·서로 분열되었다. 온건파로 동부를 대표하는 호한야呼韓耶 선우가 선제에게 항복하는 등 흉노는 존망의 위기에 몰렸다. 호한야 선우에 대항하여 강경파로 서부를 대표하는 질지선우郅支單于는 탈출구를 찾아 서진하여 정령, 견곤(키르키즈) 등을 정복했다. 이어 일리강 유역의 강거 부족을 복속시킨 후 오손을 치고, 키르키즈의 추Chu강으로부터 아랄해에 이르는 대제국을 건설했다. 그는 BC 41년 추강과 탈라스Talas강 사이에 성을 쌓았다. 서한의 공격은 집요했다. 한나라와 동흉노 연합군 7만여 명이 성을 에워싸고 치열한 공격을 가해왔다. 결국 성은 함락되고 질지선우 등 서흉노 지도부 1,500명은 모두 살해되고 말았다.

동한東漢 시대에 들어와서도 장제와 화제는 흉노에 대한 공격을 멈추지 않았다. AD 48년경 심각한 가뭄이 초래한 내전에다 동한의 정치공작이 겹쳐 동흉노는 남북으로 분열되었다. 북흉노가 재기하기 시작하자 동한 조정은 73년 장군 두고竇固와 경병耿秉 등을 시켜 흉노 정벌을 시작했다. 동한 조정은 또한 반초班超를 시켜 실크로드를 장악하게 하는 등 북흉노의 경제력을 고갈시켜 나갔다. 85년에는 남흉노, 정령, 선비를 사주하여 북흉노를 공격케 했다. 북흉노는 외몽골 전투에서 연합군에게 대패하였으며, 20만 명이 남흉노에게 항복했다. 서한과 동한의 지속적인 흉노 공격은 흉노의 남천南遷으로 이어졌다. 흉노는 산서성과 섬서성, 감숙성 등지에 자리 잡았다. 한지漢地로 이주한 흉노는 후한後漢과 삼국시대, 서진西晉을 거쳐, 5호 16국 시대에 민족 최후의 불꽃을 피웠다. 중국 내부에 한, 전조, 후조, 하, 북량 등의 나라를 세웠던 것이다.

87년 선비의 공격을 받은 북흉노는 또 다시 패배하여 20여만 명이 동한에 항복하였다. 91년 서북 몽골의 알타이산金山 부근에서 유목하고 있던 북흉노는 동한의 대장군 두헌竇憲의 공격을 받아 세력을 거의 잃고, 잔여 10여만 호가 선비에 합류했다. 단석괴가 선비제국(147~156)을 건설하자 몽골고원에서 흉노의 존재는 거의 소멸되고 말았다. 항복하지 않은 북흉노의 본류는 탈라스강 유역의 동족들과 합류하여 서천西遷했다. 그들은 남부 러시아(킵차크) 평원을 거쳐 4세기 무렵에는 훈족의 모습으로 로마의 변경에 모습을 드러냈다.

V 분열과

分裂

이질혼합의 시대

앞에서 진시황 영정이 천하 통일 6년 후인 BC 215년 태자 부
소와 대장군 몽염에게 30만 대군을 주어 오르도스Ordos를 장
악하고, 흉노를 황하 이북의 내몽골로 축출했다는 말을 한 적
이 있다. 호복기사胡服騎射를 도입한 조나라 무령왕에게 멸망당
한 적족의 나라 중산中山의 예에서도 알 수 있듯이, 적狄이나
흉노로 불리던 터키계 유목민족들은 BC 7세기 이후 스키타이
와 중원의 영향으로 점차 국가체제를 갖추어 나가기 시작했다.

오르도스하투=河套는 황하가 북으로 크게 호弧를 그리는 만리
장성 이북의 황하 중상류 스텝지대로 내몽골자치구의 대도
시 바오터우包頭 대안對岸 지역을 말한다. 하투는 과거에는 풀
이 무성한 목초지대木草地帶였으나 최근 급속히 사막화가 진행
되고 있다. 오르도스는 인류가 유목민족과 농경민족으로 분

화되기 이전 번성하던 문명의 발상지 가운데 하나로 스키타이 Schythian 문화와 황하문명, 요하문명이 만나는 문명의 십자로이기도 했다. 동북아시아 인류가 농경민족(한족)과 유목·삼림민족(터키족, 몽골족, 퉁구스족)으로 분화된 이후 오르도스는 농경민족과 유목민족간 피비린내 나는 전쟁터이자 문물이 교환되는 장터로 변했다. 한족은 공세적 방어를 위하여, 또는 늘어나는 인구로 인하여 토지 부족에 시달릴 때마다 오르도스로 진출했다. 진시황이 부소와 몽염을 파견한 지 약 100년 후인 BC 127년 한무제漢武帝 유철劉徹은 산동성 등지로부터 10만여 명의 백성들을 이곳으로 이주시켜 흉노에 대항하게 했다. 오르도스에 위치한 오원五原은 삼국지에 나오는 맹장 여포呂布의 고향이기도 하다.

오르도스로 이주한 한족 농민들은 농사를 짓고자 땅을 파헤쳤다. 땅을 파헤치면, 태양열이 흙을 말려버리고 건조한 겨울 바람이 그것을 날려 보낸다. 이러한 일이 계속되면, 결국 땅 밑의 바위가 드러나게 된다. 한번 기름진 표토表土를 잃어버린 초원은 쉽게 본래의 모습으로 돌아오지 않는다. 풀도 쉽게 자라지 않게 된다. 그래서 흉노와 선비 등 유목민들은 땅을 가는 한족 농민들을 증오했다. 한족 농경민들이 유목민들을 소와 말, 양이나 키우는 냄새나는 야만인이라고 경멸했듯이 유목민들도 땅에 엎드려 농사를 짓는 한족 농경민들을 땅강아지라고 멸시했다.

삼국시대에 들어와 흉노狄, 오환烏桓, 선비, 맥貊, 저·강戎 등 북방민족들의 중국 내지內地 유입이 더욱 활발해 졌다. 그들의 입장에서 볼 때 한족지역으로의 이주는 한족에 의해 쫓겨난 조상들의 땅으로 다시 돌아가는 것이었다고 할 수 있다. 그들은 한족에 동화되어 감과 동시에 때때로 심한 차별을 받았다. 이와 함께 그들의 민족의식도 높아갔다. 5호 16국 시대에 북방민족 국가들이 대거 출현한 것은 이들 북방민족들이 중원문명의 자극에 의해 눈을 뜨고, 그간 비축해 온 힘이 분출한 당연한 결과였다.

흉노 도각부(휴도부)의 수령 유연이 산서성 남서부를 근거로 세운 한漢이 311년 서진西晉의 수도 낙양을 함락시킨 「영가永嘉의 난」은 북위, 북주北周, 수隋·당唐이라는 북방민족과 한족 간 융합을 의미하는 호한체제胡漢體制의 세계제국으로 나아가는 문을 열어젖힌 역사적 사건이었다. 이보다 163년 뒤 서유럽의 이탈리아에서도 게르만족 출신 장군 오도아케르Odoacer에 의한 서로마제국의 멸망이라는 대사건이 일어났다.

북방민족들에게 중원을 내어 준 왕족과 귀족을 포함한 한족들은 대거 양자강 이남(강남)으로 피난하여 교민僑民이 되어 묘족, 월족, 장족 등 원주민들과 섞이거나, 그들을 벽지나 더 남쪽으로 쫓아내고, 한문화漢文化를 퍼트렸다. 그들은 그곳에서 고顧, 주朱, 육陸, 장張씨, 전全씨 등 토착호족들과 함께 동진東晉, 송宋, 제齊, 양梁, 진陳을 잇달아 세웠다. 한족들은 남방으로만 피난한 것은 아니다. 요하유역으로 흘러 들어가 그곳에서도 농지를 확대했다. 이주한 한족들은 선비와 오환, 부여

등 퉁구스-몽골계와 섞였다. 이렇게 세워진 나라가 요하유역을 판도로 2세기 말에서 3세기 초까지 존재한 공손씨公孫氏의 연燕나라이다. 호한胡漢 이질혼합 문화는 하서회랑, 신강 등으로도 퍼져 나가고 있었다. 한족은 감숙성을 거쳐 신강성新疆省 투르판Turfan 분지로도 이주하여 오아시스 도시국가인 이씨李氏의 서량西涼, 국씨麴氏의 고창高昌을 세우기도 했다.

한족이 중원中原을 포기한 것은 물론 아니다. 한족의 80% 이상이 고향땅에 남아 북방민족들의 지배하에서도 조상의 터전을 굳게 지키고 있었다. 강남으로 이주한 한족이나 중원에 남아 있던 한족 모두 전란을 극복하기 위해 각지에서 자위단체를 조직하여 향촌질서를 유지했다. 지방의 호족豪族들이 지도자로 등장하였으며, 이 과정에서 새로운 형태의 집락集落이 나타났다.

한족 자위조직들은 흉노·갈족 등 북방민족들이 중원 각지를 유린하기 시작한 서진 말기에 이르러 급증하기 시작하였다. 자위조직들은 지도자를 추대하고, 농경지를 개간하여 자립기반을 갖추었다. 이들의 지도자인 주공主公은 일족과 소속된 자들이 지켜야 할 법령을 만들고, 학교를 세우며, 혼인婚姻과 장례葬禮의 규칙을 정하는 등 소규모 독립국가의 지도자 역할을 하였다.

자위단이 형성되는 장소는 기존의 향리와는 다른 산간의 요충지였고, 방벽을 쌓아 외부세력의 침입에 대항하였다. 이러한 방벽으로 둘러싸인 곳을 오塢, 보保, 벽壁이라 불렀다. 오, 보, 벽을 중심으로 집락이 형성되면 이것을 촌村이라고 했다. 한족 장궤張軌가 하서회랑에 세운 전량前涼의 전방 군사기지 역할을 하던 투르판 분지의 고창벽高昌壁은 전량 멸망 이후 고창국으로 독립해 나갔다.

서한과 동한 시대의 향리鄕里는 도시적 성격이 강했던데 반해, 삼국시대 이후의 촌은 농촌적 성격이 강했다. 오주塢主는 중세 유럽의 봉건영주와 비슷한 성격이지만, 백성들의 추대에 의해 옹립되었던 점과, 촌이 오주의 독재가 아니라, 공동체적 원리에 입각해 운영되었던 점에 있어서 차이가 있다. 오·보·벽의 내부는 지도자와 구성원들 간 인격적인 유대가 통합의 원리로 작용하고 있었다. 오의 구조나 규모는 일정치 않았으며, 대개의 경우 무기와 생필품을 자급·자족하고, 외부세계로부터 고립되어 있었다.

북방민족 국가들의 점령군은 각지에서 이러한 무력을 갖춘 촌의 강력한 저항에 직면하였다. 점령군은 일부는 함락시켰지만, 대부분은 오주에게 지방관 또는 장군직을 주어 향촌의 질서를 유지토록 하였다. 북방민족 국가는 점령지역 한족 주민들의 자치를 완전히 무시할 수는 없었다. 이로 인해 북방민족 국가들의 영토 내 토지와 한족 백성들에 대한 지배는 철저할 수가 없었고, 지배집단 내부의 조그마한 문제가 곧 집단전체의 존망과 직결되는 문제가 되기도 했다.

농경지대에 들어간 유목민들은 농경민인 한족과 타협하지 않으면 살아 나갈 수 없었다. 양자가 공존의 길을 찾는 것은 당연한 결과이며, 유목민과 농경민이 융합되면서 호한문화胡漢文化가 탄생하였다. 4세기 초의 영가의 난 이후 중원의 역사는 호·한이 공존의 길을 찾아가는 과정에 다름이 아니다.

영가의 난은 화북 일대에 집중되어 있던 수준 높은 중원문명이 강남과 요하 유역, 내몽골, 하서회랑, 신강 등지로 확산되어 나가는 단초를 제공했다. 이러한 측면에서 흉노의 중원 점령은 중국의 팽창을 위한 새로운 동력을 제공했다 할 수 있다. 북방민족들 중에서 전조를 세운 유연이나 북주北周를 창건한 우문태宇文泰와 같이 중국의 문화와 체제를 일신한 영걸들이 잇달아 출현했다. 그들은 유목문화와 중원문명을 혼합시켜 새로운 문화와 질서를 만들어 내었다. 그들로 말미암아 중국문명이 만주, 한반도, 몽골고원, 일본열도, 중앙아시아, 윈난, 동남아시아로까지 확대될 수 있었다.

무제와 사마천

사기의 저자 사마천의 인생에서 흉노는 고통 그 자체였을 것이다. 왜냐하면, 사마천은 BC 99년 그의 나이 48세 때 혁혁한 공을 세웠으나, 흉노군에게 포위되어 어쩔 수 없이 항복한 장군 이릉李陵을 변호하다가 무제의 노여움을 사 투옥되어 고환睾丸을 잘리는 궁형宮刑을 받았던 것이다. 그는 긍지 높은 사대부로서는 죽음보다 더한 치욕스런 형벌인 궁형을 받고도 살아남아 저술을 계속하였다. 그에게 글을 쓰는 것은 살아가는 이유 바로 그것이었다.

사마천은 옥중에서도 저술을 계속하여 BC 91년 본기本紀 12권, 연표年表 10권, 서書 8권, 세가世家 30권, 열전列傳 70권 등 130권으로 구성된 불후의 역사서인 『사기史記』를 완성하였다. 사기는 이후 출간된 서진西晉 진수의 『삼국지三國志』, 북송北宋 사마광의 『자치통감資治通鑑』, 청나라 조익趙翼의 『이십이사차기二十二史箚記』 등 다른 역사서에도 큰 영향을 미쳤다. 『사기』는 중국인들의 기록정신을 보여주는 대표적 작품이다.

『사기』는 유목遊牧과 농경農耕이라는 2개의 세계를 농경민의 눈으로 바라 본 기록이라 할 수 있다. 농경민들은 『사기』를 통해 자신들의 삶과 입장을 후세 사람들에게 말해주었다. 하지만 유목민의 나라인 흉노는 한나라와의 관계에서 억울한 일도 많이 당했을 것인데, 기록이 없어 자기 입장을 제대로 변명하지 못하고 있다. 열전을 통한 사마천의 인물평은 『사기』의 백미白眉로 꼽힌다. 가장 대표적인 것이 진시황의 명령으로 오르도스에 주둔했다가 조고趙高와 이사李斯의 음모로 인해 자살로 내몰린 몽염에 대한 평가다.

「진秦이 제후들을 멸한 초기 천하의 민심이 안정되지 못하였으나, 몽염은 명장이면서도 시황에게 강력히 진언하여 백성들의 가난을 구제하고, 그들에게 평화를 주려고 힘쓰지 않았다. 오히려 시황제에 아부하여 대공사를 일으켰으니, 그들 형제가 죽임을 당한 것 또한 마땅하지 아니한가!」 몽염은 자결하기 전 만리장성을 연결하는 작업을 하면서 요동에서 감숙까지 지맥地脈을 끊어서 그 벌을 받는 것이라고 자책하였으나, 사마천은 몽염의 잘못은 지맥을 끊은 것이 아니라, 시황에게 아부하고, 백성을 돌보지 않은데 있다고 평했던 것이다. 결국 백성이 하늘이라는 말이다.

흉노는 BC 200년 백등산 승리이후 해마다 한나라로부터 막대한 조공을 받았다. 그러나 시간이 가면서 흉노와 한나라 간 세력관계는 역전되었다. 농경민의 엄청난 생산력이 유목민의 전투력을 압도하기 시작한 것이다. 고조 유계가 죽은 후 그의 아내인 여후呂后와 아들 문제文帝, 손자 경제景帝의 집권기를 거치면서 한나라의 국력은 일취월장日就月將하고 있었던 반면, 흉노는 영웅 묵특선우冒頓單于가 BC 174년 사망한 이후 노상, 군신, 이치사 선우를 거치면서 심각한 가뭄도 있고 하여 점차 약화되어 갔다.

한나라는 방계 유씨 황족들을 하남河南 이동의 오吳, 초楚, 조趙, 제齊 등에 봉한 군국제郡國制의 부작용으로 인해 발생한 오·초 칠국의 난을 단기간 내에 극복하고, 무제라는 적극적인 인물을 맞이했다. 한나라는 BC 141년에 즉위하여 54년간이나

통치한 무제의 통치기간 중 흉노, 조선, 남월을 정복하고, 하
서회랑과 신강을 지나 중앙아시아의 페르가나까지 진출하였
다. 무제는 노장철학老莊哲學에 기초하여 적극적인 대외정책을
반대하던 할머니 두태후竇太后가 사망하자 BC 133년 산서성
북부 마읍전투馬邑戰鬪를 시작으로 흉노와의 15년 전쟁에 들어
갔다. 장건張騫을 중앙아시아 페르가나의 월지月氏에 파견하여

흉노왕자 김일제金日磾와 신라 왕실

전쟁 과정에서 곽거병은 하서회랑(감숙성)을 다스리던 흉노 휴도왕의 왕비「연지閼氏」와 14
세의 왕자를 포로로 잡았다. 장안으로 잡혀와 마구간 노예로 전락한 휴도 왕자는 우연히 무
제의 눈에 띄어 노예에서 풀려나 마감馬監으로 임명되었으며, 김일제(金日磾, BC 134~BC
86)란 이름을 하사받았다. 그는 후일 망하라莽何羅의 무제 암살 기도를 사전에 막아내어 거기
장군車騎將軍 투후秺侯에 봉해졌다. 김일제는 그를 따르는 흉노인들을 모아 분봉지分封地인 산
동성의 금성金城을 도읍으로 투국秺國을 세웠다.
김일제는 나중 곽광霍光, 상관걸上官傑과 함께 무제를 계승한 소제昭帝 유불릉劉弗陵의 고명대
신顧命大臣으로 지명받기도 했다. 김일제의 후손들은 서한 시대에는 번영하였으나, 왕망王莽의
찬탈에 협력하였기 때문에 AD 23년 광무제 유수劉秀에 의해 투국이 폐지廢止되는 등 동한東
漢 시대에는 쇠락했다.
한편, 신라 문무왕릉비에는「투후제천지윤전칠엽이秺侯祭天之胤傳七葉以, 십오대조성한왕十五
代祖星漢王, 강질원궁탄영산악조림降質圓穹誕靈山岳肇臨」이라는 구절이 있다. "투후(김일제) 이
래 7대를 이어갔으며, (문무왕, 626~681)의 15대조 성한왕(김알지로 추정)은 신령한 산에 바
탕을 내리고, (신라 김씨 왕실의) 시조가 되었다"는 뜻이다. 즉, 신라 김씨 왕실은 흉노의 휴
도 왕자이자 서한의 거기장군 투후인 김일제의 후손이라는 것이다. 4세기 무렵 신라에 갑작
스레 등장한 적석목곽분과 금관문화는 흉노 계열의 문화로 해석된다. 공교롭게도 김일제가
분봉받은 투국의 도읍 금성金城과 신라의 수도 금성金城이 발음은 물론, 한자까지 똑같다. 중
앙아시아 지역의 흉노족 유골과 신라 고분에서 출토된 유골의 유전적 상호관계를 조사한 결
과 흉노인과 신라인들 간 유사성이 밝혀지기도 했다.

대흉노對匈奴 동맹을 타진했다. 장기간의 전쟁을 뒷받침한 재정은 생필품인 소금과 철의 전매에서 염출하였다. 앞에서 설명한대로 무제는 위황후衛皇后의 이부異父 동생인 대장군 위청衛靑과 그의 조카인 표기장군 곽거병霍去病에게 명령하여 오르도스와 산서성 북부-내몽골을 연결하는 상곡上谷과 하서회랑으로부터 흉노를 축출하게 했다.

한나라의 흉노에 대한 정책은 그들의 근거지를 공략하는데 끝나지 않았다. 무제는 BC 108년 좌장군左將軍 순체와 누선장군樓船將軍 양복이 지휘하는 수륙합동군을 파견하여 흉노의 왼쪽 날개 역할을 하던 요동의 퉁구스계 국가 조선을 멸망시키고 4군郡을 설치했다. 그는 또 경국지색傾國之色 이부인李夫人의 오빠인 이사장군貳師將軍 이광리李廣利를 시켜 신강의 오아시스 도시국가들을 정복하고 중앙아시아의 페르가나까지 원정하게 했다. 흉노의 오른쪽 날개에 해당하는 서역 정벌은 큰 성과를 내지 못했다. 여기에다가 장기간의 전쟁으로 국가재정은 파탄에 이르렀다. 결국 무제는 BC 89년 「윤대輪臺의 조칙」을 발표하여, 흉노와의 전쟁을 중단할 수밖에 없었다. 이때 무제의 머릿속에는 무위無爲가 최선이라던 두태후竇太后의 얼굴이 스치고 지나갔을 것이다. 독재자 무제로서도 장기간의 대흉노對匈奴 전쟁으로 인한 국가경제의 피폐를 더 이상 감내할 수 없었던 것이다.

무제시대의 적극적인 대외정책은 투르크-몽골-인도·유럽계로 구성되었을 것으로 보이는 흉노는 물론, 맥과 월지, 저·강,

삼국 정립도___

주요영웅

—— 국경

공손탁

공손찬

○평원

원소

위

○하비

○가정

가정

○오장원 ○장안

마등

낙양

유비

○수춘

○남양

원술

○건업

장수

손책

한중

○양양

장로 유표

유장

○성도

백제성

촉

○적벽

오

○장사

월 등 한나라 주변 민족들에게 엄청난 영향을 주었다. 문화와 문화, 민족과 민족이 급속도로 혼합되는 새로운 상황을 만들어 내었던 것이다. 무제의 증손자인 선제는 무제가 남긴 부정적 유산, 즉 심각한 경제난을 극복하고, 수시로 흉노를 공격하는 등 중흥의 시대를 열었다. 선제를 마지막으로 한나라의 융성도 끝났다. 서한은 흉노와의 전쟁이 가져다 준 악영향을 극복할 수 없었다. 한나라는 원제元帝와 성제成帝를 거치면서 난숙기爛熟期의 퇴락을 경험하고, 결국 외척 왕망王莽이 세운 신新에게 나라를 빼앗기고 말았다.

동한 _ 삼국시대

서한을 찬탈한 왕망은 정통성을 보충하고자 유교적 이상주의에 입각하여 서주西周에서 시행되었다는 정전제井田制를 도입하는 한편, 서한의 모든 것을 부정하는anything but Han 방향으로 나아갔다. 그는 기존의 정부기관명과 지명을 거의 다 바꾸었다. 심지어 외국인 고구려高句麗를 하구려下句麗라고 부르기도 했다. 여기에다가 여러 가지 종류의 왕망전王莽錢을 도입하는 등 화폐개혁을 실시하는 한편, 왕토사상王土思想에 입각하여 토지와 노비의 매매를 금지하고, 소금과 철, 술을 비롯한 대부분의 산물을 국가의 통제 하에 두었다. 호족豪族들은 물론, 원래 보호해 주려고 했던 소상인과 농민들도 신정부에 불만을 갖게 되었다. 농민들의 불만은 녹림적綠林賊의 난과 적미赤眉의 난 등 전국적 규모의 반란으로 이어졌다. 왕망의 실패는 이전 왕조王朝의 것은 덮어놓고 부정한 데서 출발하였다. 그의 과도한 이상론이 이에 기름을 부었다.

광무제 유수劉秀가 세운 동한은 일종의 호족연합체제豪族聯合體制였다. 유수는 고향인 하남성 남양南陽 출신인 음陰, 등鄧, 두竇, 양梁씨와 하북성 진정眞定의 유씨劉氏, 곽씨郭氏 등 호족들의 협력에 힘입어 동한을 창건하는 데 성공했다. 동한은 남양 유씨劉氏 회장 밑에 호족들이 지분을 가진 일종의 호족주식회사豪族株式會社 형태의 나라였다. 광무제에 이어 명제明帝와 장제章帝 때까지는 번성했으나, 제4대 화제和帝 이후 두씨, 등씨, 양씨 등 외척들의 대두로 황권은 미약해졌다. 질제質帝와 같은 유소년 황제는 외척 출신 권신인 양기梁冀에게 독살당하기도 했다. 질제를 계승한 환제桓帝 시기에 이르러서는 양기를 타도하는 데 주도적 역할을 한 환관宦官이 호족을 능가하는 권력집단이 되었으며, 다음 영제靈帝 때에는 사실상 국가권력을 장악했다. 십상시十常侍를 비롯한 환관들은 친인척들을 대거 관리로 등용했으며, 이들 대부분은 수탈과 탐학貪虐으로 날을 지새웠다. 이것은 백성들뿐 아니라 호족의 이익을 심각하게 침탈하는 것이었다. 호족이 동한 조정에 등을 돌림으로써 동한의 지배체제는 뿌리에서부터 흔들리기 시작했다.

184년 장각張角의 주도로 하북성河北省 거록鉅鹿에서 시작된 황건군의 봉기는 중원의 대부분을 휩쓸어 동한 통치체제의 이완과 경제·사회체제의 붕괴를 가져왔다. 위魏나라가 건국된 220년을 전후한 당시 중국의 인구는 약 1,400만 명으로 황건군의 봉기가 발생하기 이전에 비해 약 3분의 1 정도로 줄어들어 있었다. 그만큼 많은 백성들이 죽음을 당하고, 정부의 행정력이 미치지 못하는 곳으로 숨어들어갔다. 광대한 영토와 인구를 가진 중국의 경우, 인구밀도가 과도하게 낮아지면 중앙집권적 통치체제가 무너져 곧 분열로 이어지는 경향이 있다. 황건군의 봉기 이후 성립된 삼국시대와 당나라 시대 안安·사史의 난과 황소黃巢의 난 이후 찾아온 5대 10국 시대가 대표적인 예이다.

조조曹操

황건군의 봉기로 중원은 혼란의 도를 더해 갔다. 이 틈을 타 조조, 유비, 손책·손권 형제, 원소, 유표, 공손찬, 마등 등 군벌들이 한족과 북방민족의 무력을 배경으로 새 질서를 구축하기 위한 축록전逐鹿戰에 뛰어 들었다. 이들 가운데 조조, 유비, 손권 등 세 사람만이 끝까지 살아남아 새 나라를 창업하는 데 성공했다. 중국인들은 위무제魏武帝 조조를 중국의 10대 위인으로 꼽고 있다. 이는 조조가 중국을 분열의 위기에서 구해내었기 때문이다. 조조가 아니었더라면 중국은 요동의 공손씨公孫氏, 한중의 장씨張氏, 사천(파·촉)의 유씨劉氏, 강남의 손씨孫氏, 하북의 원씨袁氏 등에 의해 잘게 쪼개졌을 것이다. 이에 대한 중국인들의 생각에 100% 동감한다.

조조(155~220)는 사대부들이 멸시하던 환관宦官 조등曹騰의 손자였다. 그는 이런 까닭도 있고 하여 문벌보다 능력을 우선시했다. 조조의 반호족적反豪族的 태도는 나중 순욱, 순유, 최염, 공융, 모개 등 호족豪族 출신 인사들과의 관계를 크게 벌려 놓았으며, 위魏나라가 호족 출신인 사마씨의 진晉나라에게 찬탈당하는 원인遠因이 되기도 했다. 그는 도수수금盜嫂收金, 즉「형수와 사통하고, 뇌물을 받아먹은 자」라도 능력이 있으면 기용했다. 정비나 위충과 같이 도덕적으로 문제 있는 인물들을 능력을 보고 과감히 기용했다. 뿐만 아니라, 서주와 백마(황하 남안), 요서에서는 수만 명의 무고한 포로와 백성들을 학살하기도 했다. 이러한 것들이 조조가 악인으로 알려진 주요 원인이 아닌가 한다.

그는 일생을 전쟁터에서 보냈으며 오환족烏桓族을 쫓아 하북과 산서를 가르는 태행산맥을 넘고, 내몽골과 요서에까지 갔다. 또한, 남흉노를 산서와 섬서 곳곳에 정착시켰다. 조조는 정치가인 동시에 저명한 문인이기도 했다. 그는 동한 헌제기獻帝期의 건안문학建安文學의 대표자였다. 그는 전쟁터를 전전하면서 떠오르는 생각을 시로 표현해 내었다. 「각동서문행卻東西門行」이라는 병사의 애환을 노래한 조조의 시를 소개한다.

鴻雁出塞北 乃在無人鄕
기러기는 북쪽에서 나오나니 그곳은 인적이 드문 고장이라

擧翅萬餘里 行止自成行
날개를 펼쳐 일만여 리를 나는데 쉬엄쉬엄 줄을 지어 날아가며

冬節食南稻 春日復北翔
겨울철에는 남쪽의 벼이삭을 먹고 봄날에는 다시 북쪽으로 날아간다

田中有轉蓬 風遠飄揚
들판에 가득한 쑥이 있으니 바람 따라 저 멀리 떠돌아 올라가

長與故根絶 萬歲不相當
오래도록 원뿌리와 헤어져 서로 영원히 만나지 못하는 구나

奈何此征夫 安得去四方
어찌 하리요 전쟁터에 나온 이 사람
무엇 때문에 사방으로 떠돌아다니는고

戎馬不解鞍 鎧甲不離傍
전마는 안장을 풀지 못하고 갑옷과 투구는 내 옆을 떠나지 않고

冉冉老將至 何時返故鄕
서서히 늙음은 다가오는데 어느 때에야 고향에 돌아갈 수 있을 것이냐

神龍藏深泉 猛獸步高岡
신룡은 깊은 샘 속에 숨고 맹수는 높은 언덕에서 뛰어놀고

狐死歸首丘 故鄕安可忘
여우도 죽을 때에는 제 태어난 언덕으로 머리를 둔다든가
그리운 고향을 어찌 잊을 수 있을쏘냐

조조의 분투에도 불구하고, 동한은 분열의 운명을 피할 수 없었다. 동한의 뒤를 이은 삼국三國이 중원과 사천, 강동江東을 중심으로 정립鼎立하게 된 것은 당시 중국의 지리적, 사회·문화적 차이에 기인했다고 볼 수 있다. 화북인들이 밀과 조, 수수 등으로 만든 국수와 만두를 주식으로 한데 비해 강남인들과 파촉인巴蜀人들은 쌀밥을 주식으로 했을 만큼 지리적·문화적 차이가 컸다. 관중과 파촉은 진령산맥秦嶺山脈, 중원과 강남은 회하와 양자강 등 대하천大河川으로 분리되어 지역간 왕래가 무척 어려웠다. 당시 양자강 유역은 저습低濕하고, 인구밀도도 낮았다. 이에 따라, 중원의 거의 전부를 장악한 위魏나라가 절대 유리했다. 위魏, 촉한蜀漢, 오吳는 종합국력의 측면에서 대강 10:2:4 정도의 비율로 큰 차이가 났다.

중국의 분열을 막은 전략가 조조

조조는 패국 초현 출신으로 대환관 조등의 손자이다. 환관의 손자라는 콤플렉스가 조조의 성격이나 생활방식에 커다란 영향을 주었다. 조조는 20살에 효렴孝廉으로 천거되어 수도 낙양의 북부도위에 임명되었다. 그는 당대의 실력자인 환관 건석蹇碩의 숙부가 통금령을 어기자 몽둥이로 때려 죽였다는 일화가 있을 정도로 배포가 큰 인물이었다. 그가 30세 때인 184년 황건적의 난이 일어났다. 그는 기병을 지휘하는 기도위騎都尉에 임명되어 하남의 영천潁川에서 황건적을 토벌하고, 그 공으로 제남상薺南相에 임명되었다. 그는 제남에서 부패한 관리의 80%를 파면하고, 미신행위를 금지시키는 등 큰 업적을 내었다.

조조는 189년 12월 사병을 모집하여 원소를 맹주로 하는 반동탁 연합군에 가담했다. 선봉장으로 출진한 손견이 동탁이 보낸 화웅의 목을 베는 등 동탁을 장안으로 후퇴하게 만들었지만, 원소를 포함한 다른 제후들은 동탁을 추격하자는 조조의 제안에 반대했다. 조조는 단독으로 동탁을 추격하다가 변수汴水에서 동탁의 부하 서영에게 패하고 말았다. 조조는 전투에서는 졌지만, 전쟁에서는 이겼다. 그는 인망人望이라는 무형의 자산을 얻었던 것이다. 「자신이 패할 것을 뻔히 알았음에도 불구하고, 황제를 구하기 위해 홀로 뛰어들었다」라는 이미지가 생겨나 많은 인재들이 조조에게 합류하였다.

191년 조조는 연주(서부 산동성)에 침공한 청주(동부 산동성)의 황건군 100만을 격파했다. 조조는 항복한 황건군 가운데 정예병력을 선발하여 특공대격인 「청주병」으로 편성했다. 청주병이라는 군사적 배경을 확보함에 따라 조조의 위명이 높아졌다. 이 무렵 원소와 결탁한 서주자사 도겸이 태산군을 침공하여 아버지 조숭을 살해했다. 이에 분노한 조조는 193~194년 2년간에 걸쳐 서주를 공격했으며, 서주 각지에서 살육을 자행했다. 이때 「사람이 너무 많이 죽어 사수泗水의 흐름이 끊겼다」는 기록도 있다. 서주를 방문하고 있던 제갈량의 아버지도 살해되었다. 이는 제갈량이 줄기차게 북벌을 시도한 이유의 하나가 되었다.

그는 둔전제를 실시하여 임시 수도인 허창 주변에서 전쟁에 필요한 곡물을 확보했다. 그는 황하 연안의 백마에서 하북의 패자 원소와 중원의 사슴을 다투는 전초전을 치렀다. 그는 관우의 도움으로 원소의 부하인 안량을 죽이고 전투를 유리하게 이끌었다. 그러나 전투가 장기화되자 군량軍糧이 고갈되기 시작했으며, 조조의 마음도 약해져 갔다. 그는 허창에 남아있던 순욱과 편지로 상담했는데, 순욱은 조금 더 버틸 것을 주문했다. 얼마 뒤 투항해온 원소의 부하 허유가 오소烏巢에 있는 원소의 식량창고를 습격할 것을 제안했으며, 오소 전투의 승리로 전황이 역전되었다. 저수는 사로잡히고, 장합은 항복해 왔다.

중원 통일의 기세를 갖춘 조조는 208년 재상에 올라 동한 조정의 모든 권력을 장악하였다. 조조는 형주 방면으로 남진하다가 적벽대전에서 유비-손권 연합군에 대패하여 천하통일의 기회를 놓쳤다.

그는 213년 위공魏公에, 216년에는 위왕魏王으로 봉해졌다. 그는 215년 한중의 지배자 장로의 항복을 받아 내었다. 219년에는 유비에게 한중을 빼앗기지만, 손권과 연합하여 형주의 관우를 죽이고 한수유역의 요충지인 양양을 지켜내는 데 성공했다. 조조는 관우가 죽은 다음해인 220년 1월 낙양에서 66살의 나이로 서거했다. 2009년 12월 하남성 안양에서 그의 무덤인 고릉高陵이 발견되었다. 문인으로서도 뛰어났던 조조는 아들 조비, 조식과 함께 삼조三曹로 불렸다. 진수陳壽는 삼국지 위서에서 조조를 「사사로운 감정에 치우치지 않고 합리적으로 일에 대처했으며, 구악을 염두에 두지 않았다」고 평하였다. 그는 중국의 10대 위인 중 한 명으로 꼽히고 있다. 그가 중국을 대분열大分裂의 위기에서 구해내었기 때문이다. 조조가 아니었더라면, 분열된 중국은 흉노와 오환, 선비, 저, 산월 등 이민족들에게 갈기갈기 찢어졌을 것이다.

제갈량

촉한의 재상 제갈량(諸葛亮, 181~234)은 촉한의 열세를 제대로 이해한 정치가이자 전략가였다. 그는 관우의 죽음과 형주의 상실, 장비의 피살과 오나라 침공전侵攻戰에서 패한 유비의 죽음으로 인해 촉한이 존망의 위기에 처하게 되었다는 것을 정확히 이해했다. 제갈량은 삼국지에서 남만南蠻으로 소개된 윈난 정벌을 통해 획득한 인적·물적 자원을 활용하여 229년 저·강족이 집중 거주하던 무도武都와 음평陰平 등 감숙성 동남부를 평정하는데 성공했다. 그는 감숙─사천─운남, 즉 농隴─촉蜀─전滇으로 이어지는 저氐·강羌 벨트belt를 장악하여 국력을 키우고, 저·강 기마군단을 활용하여 장안을 비롯한 관중일대와 나아가, 낙양이 위치한 하남河南을 점령할 계획이었다. 그는 천하통일의 전제조건인 관중을 점령하기 위하여 여러 차례 위나라에 도전했으나, 사마의司馬懿와 조진曹眞, 장기張旣, 장합張合 등 위나라 장수들의 저항으로 결국 관중 장악에 실패하고, 낙망한 끝에 전쟁터인 위수 유역의 오장원五丈原에서 사망했다. 제갈량은 행정에는 매우 뛰어났으나, 전선의 지휘관으로서는 부족한 점이 있었다. 천하는 결국 궁정 쿠데타를 통하여 위나라 조씨 황실을 축출한 사마의司馬懿의 손자 사마염司馬炎의 손아귀에 들어갔다.

제갈량이 228년 제1차 북벌을 앞두고 후주後主 유선에게 올린 출사표出師表를 소개한다. 천하통일에 실패했음에도 불구하고,

제갈량이 세세대대世世代代 추앙받고 있는 이유 가운데 하나가
바로 출사표에 나타난 그의 깊은 충성심이기 때문이다.

전前 출사표

先帝創業未半, 而中道崩, 今天下三分, 益州疲弊, 此誠危急存亡之秋也.

然侍衛之臣, 不懈於內, 忠志之士, 忘身於外者,

蓋追先帝之殊遇, 欲報之於陛下也. 誠宜開張聖聽, 以光先帝遺德,

恢弘志士之氣, 不宜妄自菲薄, 引喻失義, 以塞忠諫之路也.

宮中府中, 俱爲一體, 陟罰臧否, 不宜異同. 若有作奸犯科及爲忠善者,

宜付有司, 論其刑賞, 以昭陛下平明之理, 不宜偏私, 使內外異法也.

侍中侍郎, 郭攸之.費褘.董允等, 此皆良實, 志慮忠純, 是以先帝簡拔, 以遺陛下.

愚以爲宮中之事, 事無大小, 悉以咨之, 然後施行,

必能裨補闕漏, 有所廣益. 將軍向寵, 性行淑均, 曉暢軍事, 試用於昔日,

先帝稱之曰.[能]. 是以衆議舉寵爲督. 愚以爲, 營中之事, 事無大小,

悉以咨之, 必能使行陣和睦, 優劣得所也.

親賢臣遠小人, 此先漢所以興隆也, 親小人遠賢臣, 此後漢所以傾頹也. 先帝在時,

每與臣論此事, 未嘗不嘆息痛恨於桓靈也.

侍中尙書.長史.參軍, 此悉貞亮死節之臣也.

陛下親之信之, 則漢室之隆, 可計日而待也.

臣本布衣, 躬耕南陽, 苟全性命於亂世, 不求聞達於諸侯,

先帝不以臣卑鄙, 猥自枉屈, 三顧臣於草廬之中, 諮臣以當世之事.

由是感激, 許先帝以驅馳.

後値傾覆, 受任於敗軍之際, 奉命於危難之間, 爾來二十有一年矣.

先帝知臣勤愼, 故臨崩, 寄臣以大事也.

受命以來, 夙夜憂慮, 恐付託不效, 以傷先帝之明. 故五月渡瀘, 深入不毛.

今南方已定, 兵甲已足, 當獎率三軍, 北定中原, 庶竭駑鈍, 攘除奸凶,

以復興漢室, 還于舊都, 此臣所以報先帝, 而忠陛下之職分也.

至於斟酌損益, 進盡忠言, 則攸之.褘.允之任也. 願陛下,

託臣以討賊興復之效, 不效則治臣之罪, 以告先帝之靈.

若無興德之言則責攸之.褘.允等之咎, 以彰其慢. 陛下亦宜自謀,

以諮諏善道, 察納雅言, 深追先帝遺詔.

臣不勝受恩感激, 今當遠離, 臨表涕泣, 不知所云.

선제先帝께서 창업하신 뜻의 절반도 이루지 못하신 채로 중도에 붕어하시고, 이제 천하는 셋으로 분열되어 익주益州가 매우 피폐하니, 참으로 위급한 때이옵니다. 폐하를 모시는 신하들이 안에서 나태하지 아니하고, 충성스런 장군들이 밖에서 목숨을 아끼지 않음은 선제께서 특별히 대우해주시던 은혜를 잊지 않고 오직 폐하께 보답코자 하는 마음 때문이옵니다. 폐하께서는 마땅히 그들의 충언에 귀를 기울이시어 선제의 덕을 빛내시고, 충의지사들의 의기를 높게 일으켜 주시옵소서. 대의를 잃지 마시오며, 충성스럽게 간諫하는 길을 막지 마시옵소서.

모두가 일치단결하여 잘한 일에 상을 주고, 잘못된 일에 벌을 주면서 차별이 있어서는 아니 될 것이옵니다. 간악한 죄를 범한 자와 충량한 자가 있거든 마땅히 각 부서에 맡겨 상벌을 의논하시어 폐하의 공평함을 빛나게 하시고, 사사로움에 치우쳐 안팎으로 법을 달리하는 일이 없게 하옵소서.

곽유지와 비위, 동윤 등은 모두 선량하고 진실하오며 뜻과 생각이 균형되고, 순박하여 선제께서 발탁하시어 폐하께 남기셨으니, 신이 생각하건대 궁중의 크고 작은 일은 모두 그들에게 물어보신 이후에 시행하시면 필히 허술한 곳을 보완할 것이옵니다. 장군 상총은 성품과 행실이 맑고 치우침이 없으며, 군사에 밝은지라 지난날 선제께서 그를 시험하신 후에 유능하다 말씀하셨습니다. 여러 사람의 뜻을 모아 그를 도독으로 천거했사오니, 군중의 대소사는 상총에게 물어 결정하시면 반드시 군사들이 화목할 것이며, 모든 인재가 적재적소에서 맡은바 임무를 성실히 수행할 것이옵니다.

서한이 흥한 것은 현명한 신하를 가까이하고 탐관오리와 소인배를 멀리했기 때문이오며, 동한東漢이 무너진 것은 탐관오리와 소인배를 가까이하고 현명한 신하를 멀리한 때문입니다. 선제께서는 생전에 신들과 이런 이야기를 나누시면서 환제와 영제 때의 일에 대해 통탄을 금치 못하셨사옵니다. 시중과 상서, 장사와 참군 등은 모두 곧고 밝은 자들로 죽기로써 국가에 대한 절개를 지킬 자들이니, 원컨대 폐하께서는 이들을 가까이 두시고 믿으시옵소서. 그리하시면 머지않아 한실漢室은 다시 융성할 것이옵니다.

신은 본래 하찮은 포의布衣로 남양 땅에서 논이나 갈면서 난세에 목숨을 부지하고자 하였을 뿐, 일신의 영달을 구할 생각은 없었사옵니다. 선제께서는 황공하게도 신을 미천하게 여기지 아니하시고 세 번 씩이나 몸을 낮추시어 몸소 신의 초가집을 찾아오셔서 신에게 당세의 일을 물어보시니, 신은 이에 감격하여 마침내 선제를 위해 몸을 아끼지 않으리라 결심하고 뜻에 따랐사옵니다. 그 후 한실이 기울어 싸움에 패하는 어려움 가운데 소임을 맡아 동분서주해온 지 어느덧 스무 해 하고도 한해가 지났사옵니다.

선제께서는 신이 신중한 것을 아시고, 붕어하실 때 신에게 황태자(유선) 보필이라는 대사를 맡기셨사옵니다. 신은 선제의 유지를 받은 이래 혹시나 그 부탁하신 바를 이루지 못하여 선제의 밝으심에 누를 끼치지 않을까 두려워하던 끝에 지난 건흥 3년 5월 노수를 건너 불모의 땅(윈난)으로 깊이 들어갔사옵니다. 이제 남방은 평정되었고 인마와 병기와 갑옷 역시 넉넉하니, 마땅히 삼군을 거느리고 북으로 나아가 중원을 평정하여야 할 것이옵니다. 늙고 아둔하나마 있는 힘을 다해 간사하고 흉악한 무리를 제거하고, 한실을 다시 일으켜 옛 도읍으로 돌아가는 것만이 바로 선제께 보답하고 폐하께 충성하는 일이옵니다. 폐하께 충언드릴 일은 곽유지, 비위, 동윤의 몫이옵니다.

폐하께옵서는 신에게 흉악무도한 역적을 토벌하고 한실을 부흥시키라고 명령하시고, 뜻을 이루지 못하거든 신의 죄를 엄히 다스리시어 선제의 영전에 고하옵소서. 또한 한실을 바로 일으키는 데 있어 충언을 하지 않거든 곽유지, 비위, 동윤의 허물을 책망하시어 그 태만함을 천하에 드러내시옵소서. 폐하께서도 마땅히 스스로 헤아리시어 옳고 바른 방도를 취하시고, 신하들의 바른 말을 잘 살펴 들으시어 선제께서 남기신 뜻에 따르시옵소서.

신은 받은 은혜에 감격을 이기지 못하옵니다. 이제 멀리 떠나는 자리에서 표문을 올리니 눈물이 앞을 가려 무슨 말씀을 아뢰어야 할지 모르겠나이다.

서진과 흉노

손책孫策·손권孫權 형제가 강남에 세운 오나라는 시간이 지나가면서 군벌연합체제로 변하여 갔으며, 고顧와 육陸, 주朱, 장張, 전全, 여呂, 제갈諸葛 등 주요 가문의 힘이 손씨 황실을 압박하는 지경에 이르렀다. 오나라는 영토에 비해 인구가 지나치게 적었다. 대제大帝 손권이 인구 문제를 해결하기 위해 판도 내의 산월山越과 무릉만武陵蠻을 평지로 강제로 이주시키는 것은 물론, 대만과 베트남 등으로 군대를 보내 사람들을 잡아오게 할 정도였다.

손권의 말년부터 시작된 황실, 방계황족, 호족들 간 갈등과 대립은 태자파太子派-노왕파魯王派간 및 제갈각諸葛恪-손준·손침간 생사를 건 정쟁政爭으로 이어져 오나라의 활력을 현저히 약화시켰다.

280년 사마염, 가충, 하증, 위관 등 서진西晉 지도부는 촉한의 멸망으로 옆구리가 텅 비게 된 데에다가 손씨 황실과 귀족들 간 분열로 쇠약해진 오나라를 쉽게 정복하여 황건군의 봉기 이후 지속된 약 100년간의 혼란을 극복하고, 천하를 통일했다. 불행히도 그들은 새로운 국가체제를 만들어 나갈만한 식견이나 능력 모두 부족한 사람들이었다.

흉노·갈羯, 선비, 저氐·강羌 등 북방민족들이 대거 유입되는 등 급변하는 국제환경에서는 새로운 질서가 필요했다. 이전에도 흉노, 저·강, 고구려 등 중국 내지의 북방민족들에 대한 우려가 여러 차례 제기되기는 했다. 위나라 말기의 대장군 등애鄧艾는 사마의에게 남흉노가 장차 대환大患이 될 가능성이 있음을 지적하고, 남흉노를 가능한 잘게 쪼개어 분할·지배할 것을 건의했다. 서진의 곽흠郭欽과 강통江統은 사융론徙戎論을 통해 흉노, 저·강, 고구려인 등 북방민족들을 원거주지로 돌려보내야 한다고 주장하기도 했다.

하남河南의 고구려인

고구려인들이 서진西晉의 수도 낙양이 위치한 하남성에 집단적으로 거주하게 된 경위는 다음과 같다. 위魏나라 장수 관구검毌丘儉은 244년과 245년 위魏·오환烏桓·선비로 구성된 2만 연합군을 이끌고 고구려를 공격했다. 고구려 동천왕의 요동遼東 침공에 대한 반격이었다. 고구려의 도읍인 압록강 유역 환도성 인근의 혼하까지 진출한 관구검은 부장 장문에게 척후대를 이끌고 먼저 도하渡河할 것을 명령했다. 혼하 주위는 안개가 짙어 전후를 분간하기가 어려웠다. 위나라군은 안개가 걷히자 크게 놀랄 수밖에 없었다. 고구려군이 자신들을 포위하고 있었기 때문이었다. 위나라군은 고구려군의 기습에 속수무책으로 무너지다가 아장牙將 허일의 후속부대에 의해 겨우 구원되있다. 관구검은 허일에게 혼하를 따라 올라가 양맥곡梁 貊谷 인근에 주둔하는 고구려군을 공격하게 했다. 허일의 군대 가 양맥곡을 지나던 중 고구려군 복병伏兵이 나타나 위나라군 을 맹렬히 공격했다. 위나라군은 다시 대패하고 말았다.

잇단 전투에서 승리하여 위나라군을 경시하게 된 고구려의 동천왕은 철기병 5천기騎를 직접 지휘하여 방진方陣을 친 위 나라군을 공격했다. 동천왕은 재상 명림어수明臨於漱의 간언을 뿌리치고, 정면으로 위나라군 진지를 돌파하려 하다가 철기병 대부분을 잃고 말았다. 위나라군 본대本隊가 동천왕을 구원하 러 온 명림어수의 부대도 섬멸하니, 고구려군 전사자는 무려 1 만 6천에 달했다. 위나라군은 압승한 기세를 타고 고구려의 수도 환도성을 함락하고, 대거 포로를 잡아들였다. 관구검은 고구려의 재흥再興을 막기 위하여 포로로 잡은 고구려인 3만 여 명 모두를 수도 낙양 부근의 형양滎陽으로 강제 이주시켰다.

팔왕의 난

진주晉土 사마염은 통일이 된 마당에 더 이상 필요 없다는 이 유로 지방군의 규모를 대폭 줄였다. 그리고 태자 사마충司馬衷 을 제외한 자기 아들을 포함한 황족들에게 병력을 주어 평양 平陽, 태원, 업성, 허창, 하간 등 요충지로 파견하였다. 그러나 서진西晉 황실을 지키라고 보내놓았던 방계 황족들은 백치白痴 사마충이 등극하고, 황실이 혼란에 빠지자 휘하의 군대는 물론, 흉노와 오환烏桓, 탁발선비拓拔鮮卑, 단선비段鮮卑 등 북방민족들을 동원하여 축록전에 나섰다.

산서성과 섬서성 등 중국 내지로 이주해 있던 남흉노는 반독립 상태를 유지하면서, 용병으로 활약했다. 당시 중국내 흉노인들의 수는 60만여 명에 달했다. 제왕 사마경, 성도왕 사마영, 하간왕 사마옹, 조왕 사마륜, 동해왕 사마월 등 서진의 방계 황족들이 일으킨 8왕의 난은 흉노에게 독립국을 세울 수 있는 절호의 기회를 제공했다. 반란을 일으킨 방계 황족들은 동원할 수 있는 모든 세력을 끌어들여 자기편으로 활용했다. 대혼란의 와중에 사천지방이 먼저 떨어져 나갔다. 파저족巴氐族 출신인 이웅李雄이 사천과 윈난 지역 유력자들의 지지를 받아 304년 10월 청두를 도읍으로 성成을 세웠던 것이다.

한편, 무제 사마염의 아들 성도왕 사마영의 주둔지는 하북성 업鄴이었다. 사마영은 흉노의 힘을 빌리기 위해 인망이 높던 흉노 출신 유연(劉淵, 252~310)에게 흉노 장병을 징발하는 일을 맡겼다. 유연은 이 기회를 이용하여 중원에 흉노의 나라를 세울 것을 결심했다. 흉노 왕족들은 서한이 흉노에게 항복한 대동(진양)의 백등산 사건이후 한나라 황실과 인척관계를 맺어왔기 때문에 중국인들과의 관계에서는 유씨劉氏를 칭稱했다.

남흉노의 한漢, 갈족의 후조

유연은 304년 11월 산서성 분수 유역의 이석離石에서 종조부 유선劉宣의 추대를 받아 대선우 한왕大單于 漢王에 등극했다. 5만 명의 대군이 모이고 흉노 건국의 대업이 시작되었다. 유연은 왕족인 도각부屠各部 출신이었다. 유연은 진서晉書가 표현한대로 「형법을 명확히 하고 간사한 것을 금禁했으며 베푸는 것을 좋아하여 널리 인망이 있어 흉노 5부의 지도자들이 모두 의지했던」 일대 영걸이었다. 명나라의 사상가 이지(이탁오)는 유연을 한고조 유계, 위무제 조조와 비견할 정도로 높이 평가했다.

유연의 아들 유화劉和·유총劉聰, 손자 유찬劉燦, 조카 유요劉曜로 이어진 흉노의 한나라는 유총 시대에 낙양과 장안을 함락시키고, 중원을 거의 통일했다. 유찬, 유요, 호연안 등 일족과 흉노의 별종別種인 갈족 출신 석륵石勒, 한족 출신 왕미王彌 등이 이끄는 한군漢軍이 311년 낙양을 함락했다. 유요는 312년과 316년 2번에 걸쳐 단독으로 장안을 함락시키고, 관중과 산서성 중북부 일대를 평정했다. 서진西晉의 회제懷帝와 회제를 계승한 민제愍帝는 분수 연안에 위치한 한나라의 수도 평양平陽으로 압송되어 처형당했다. 이에 따라, 양자강 이남의 건업으로 도피해 있었던 낭야왕琅耶王 사마예司馬睿가 왕도를 비롯한 당대의 명문거족인 낭야 왕씨와 육손, 장소, 고옹의 후손들인 강동 토착 호족들의 도움으로 진나라를 재건하고, 황제로 즉위했다.

오호십육국시대 상황 ___

五胡十六國

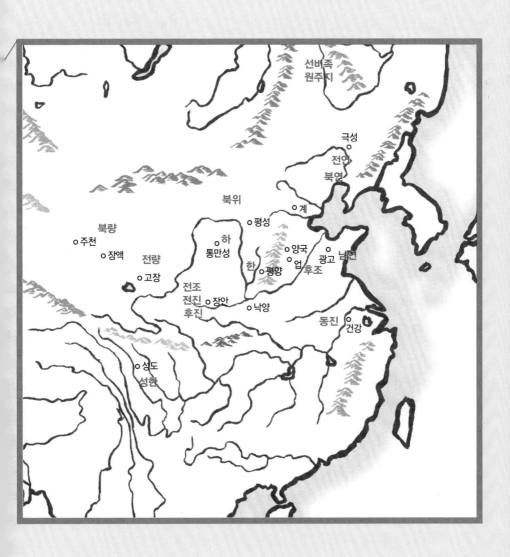

선비족
원주지

극성
○
전연
북연

북위
○계
○평성

북량
ㅇ주천
ㅇ장액   전량   하
                통만성
ㅇ고장   한   ○양국
                       ○평양 ○업 후조
             전조   광고 남연
             전진 ㅇ장안
             후진   ○낙양

                        동진 ㅇ건강

ㅇ성도
성한

한나라는 318년 유총이 사망한 다음 내분으로 인해 급속히 와해되어 갔다. 유총이라는 구심점이 사라지자 각기 유력한 독립군단을 거느리고 있던 석륵, 왕미, 유요, 조억曹嶷 등이 자립할 태세를 취했던 것이다. 조정에서는 외척 근씨靳氏와 환관 세력이 증대되어 대신들을 압박하고, 심지어 살해하기까지 했다. 유총이 살아있던 317년 외척과 환관들은 유총의 아들 유찬을 부추겨 황태제皇太弟 유예劉乂 일파를 살해하게 했다. 318년 7월 유총이 사망하고 유찬이 황제에 즉위하였으며, 근씨와 환관 세력이 국가권력을 장악하였다. 유찬은 황제가 된지 얼마 되지 않아 일족인 근준靳準의 딸들이자 선황제 유총의 황후들이었던 근월광靳月光, 근월화靳月華 자매와 동침했다. 부친의 사망 이후 생모生母 이외의 부친의 처첩妻妾들을 취하는 것은 흉노 고래의 관습이었으나, 근준은 이를 핑계로 유찬을 기습, 살해했다. 북방 유목민들이 생모를 제외한 아버지의 처첩이나, 형제의 처첩을 취하는 풍습을 가졌던 것은 초원지대라는 혹독한 자연환경에 기인했다. 이러한 형태의 혼인, 즉 수혼제收婚制는 첫째, 남편 없는 여자들을 돌보아 주는 기능과 함께 둘째, 그들이 재혼할 경우 수반될 수밖에 없는 소와 말, 양 등 귀중한 재산의 분할을 막기 위해 나타났다. 고구려와 신라도 이와 유사한 형태의 결혼제도를 갖고 있었다.

평양의 정변政變 소식을 접한 유요와 석륵 등 일선의 장군들은 기선을 제압하고자 제각기 평양으로 진군해 왔다. 그들이 평양에 도착하기도 전에 근준은 반대파에 의해 처형당하고 난은 진압되었다. 장안을 비롯한 관중을 확보한 유요는 국명을 조趙로 고쳤다. 석륵은 한족 출신 명참모名參謀 장빈張賓의 천하삼분론인 갈피대책을 수용하여 세력권이 겹치던 왕미와 조억을 제압하는 한편, 하북과 산동, 서주徐州의 일부를 점령하고, 319년 하북의 양국襄國에 도읍하여 조趙나라를 세웠다. 관중에 위치한 유요의 조나라, 관동에 자리한 석륵의 조나라, 강남의 동진東晋, 사천의 성成으로 천하가 4분되었다. 유요는 323년경 하서회랑에 세워진 전량前涼의 왕 장무張茂의 항복을 받고, 섬서와 하남, 산서를 석권하는 등 관동의 석륵石勒에 대해 우위를 보였다. 누가 유연의 후계자가 될 것인지를 두고 유요와 석륵 간 격렬한 종족싸움이 벌어졌다. 석륵의 조나

흉노의 영웅 유연

유연은 묵특선우의 후손이며, 동한 말기 동탁의 난 무렵에 산서성 남부 일대에 세력을 구축한 어부라於扶羅 선우의 손자이다. 흉노는 여러 종족들로 구성된 국가였다. 지배부족인 도각부는 역사서에 기록된 유연의 체형 등 여러 가지 측면에서 보아 유럽계 인종으로 추정된다. 앞에서도 언급하였듯이 그는 태양의 핵을 가진 알에서 태어났다는 전설을 갖고 있다. 그는 산서성 상당군上黨郡의 대유학자 최유로부터 유교 교육을 받았으며, 당시 기준으로 최고의 교양인이기도 했다. 유연은 한 때 낙양에서 인질생활을 하였으며, 최고의 문벌이던 낭야 왕씨 출신 왕혼王渾과 그의 아들 왕제王濟의 추천을 받아 오나라 공격의 선봉으로 거론되기도 했다. 그는 서진 군사가 관중-서량 지역의 이민족 봉기를 진압하려 하다가 대패한 이후 진압군 대장으로도 거론되었다. 그만큼 서진 조정에서 그가 차지하는 비중이 컸다. 유연은 북방민족 최초로 중원 내부에서 한족 국가 서진에 대한 공격을 감행함으로써 호(胡)와 한(漢)의 통합과 중국 문명권의 확대에 크게 기여하였다. 이런 이유로 그를 중국의 10대 위인에 포함시키고자 한다.

라는 낙양을 둘러싼 격전 끝에 낙양을 확보한 것은 물론, 유요의 조나라의 수도 장안과 최후의 근거지 진주秦州마저 함락시키고, 유요의 조나라를 멸했다. 역사가들은 먼저 멸망한 유요의 조나라를 전조, 나중 멸망한 석륵의 조나라를 후조라고 부른다. 갈족은 우즈베키스탄의 타시켄트와 페르가나 지방을 중심으로 거주하던 페르시아계 조로아스터교도들인 소그드인 Sogdian과 관계가 있는 것으로 추정된다.

대학살(genocide)

명군名君으로 평가받는 석륵의 사후 태자 석홍石弘이 석륵의 뒤를 이었다. 그러나 대선우大單于로 군부를 장악하고 있던 석륵의 조카 석호石虎가 석홍을 죽이고 황위를 찬탈했다. 흉맹凶猛하기로 이름난 석호는 △한족 장궤가 하서회랑에 세운 전량前凉의 수도 고장姑藏과 △모용선비慕容鮮卑가 요하 유역에 세운 전연前燕의 수도 극성棘城을 포위하고, △탁발선비가 산서성 북부를 근거로 세운 대代를 내몽골로 축출하는 등 한 때 중원을 통일하는 기세를 보이기도 했다. 그러나 석호와 그의 아들들인 석수, 석선 사이의 부자간 내분과 모용선비의 도전으로 인해 중원통일의 꿈은 사라지고 말았다. 349년 석호가 죽자 살아남은 석호의 자식들 간 다시 내분이 일어났다. 석호의 사후死後 10세에 불과한 태자 석세가 등극했다. 그러나 석세는 즉위 33일 만에 △석호의 양자養子 석민, △저氐의 수장 포홍蒲

洪, △소당강燒當羌의 수장 요익중姚弋仲의 사주를 받은 석준에게 살해당했다. 석준은 관중과 하북 등 각지에서 일어난 반란을 평정하고 일단 정세를 안정시키는데 성공했으나, 권신權臣 석민을 제거하려다가 즉위 6개월 만에 석민과 결탁한 석감에게 살해당했다.

격심한 혼란의 와중에 업성 근처의 양국을 근거로 하고 있던 석호의 또 다른 아들 석기石祇가 저족, 강족과 연합하여 석민을 제거하기 위해 움직였다. 석민과 그의 일당인 이농李農에게 제압당하여 허수아비가 된 석감은 석기가 거병한 틈을 노려 석민을 제거하려 했으나 실패하고, 오히려 그에 의해 유폐되고 말았다. 후조의 정치적 혼란은 극한 상황에 달했다.

한족이었으나, 소년 시절부터 갈족인 석호의 양자로 자라오면서 한족과 갈족 사이에서 정체성의 혼란을 느껴왔던 석민은 본래의 성姓인 염冉으로 돌아가 성명을 염민冉閔으로 바꾸었다. 그는 내란이라는 극도의 위기상황 속에서 흉노, 갈족이 자신을 지지해 주지 않자 분노를 폭발시켰다. 염민은 휘하의 한족 장병들로 하여금 흉노, 갈족 등 이민족 모두를 눈에 보이는 대로 죽이게 했다. 수도 업성에서만 무려 20만 명의 흉노, 갈족이 살해당했다. 그는 또 지방에 주둔하던 군단에도 전령을 보내어 주로 지휘관급에 있던 흉노, 갈족을 모두 죽이게 했다. 350년 1월 염민은 석감을 폐위한 후 살해하고, 나라 이름을 위魏로 바꾸었다.

인류의 역사에서 ①제2차 세계대전 중 나치 독일의 유대인 대학살(홀로코스트)과 일본군의 난징대학살, ②제1차 세계대전 시 오스만 터키의 아르메니아인과 앗시리아인(예지디) 대학살, ③1923년 9월 일본 관동 대지진시 조선인 학살 등 전쟁이나 지진과 같은 극단적인 상황이 발생할 경우 일부 지도자들이나 집단이 아노미anomie 상태에 빠져 소수민족 또는 약자들을 대량 학살하는 비극이 종종 일어났다. 한족 염민의 흉노, 갈족 학살도 같은 사례이며, 2009년 7월 신강·위구르 유혈사태 시에도 한족과 위구르족간 민족증오ethno-phobia가 분출되기도 했다.

모용선비족과 저족

모용선비의 전연

염민이 세운 위魏나라, 즉 염위冉魏는 흉노와 갈족을 학살하는 등 극단적인 정치로 세력을 모두 잃고, 수도 업성 주변의 극히 일부분만 확보할 수 있었다. 염민은 모용선비가 세운 전연의 황제 모용준이 파견한 모용각慕容恪에게 패사敗死하기 직전 석기의 부하 유현과 내통하여 석기를 살해했다. 석기는 대학살의 와중에서 살아남은 갈족들과 함께 겨우 양국을 지켜내고 있었다. 염위의 통제력 상실로 화북 전체가 혼란에 빠졌다. 심각한 가뭄에 이은 식량난으로 인해 사람이 사람을 잡아먹는 상황이 되었다. 거듭되는 전쟁과 극도의 기아로 인해 흉포해진 병사들은 석호가 업성에 모아놓은 수천 명의 궁녀들을 겁간하고, 일부는 잡아먹기도 했다.

대기근의 와중에서 석호가 강제로 이주시킨 티베트계 저氐·강羌, 터키계 정령丁零 등이 각기 고향을 찾아 바삐 움직였다. 기근과 전쟁으로 인해 살아남은 자는 10명 중 2~3명에 불과했다. 석호가 억눌러 놓았던 모용선비가 요서로부터 밀고 들어왔다. 모용선비는 모용준慕容儁의 시대에 중원에 쇄도하여 요동과 요서, 하북, 산서, 산동, 하남을 포함하는 대제국을 세웠다.

모용준의 조부인 모용외(慕容廆, 269~333)는 동아시아 사상 최초로 삼림·유목민(선비족, 예맥족 등)을 다스리는 부족적 군사조직과 정주 농민(한족)을 다스리는 관료적 행정조직을 분리한 2원적 통치체제에 기초하여 전연을 세웠다. 모용황과 모용준 등 그의 후계자들도 유목민들은 부족 전통에 따라 군대식으로 다스리고, 농민과 도시민들은 일반 행정제도에 기초하여 다스리는 2원적 제도를 운용했다. 전연 이후의 유목 왕조들은 거의 모두 모용외가 창시한 이원제를 근간으로 하여 제국을 통치했다.

모용선비와 탁발선비를 포함한 선비족은 여러 북방민족들 가운데 동아시아 역사에 가장 긴 그림자를 드리운 민족이다. 동아시아 역사에 있어 선비족은 가히 게르만족이 서양사에서 한 것과 같은 역할을 수행하였다. 선비족은 오환, 거란·해, 지두우, 실위 등과 같이 동호東胡의 한 갈래이다. 선비족은 중원과 하서회랑, 청해, 요하유역에 전연(모용), 후연(모용), 서연(모용), 남연(모용), 토욕혼(모용), 서진(걸복), 남량(독발), 북위(탁발), 동위(탁발), 서위(탁발), 북제(고), 북주(우문), 수(보륙여=양), 당(대야=이) 등 수많은 왕조를 세웠다. 선비족은 북만주 흥안령 자락과 눈강 유역, 동몽골 시라무렌강 유역과 요하 유역에서 수렵과 목축, 조방농업粗放農業을 영위하던 몽골-퉁구스계 부족이다.

선비족은 모두 몽골-퉁구스계이기는 했지만, 시공의 차이에 따라 혈연적 근친성과 풍습을 달리하고 있었다. 이는 같은 퉁구스 계열인 부여, 고구려, 백제, 신라, 고대 일본, 고려, 금, 청 등이 시공의 차이에 따라 성격을 달리하고 있던 것이나 마찬가지이다.

저족의 전진

저족의 수장 포홍은 소당강의 요익중·요양 부자를 물리친 다음 삼진왕三秦王을 칭하고 당시 유행하던 도참설에 따라 성을 부符로 바꾸었다. 부홍의 아들 부건은 자기 부족을 이끌고 원래의 거주지인 관중으로 이동하여 정서대장군征西大將軍 옹주자사雍州刺史를 자칭하였으며, 352년 황제에 즉위하여 전진을 세웠다. 부건이 죽은 뒤 그의 아들 부생苻生이 계승했으나, 폭정을 자행한 끝에 민심을 잃어 재위 3년 만에 사촌 부견(苻堅, 338~385)에게 살해당하고 말았다.

부견은 지모원려智謀遠慮의 인물인 한족 왕맹王猛을 기용하여 전진의 법과 제도를 정비하고, 경제력을 키워나갔다. 부견의 정책기조는 인의仁義와 은신恩信, 두 가지였다. 그는 인의로 대하고 은신으로 회유하면 결국 모든 민족이 하나로 융합될 것이라는 확고한 신념을 갖고 있었다. 부견의 실패는 바로 이와 같은 과도한 이상론에서 비롯되었다. 부견은 왕맹의 도움을 받아 367년 관중에서 발생한 내란을 진압하고, 대대적으로 군사력을 확충하여 동진이 점유하고 있던 형주를 공격했다. 이 무렵 동진東晉과의 방두枋頭 전투의 전공문제를 놓고 숙부 모용평慕容評과 불화에 시달리던 전연 황족 출신 모용수慕容垂 부자가 전진으로 망명해 왔다. 전연을 지탱해오던 태재太宰 모용각이 죽은 후 태부太傅 모용평과 공동으로 집정하던 모용수는 방두 전투의 승리라는 대공을 세웠음에도 불구하고, 시기심 많은 모용평으로부터 생명의 위협을 받아왔었다. 부견은 전연의 숙적 고구려와 동맹을 맺고, 370년 9월 보국장군 왕맹과 유격장군 곽경에게 6만 대군을 주어 전연을 공격하게 했다. 왕맹은 먼저 전연의 군사기지인 산서의 진양(태원)을 점령한 다음, 모용평이 지휘하는 30만 방어군도 격파하고, 태행산맥을 넘어 전연의 업성을 포위했다. 그 해 11월 부견은 왕맹

남북조 시대 ___

南北朝

비수대전

을 지원하기 위해 10만 대군을 거느리고 업성에 도착했다. 이
듬해 봄 업성은 함락되고 황제 모용위慕容暐는 곽경에게 생포
되어 장안으로 압송되었다. 산기시랑散騎侍郞 부여울扶餘蔚이 부
여·고구려·갈족 인질 5백여 명을 거느리고 한밤중에 업성의
북문을 열어 전진 군사들을 맞아들였다. 전진은 373년 한중
과 사천 및 윈난을, 378년에는 한수 유역의 요충지 양양을 점
령하여 동진에게 치명타를 가했다. 이어 탁발선비의 대代, 한
족의 전량前涼, 백항저족 양씨楊氏의 전구지국前仇池國 등을 멸
하고 중원을 통일하였다. 375년 전진을 융성케 한 전략가이
자 재상인 왕맹이 병사하였다. 이후 부견의 이상주의는 궤도
를 이탈하기 시작했다. 동족인 저족의 상당수를 관동으로 보
내고, 모용선비족을 수도 장안이 있는 관중으로 이주시켰다.
380년경 전진은 표면적으로는 동·서 62개국으로부터 조공을
받는 대제국이 되어 있었다. 촉한을 멸망시키고, 오나라 정벌
을 앞둔 서진西晉과 같은 정세가 조성되었다. 부견의 생각으로
는 북 한번 울리면 동진이 무너져 내릴 것만 같았다.

383년 부견은 중원의 정세가 아직 공고하지 않은 상황에서
모용수의 부추김을 받아 호胡·한漢을 망라한 87만의 제족연
합군諸族聯合軍을 이끌고 동진 정벌을 시도했다. 백전백승의 전
진군은 회하의 남쪽 지류인 비수淝水 전투에서 동진 북부군北
府軍 사령관인 유뢰지劉牢之에게 패하고 말았다. 비수전 패전의
영향으로 원정군이 붕괴되자 강, 모용선비, 탁발선비, 독발선
비, 걸복선비, 철불흉노, 정령 등 전진에 강제로 복속당해 있

던 여러 종족들이 모두 독립을 시도했다. 부견에 의해 사방으로 이산離散되어 있던 저족은 이를 도저히 막아낼 수 없었다.

모용선비의 서천西遷 - 토욕혼吐谷渾

저족의 전진은 해체되고, 화북과 요동, 하서회랑, 청해, 내몽골 등지에는 흉노, 저, 강, 선비, 한족, 정령, 부여夫餘 등이 세운 여러 나라들이 흥망성쇠를 거듭했다. 관동에는 후연(모용선비), 산동에는 남연(모용선비), 관중에는 서연(모용선비)과 후진(소당강), 요동에는 후연이 축소된 북연(모용선비+한족), 하서회랑과 청해, 신강에는 후량(저), 서량(한족), 남량(독발선비), 북량(저거흉노), 서진(걸복선비), 오르도스에는 하(철불흉노) 등 크고 작은 나라들이 불꽃처럼 타올랐다가 사그라져 갔다.

모용토욕혼慕容吐谷渾은 전연을 창건한 모용외의 서형庶兄인데, 모용외와 불화한 끝에 따르는 무리 1,700여 호戶를 이끌고 요하 유역에서 내몽골의 음산산맥 부근으로 이주했다가 다시 서남부의 청해靑海까지 옮겨갔다. 모용토욕혼을 따르던 모용선비 부족민들이 옮겨간 거리는 약 8,000㎞나 된다. 가한可汗 자리에 오른 모용토욕혼은 서진시대西晉時代이던 285년 청해호 서쪽에 있는 부사伏俟를 도읍으로 삼아 모용선비족을 중심으로 부근의 강족과 여타 선비족들을 통합하여 유목-농경-상업의 나라 토욕혼吐谷渾을 세웠다. 토욕혼은 중국에는 하남국河南國으로, 티베트에는 아자Azha로 알려졌다. 약 400년간이나 나라를 이어간 토욕혼은 강족, 저족, 독발선비, 걸복선비, 흉노 등 인근 부족들과 싸워가면서 국세를 신장시켜 524년 북위의 대유연對柔然 전진기지인 육진의 군사들이 일으킨 반란 이후 북위가 혼란에 처하자 중원은 물론, 티베트 고원, 하서회랑과 신강으로도 세력을 확대했다. 토욕혼의 전성기는 잠깐이었다. 7세기 초 티베트 고원에 영웅 송찬松贊이 출현하여 토번제국을 세우고, 동북쪽의 청해로 세력을 뻗쳐 토욕혼을 위협하기 시작했다. 663년 송찬 간포우두머리라는 뜻의 티베트어는 토욕혼의 도읍 부사를 함락시키고, 672년에는 남은 땅을 모두 점령하여 이를 멸망시켰다. 최후의 가한 모용락갈발은 청해성 해동海東에서 흩어진 토욕혼 백성들을 모았지만, 다시 토번의 공격을 받고 동쪽으로 도주할 수밖에 없었다. 그는 부족민들을 이끌고 당나라의 영토이던 오르도스 남부의 영주靈州로 이동하여 또 다시 토번에 저항하였으나, 결국 실패하고 말았다.

탁발선비의 북위

탁발선비Tabugachi는 터키-몽골 계통의 성향을 강하게 띠고 있었다. 탁발선비어와 현대 터키어 사이에 상당한 유사성이 발견될 정도이다. 북만주 대흥안령의 알선동 동굴을 고향으로 하는 탁발선비는 1세기 중엽 원래의 거주지를 떠나 동부 내몽골의 호륜·패이大澤 초원을 거쳐 남부 내몽골의 음산陰山 방면으로 이동하였다. 북만주에서 남부 내몽골까지 이동하는 동안 탁발선비는 흉노, 정령, 고차, 유연, 오환 등 터키-몽골계 여러 부족들을 흡수하여 대세력大勢力으로 성장했다. 천녀天女를 어머니로 하여 출생했다는 탁발역미拓拔力微를 수장으로 하는 탁발선비는 3세기 초 남흉노가 살던 내몽골의 후호하오터 부근에 도착했다. 이들은 처음에는 위魏나라, 나중에는 서진西晉의 통치하에 들어갔다. 탁발선비는 농경도 가능한 새로운 환경 속에서 큰 변화를 겪었다.

장기간에 걸쳐 진행된 변화로 말미암아 부족 내부의 권력구조에도 변화가 일어났다. 탁발부는 세습화된 가한可汗을 중심으로 성락盛樂=후호하오터에 수도를 세울 정도가 되었다. 서진은 탁발부를 회유하고자 수장 탁발의로를 대왕代王에 봉함으로써 북부 국경의 안정을 도모하였다. 313년 영가의 난으로 중원이 혼란에 빠지자 탁발부는 이웃한 단선비, 우문선비와 싸우는 한편, 동진과의 주종관계에서 벗어났다. 338년 탁발십익건拓跋什翼犍은 선비족과 철불흉노, 그리고 귀순해온 한족들을 모아 산서성 북부를 중심으로 대代를 세웠다. 대代는 후조에게 패하여 내몽골로 밀려났다가 후조의 멸망 후 어느 정도 세력을 회복했다. 그러나 곧 부견이 파견한 전진군前秦軍에게 멸망당하고 말았다. 376년 고비사막으로 도주하던 탁발십익건도 부하에게 시해弑害되고 말았다. 북위를 세우게 되는 탁발십익건의 손자 탁발규(拓跋珪, 371~409)는 이때 6세에 불과한 아이로 전진군의 포로가 되었다. 탁발선비는 비수전淝水戰 이후 초원으로 돌아온 기린아 탁발규를 중심으로 불꽃처럼 다시 일어났다.

탁발규는 16세 때인 386년 외가인 하란부賀蘭部의 도움을 받아 대代를 부흥하여 대왕代王이라 칭했다. 그는 모용수가 세운 후연後燕의 지원을 확보하여 경쟁자인 탁발굴돌과 유현을 죽이고 탁발부를 통일한 다음 유위진을 수령으로 하는 오르도스의 철불흉노 세력도 격파하여 나라의 기초를 세웠다. 그는 26세 때인 396년 국호를 위魏로 고치고 황제를 칭했으며, 모용수의 사후死後 아들, 손자, 중신들 간 극단의 내분에 빠진 후연을 격파하여 요하유역으로 축출했다. 북위는 그의 손자인 태무제 탁발도 시대에 철불흉노가 세운 오르도스의 혁련하赫連夏, 감숙성 무도武都에 자리한 백항저족白項氐族의 후구지後仇池, 하서회랑의 북량, 요동의 북연北燕을 멸하고 화북을 통일했다. 태무제는 외몽골의 오르콘강까지 여러 번 출정하여 유연柔然을 격파함으로써 북쪽 국경도 안정시켰으며, 남송 세력을 회하 이남으로 몰아내었다. 태무제 이후 북위는 안정기에 들어섰다. 그러나 지배민족인 선비족과 피지배 민족인 한족간의 갈등 해소라는 해묵은 과제는 그대로 안고 있었다.

북연北燕 출신인 풍태후馮太后의 후원을 받아 즉위한 효문제孝文帝 탁발굉拓拔宏은 선비족과 한족간 갈등을 해소하기 위해 북위의 문명화, 즉 선비족의 한화漢化를 적극 추진했다. 493년 효문제는 풍태후의 간섭도 피할 겸 수도를 산서성 북부의 평성平城=진양에서 하남성 낙양으로 옮겼다. 그는 조정에서 선비어를 사용하는 것을 금지하고, 호·한 모든 가문의 격格을 정하는 성족상정姓族詳定 조치를 취했다. 청하(박릉) 최씨, 형양 정씨, 태원 왕씨, 범양 노씨 등 한족 가문과 함께 목穆, 육陸, 하賀, 유劉, 누樓, 우于, 혜嵇, 울蔚 등 8개 호족胡族 가문이 최고 귀족으로 결정되었다. 여타 호족들은 높은 자를 성姓, 낮은 자를 족族으로 구분했다. 황실성 탁발拓拔을 「원元」이라는 한족식 성姓으로 바꾸었다. 목표는 호한통합을 통한 국력증강과 이를 바탕으로 한 천하 통일이었으나, 개혁의 속도가 지나치게 빨랐다. 효문제의 급진적인 한화정책은 선비귀족鮮卑貴族들의 반감을 샀다. 낙양으로 수도를 옮긴지 불과 2년 뒤인 495년 태자가 연루된 목태穆泰의 반란이 일어났다. 효문제와 고구려 출신 문소황후 고씨高氏 사이에서 태어난 선무제 탁발각의 통치를 정점으로 탁발선비제국에 황혼이 짙게 드리우기 시작했다.

선비족이 중원을 제패한 후 나라를 통치하는 방법을 놓고 벌였던 갈등은 결국 중원과 내몽골을 극도의 혼란으로 몰고 갔다. 524년 북위 최초의 근거지인 내몽골 성락盛樂 근처에 위치한 6개의 군사기지 가운데 하나인 옥야진沃野鎭의 병사 파락한발릉破落汗拔陵의 선동으로 시작된 이른바 육진六鎭의 난이 일어났다. 육진의 난은 북위의 멸망을 알리는 조종弔鐘이 되었다. 반란을 일으킨 △육진의 진민鎭民, △북위 관군, △이주영爾朱榮이 이끄는 흉노의 별종別種인 산서성 태원太原의 계호稽胡, △유연군柔然軍, △진경지의 양梁나라군 등이 뒤엉켜 혼란을 자아낸 끝에 북위는 결국 동위東魏와 서위西魏로 분열되었다. 동위는 하북성 업鄴을 수도로 하는 고씨高氏의 북제, 서위는 장안을 수도로 하는 우문씨宇文氏의 북주의 그림자에 지나지 않았다.

육진의 하나인 회삭진懷朔鎭 출신인 고환(高歡, 496~547)이 세운 북제北齊는 선비족, 돌궐족, 한족, 서역인들이 뒤섞인 나라였다. 돌궐계 곡률씨斛律氏는 북제 군부에 강력한 영향력을 갖고 있었다. 대장군 곡률금斛律金은 한문에도 상당한 소양이 있어 선비족과 돌궐족 사이에서 불려오던 노래를 한시로 번역하기도 했다. 곡률금이 한역漢譯한 돌궐노래 칙륵가敕勒歌를 소개한다. 칙륵가는 북제가 얼마나 다양한 종족들로 구성되었는지를 말해주는 대표적인 사례이다.

勅勒川 陰山下

돌궐강 음산아래

天似穹廬 籠蓋四野

하늘은 마치 천막처럼 사방의 들판을 덮고

天蒼蒼　野茫茫

하늘은 푸른 듯 높고 들판은 끝이 없이 넓네

風吹草低 見牛羊

바람 불어 풀들이 고개 숙이는데 저 멀리 소떼, 양떼가 보이네

남조·북조

우문태와 북주

외몽골의 유연柔然을 막기 위해 내몽골에 설치한 군사기지인 육진 가운데 하나인 무천진武川鎭 출신의 장군 하발악賀拔岳은 북위 말 관중에서 일어난 반란을 진압하기 위해 계호稽胡 출신의 실력자 이주천광爾朱天光의 부장으로 관중에 부임하게 되었다. 나중 북주를 세우게 되는 우문태(宇文泰, 505~556)를 비롯한 무천진 출신 인사들은 대부분 하발악을 따라 종군했다. 그들이 관중반란 토벌에 참가한 것이 서위西魏→북주北周→수隋→당唐으로 이어지는 지배그룹인 관롱집단關隴集團 탄생의 기원이 되었다. 하발악이 후막진열侯莫陳悅에게 살해당한 후

오르도스를 다스리는 하주자사夏州刺史로 있던 우문태는 후막진열을 타도하고, 스스로 새로운 질서를 만들어 내기로 결심했다.

우문태는 543년 동위군東魏軍과의 낙양 북망산北邙山 전투에서 패배한 이후, 동위에 비해 턱없이 부족한 선비족 병력을 보충하기 위해서는 한족 장정들을 징집할 수밖에 없다고 판단했다. 그는 8주국柱國 12대장군제大將軍制를 중심으로 그 아래에 의동부儀同府를 두어 한족 장정의 징집을 담당하게 했다. 우문태는 새 귀족인 공신집단으로 하여금 부병을 장악하게 했다. 새 귀족의 제1위는 주국柱國이라 불리는 8명의 고관들이었다. 우문태는 총사령관이며, 서위 황족 원흔元欣은 병권을 제한받아 나머지 6명만이 직접 군대를 이끌었다. 우문태와 원흔을 제외한 다른 6주국 아래에 12대장군을 두어 각 2군씩 거느리게 하고, 그 아래에 24명의 개부의동삼사開府儀同三司를 두어 각기 1군씩 관장케 하였다. 부병제는 선비족 출신 고급장교들이 한족 출신 하급장교와 병사들을 지휘하는 체제였다. 그러나 시간이 지나가면서 다수인 한족 출신 장병들의 영향력이 커져 갔다. 결국에는 주국柱國 대야호大野虎의 손자 당고조唐高祖 이연이나 대장군 보륙여충普六茹忠의 아들 수문제隋文帝 양견도 한족 출신 장병들의 환심을 사기 위해 선비족 출신임을 부인하게까지 되었다.

우문태는 동아시아 역사에 있어서 매우 특별한 인물이다. 그가 태동시킨 호한체제胡漢體制가 당제국을 탄생시키고, 중국문화의 동아시아화를 가능하게 했기 때문이다. 그는 세상의 흐름을 볼 줄 아는 이른바 선비족의 제갈량이었다. 그는 서위를 이은 북주가 동위를 계승한 북제를 병합하고, 수나라가 강남의 진陳을 멸하여 천하를 통일하며, 당나라가 세계제국으로 발전해 나갈 수 있는 기초를 닦았다. 그는 이吏, 호戶, 예禮, 병兵, 형刑, 공工의 6부제를 만들었다. 6부제는 중국의 역대 왕조는 물론, 한국과 일본, 베트남 등 인근 국가들에 의해 채택되어 1,000년 이상 지속되었다. 그는 지난 1,000년간 내려오던 악습인 궁형을 폐지하였다. 우문태는 군사측면에서도 크게 활약하여 소규모 군대를 갖고도 동위東魏의 실력자 고환高歡의 대공세를 잘 막아내고, 강남의 양梁으로부터 파촉巴蜀과 한수유역漢水流域의 양양을 빼앗았으며, 형주의 강릉江陵을 중심으로 괴뢰국가 후량後梁을 세우는 등 서위西魏의 국력을 크게 신장시켰다.

우문태는 청와대의 2009년 신년화두인 「부위정경扶危定傾」의 주인공이기도 하다. 「부위정경」은 중국 역사서인 『주서周書』에 나오는 「부위정경扶危定傾, 위권진주威權震主」에서 나온 말로 "위기를 맞아 잘못됨을 바로잡고 나라를 바로 세워, 위엄과 권위가 황제를 떨게 했다."는 뜻인데, 우문태의 활약과 정치적 위상을 제대로 표현한 어구이다. 우문태는 창업을 위해 20여 년간 혼신의 노력을 다하던 중 성과를 눈앞에 둔 556년 52세의 나이로 사망했다. 우문태는 3남인 15세의 우문각宇文覺을 후계자로 지명하고, 우문씨 집안의 최연장자인 조카 우문호宇文護에게 후사를 당부했다. 민족 융합의 호한체제로 가는 길을 닦고, 동아시아 국가들에서 1,500년이나 지속된 6부 제도를 도입했다는 점에서 우문태를 10대 위인에 포함시키고자 한다.

우문호는 정권을 인수받은 지 불과 2개월 후 서위의 공제로 하여금 우문각에게 선위하게 하여 북주北周를 개국했다. 우문호는 16년간이나 군림했다. 그는 효민제 우문각과 명제 우문육 등 황제를 세우기도 하고, 죽이기도 한 북주 제1의 권력자였다. 우문호는 572년 사촌동생인 무제武帝 우문옹宇文邕에게 살해당할 때까지 권력을 자신에게 집중시켜 나갔다. 그가 권력 집중을 시도한 것은 우문태가 만들어낸 집단지도체제로는 국가의 지속적인 발전이 불가능하다는 것을 깨달았기 때문이었다. 우문호의 발호跋扈하게 은인자중하던 무제는 우문호를 기습하여 죽이고, 그로부터 권력을 물려받아 북제를 멸하여 중원을 통일하는 데 성공했다.

북제의 패착

선비족을 비롯한 북족北族의 수가 더 많고 군사력과 경제력도 강했던 북제가 북주에게 멸망당한 가장 큰 이유는 지배민족인 선비 귀족과 피지배민족인 한족 귀족 간 융합을 이루어 내지 못했기 때문이었다. 북제 조정은 △선비족 공신들과 △한족 사대부 및 △신흥 관료간 권력투쟁의 무대였다. 황실은 권신들을 경계하여 그들로부터 권력을 빼앗는 일에 모든 힘을 쏟았다. 서역 출신 상인인 화사개和士開를 대표로 하는 신흥관료들의 권력이 강화되고, 이들이 전횡을 하게 됨에 따라 북제 조정은 극도의 난맥상을 보이게 되었다. 선비족 장군들의 화사개에 대한 불만은 결국 정변으로 이어졌으며, 화사개는 살해되고 그의 일당은 참살 당했다. 그러나 한족 사대부들은 살아남은 신흥관료들과 함께 선비족 장군들에게 반격을 가하여 571년 군부를 장악하고 있던 명장 곡률광(斛律光, 515~571)을 암살하고, 그의 일족을 몰살시켰다. 북제 군부의 구심점을 이루던 곡률광의 죽음은 사실상 북제의 종말을 의미했다.

국가통합의 비전을 제시한 우문씨의 북주는 흥하고, 권력조작에만 몰두한 고씨의 북제는 멸망했다. △중국의 부상, △미국의 상대적 약화, △민주당으로의 정권교체로 상징되는 일본의 정치·경제·사회적 흐름의 급변, △북한의 붕괴 가능성 등 세계와 동북아 정세가 근본적으로 변하고 있는 등 불확실성으로 가득한 상황에서는 특히 변화에 적극적으로 대응하는 것이 필요하다.

박정희, 등소평, 이광요와 같은 뛰어난 지도자가 국가 비전을 제시한 한국, 중국 싱가포르는 발전한 반면, 지도자들이 내부 권력에만 집착해온 북한 등은 지독한 가난은 물론, 부패와 압제 등으로 인해 인간이 살 수 없는 나라가 되었다. 지도자의 역할은 예나 지금이나 한 나라의 발전에 결정적으로 중요한 것이다.

573년 강남의 진나라가 양자강 이북의 회하유역으로 진출하여 강회江淮지방을 탈취했는데도 이미 약체화 될 대로 약체화된 북제군은 이를 회복할 수조차 없었다. 576년 무제 우문옹이 직접 지휘하는 북주군은 북제의 군사요충지인 산서의 진양(태원)으로 쳐들어왔다. 북제의 황제 고위高緯는 총비 풍소련馮小憐과 함께 전선에 나아가 독전督戰했다. 북제군은 선전했으나 고위와 같은 형편없는 군주 아래에서는 계속 전쟁을 치를 수 없었다. 북제군은 대패하여 진양을 잃었다. 고위는 일패도지一敗塗地한 군대를 내버려두고 태행산맥을 넘어 수도 업성으로 도주했다. 고위는 이제 겨우 8세 된 아들 고항高恒에게 제위를 물려주고, 577년 1월 북주군을 피하여 풍소련을 대동하고 산동의 청주로 도주했으나, 얼마 가지 못해 생포되어 처형당하고 말았다. 북제가 멸망당한 것은 황실의 끝임 없는 권력조작 노름과 함께 역대 황제들의 단명短命과 음학淫虐이 원인이었다. 황실이 권위를 잃어버린 것이다. 무성제 고담高湛과 그의 아들인 고위 시대에 이르러 황실의 문란은 일반 백성들에게 조차 널리 알려질 정도였다. 무성제의 아내 호씨胡氏는 신하인 화사개와 놀아나고, 무성제 자신은 형인 문선제 고양高洋의 황후 이조아李祖娥를 강제로 범하는 등 목불인견目不忍見의 추태를 보였다. 북제 고씨高氏 황실이 한족이 아니라 선비족이라는 것을 증명하는 하나의 예이다. 북주로 끌려간 풍소련은 무제의 동생인 대왕代王 우문달宇文達에게 하사되었다가 우문달이 수문제 양견에게 살해당하고 난 다음에는 우문달의 처남인 이순

李詢에게 주어졌다. 고위의 어머니 호씨胡氏와 아내 목씨穆氏는 장안으로 끌려가 유곽遊廓의 여인이 되었다.

남조의 황혼

4세기 초에 일어난 영가의 난 이후 호족에게 중원을 빼앗긴 한족 사대부들은 양자강 하류의 양주와 중류의 형주 방면으로 남하했다. 남하한 인구는 중원 인구의 약 1/8로 90만 명에 달했다. 산동의 낭야 왕씨王氏와 서주의 진군 사씨謝氏 등 일종의 화교華僑라 할 수 있는 교인僑人들이 주씨朱氏, 육씨陸氏, 고씨顧氏, 장씨張氏 등 토착호족들과 함께 동진을 건국하였다. 이들은 동진을 이은 송·제·양·진 시대에도 주력으로 남았다. 남조의 역대 왕조들은 황무지 개간에 주력하였으며, 이는 소수민족들을 더 이상 원거주지에서 살아갈 수 없게 만들었다. 원거주지에서 이탈한 소수민족들은 좌군左郡이라는 특수한 지방행정제도에 편입되었다. 이러한 상황에서 원거주지에 쫓겨난 산월山越, 파巴, 요獠 등 소수민족들은 끊임없이 저항했다. 남조 최후의 왕조 진陳의 건국은 토호土豪와 장군들이 주도하였는데, 이들의 원류는 바로 소수민족들이었다. 동진의 태위太尉를 역임하였으며, 시인 도연명의 증조부이기도 한 도간陶侃도 소수민족 출신이었다.

남조南朝 최초의 왕조인 동진은 비수에서 전진의 남하를 저지하여 한문명漢文明을 유지, 발전시키는 역사적 사명을 다한 후

나무꾼 출신 유유(劉裕, 363~422)가 세운 송宋에게 자리를 넘겨주었다. 동진의 북부군北府軍 출신인 유유는 410년 모용 선비족 모용덕이 산동의 광고를 중심으로 세운 남연南燕, 413년 한족 초종이 사천에 세운 촉蜀, 417년 소당강족 요장과 요흥이 관중을 중심으로 세운 후진을 멸하는 등 혁혁한 전공을 바탕으로 420년 동진 정권을 찬탈할 수 있었다. 송은 서한 재상 소하蕭何의 자손이라는 소도성蕭道成의 제齊에게, 제는 친척인 소연蕭衍의 양梁에게 멸망당하고, 역사의 뒤안길로 사라졌다. 송나라에는 전폐제前廢帝 유자업劉子業이나 그의 친누나인 산음공주山陰公主 유초옥劉楚玉과 같은 패륜아들도 나타났다. 청년 황제 유자업은 몇 천 명의 궁녀를 두는 것으로도 모자라서 자신의 친고모인 신채공주新蔡公主를 후궁으로 끌어들이고, 친누나 유초옥과도 거리낌 없이 동침하였다. 유초옥은 유자업에게 부탁하여 30명의 남총男寵까지 거느렸다. 송宋과 제齊, 두 왕조는 황족들의 도를 넘은 음란에다가 골육상쟁 등 부정적인 면은 모두 갖고 있었다. 송의 효무제孝武帝와 명제明帝 및 제齊의 명제明帝는 황위를 위협할 가능성이 있는 황실 인물들은 거의 모두 살해했다.

제나라를 멸하고, 양梁나라를 세운 무제武帝 소연의 초반기 치세는 대단히 좋았다. 그러나 그의 통치도 후반기로 가면서 난숙기를 넘어 퇴락하기 시작하였다. 빈부격차가 지나치게 커지면서 황족과 귀족들에 대해 적개심을 품은 백성들이 늘어만 갔다. 동위東魏의 하남태수로 실력자 고징高澄에 대항하여 반란을 일으켰다가 패한 끝에 양나라로 망명한 후경候景이 무제에 대해 반란을 일으키자 수도 건강 부근에서만 10여만 명이 동조했을 정도였다. 후경은 소씨蕭氏 황족들이 서로 견제하는 틈을 이용하여 건강성을 함락하고, 무제를 유폐했다. 그는 무제를 계승한 간문제簡文帝를 살해했으며, 예장왕 소동蕭棟을 옹립하였다가 폐하고, 스스로 즉위하여 한漢을 세웠다. 그러나 후경이 세운 한漢은 광동에서 봉기한 진패선陳覇先에게 곧 멸망당하고, 후경 자신도 부하에게 살해당하고 말았다. 혼란의 과정에서 형주의 강릉이 후량後梁으로 독립해 나갔다. 557년 진패선은 자기가 옹립했던 경제敬帝로부터 선양禪讓받아 진陳나라를 세웠다.

동진東晉-송宋-제齊-양梁-진陳으로 이어진 남조南朝는 문벌귀족사회로 북조에 비해 문화와 경제력은 월등했으나, 정치체제의 효율성은 떨어지고 군사력은 보잘 것이 없었다. 군사력의 차이는 남·북 간 인구수의 차이도 차이이지만, 선비족이 지배하는 북방과 한족이 주력을 이룬 남방 간 전투력의 차이가 더 큰 원인이었다. 조직력과 기동력이 뛰어난 북방의 기병에게 남방의 보병은 상대가 될 수 없었던 것이다. 취약한 군사력과 함께 갖은 타락墮落과 퇴영退嬰속에서도 남조 왕조들이 상당기간 유지될 수 있었던 것은 유연柔然, 돌궐突厥, 고구려와 같은 북방세력들이 북조 왕조들의 배후를 위협하고 있었고, 북조 역시 6진의 난 이후 오랫동안 분열되어 있었기 때문이었다.

수·당

북주 무제 우문옹의 후계자인 20세의 청년 황제 선제宣帝 우
문윤宇文贇은 사이코 사디스트psycho-sadist였다. 우문윤은 재위
채 1년도 안 된 579년 황위를 유소년 태자 정제靜帝 우문천宇文
闡에게 물려주고 스스로 퇴위하고 말았다. 그가 퇴위한 진짜
이유는 향락에만 전념하기 위해서였다 한다. 선제의 재위기간
동안 북주의 국정은 문란해질 대로 문란해져 황족인 우문씨
의 세력은 약화되고, 외척인 수국공隨國公 양견楊堅 일가의 영
향력은 크게 강화되었다. 580년 선제가 사망하자 양견은 외척
으로 외손자인 정제靜帝를 보좌하여 실권을 장악했다. 유방劉
昉과 정역鄭譯을 포함한 관중 출신 호족豪族들이 선제의 유조遺
詔라고 속이고 양견을 승상으로 밀어 올렸다. 이에 따라, 양견
은 북주의 군권을 장악하고 백관을 통솔하게 되었다. 북주 조
정은 양견 찬성파와 반대파로 갈렸다. 양견이 반대파에 대한
대대적인 숙청을 시작한 580년 우문씨의 인척인 원훈元勳 울
지형尉遲迥이 북제의 도읍이었던 하북의 업鄴에서 군사를 일으
켰다. 호북 총관 사마소난司馬消難과 사천 총관 왕겸王謙 등 유력
자들이 이에 동조하는 등 한때 나라의 절반이 울지형의 봉기
에 가담했다. 그러나 주모자 울지형은 고전 끝에 같은 해 9월
위숙유(위효관)가 지휘하는 토벌군에게 패배하고 자결하였다.

수나라

양견은 그 해 12월 수왕隨王에 책봉되었다. 반대파를 모두 숙청한 양견은 581년 선양의 형식으로 제위에 올랐다. 그는 수隨에서 급히 사라지는 것을 의미하는 「착辶」을 빼고, 새로 만든 글자 「수隋」를 국호로 정했다. 문제文帝 양견은 우문씨의 부흥을 두려워한 나머지 쫓아낸 소년황제 정제를 죽이고, 여타 우문씨 일족도 이 잡듯이 뒤져 모조리 죽였다. 양견의 잔악한 행위는 무천진 출신 동료들에게 염치없는 짓으로 비춰졌다. 우문씨는 인맥과 혼맥으로 중첩된 무천진 군벌의 중핵이었다. 무천진 출신으로 북주 황실과 인척관계에 있는 대신과 장군들이 많았다. 양견은 그들을 필요 이상으로 살육했다. 그 결과 양견과 그의 일족은 무천진 출신 주국柱國과 대장군 집단으로부터 고립되어 갔다. 나중 당고조唐高祖가 된 이연李淵의 처 두씨竇氏는 어릴 적 외삼촌인 무제 우문옹에 의해 양육되었는데, 문제가 우문씨 황족들을 학살하고 있다는 소식을 듣고, 침대에 엎드려 "여자로 태어나 외삼촌 집안을 구해주지 못해 한스럽다."고 통곡했을 정도였다.

문제 양견은 무천진 그룹을 대신할 새로운 지지 세력을 만들기 위해 중앙관제와 지방행정제도를 개혁하고, 과거제도를 도입했다. 노예를 제외한 모든 계층의 사람들에게 과거의 문이 활짝 열렸다. 평민도 과거를 볼 수 있었던 것이 우리나라의 과

거제도와 다른 점이다. 과거제도의 도입은 시험성적에 의한 관리채용을 가능하게 함으로써 문벌의 약화와 함께 황제 권력의 강화를 가져왔다. 또한 그는 율(형법)·령(행정법)·격(행정명령)·식(시행세칙)을 다듬었으며, 균전제에 기초한 군사제도인 부병제와 조租·용庸·조調라는 세稅·역役 체계, 인보隣保 등의 촌락행정체계를 발전시켰다. 문제의 개혁으로 수나라의 재정은 풍족해지고, 군사력은 한층 더 강해졌다. 문제는 585년경 북방의 강국 돌궐을 신종臣從시켰으며, 587년 9월에는 양자강 중류의 강릉을 도읍으로 하는 위성국衛星國 후량後梁을 병합했다. 그 이듬해에는 둘째 아들 양광楊廣과 대장군 양소楊素 등에게 52만의 대군을 주어 강남의 진陳나라를 정벌하게 했다. 589년 수나라군은 큰 저항을 받지 않고 진나라의 수도 건강에 입성했다. 진나라 정복전쟁시 수나라군은 수륙水陸 여러 갈래로 동시에 진공해 들어가는 전략을 취하였다. 수나라군은 삼국시대 서진西晉이 동오東吳를 평정할 때와는 달리 양자강 하류로 직공한 부대가 상류에서 내려온 부대가 합류하기 전에 진나라의 허술한 틈을 타 곧바로 건강에 들이닥쳐 신속히 전쟁을 끝냈다.

이로써 184년 황건군의 봉기로 분열된 지 무려 400년 만에 중국이 다시 통일되었다. 597년 문제는 장군 사만세史萬歲를 운남에 보내 한족 혼혈인 찬씨爨氏의 왕국을 토멸하게 했다. 601년 서돌궐의 가한可汗 타르두가 대군을 일으켜 수도 장안을 위협했으나, 동·서돌궐 여러 부족들 간 이간작전離間作戰에 성공한 수나라의 장군 장손성長孫晟의 활약으로 격퇴되었다. 서돌궐은 603년 철륵부의 반란을 계기로 분열되었으며, 타르두는 근거지를 모두 잃고 청해靑海 지역으로 도주하였다.

여·수 16년 전쟁

수나라는 400년 만에 중국을 통일했지만, 진나라가 그랬듯이 현명하지 못한 양제煬帝 양광으로 인해 개국 37년 만에 문을 닫고 말았다. 편집증적인 성격의 양제가 △대운하 굴착, △대규모 궁전 조영과 함께 △끝내 실패하고만 고구려 침공 등에 나라가 가진 모든 힘을 쏟아 부었던 것이다.

수나라의 고구려 정벌에는 수나라군 뿐만 아니라 돌궐, 거란, 물길, 고창 등 인근 지역의 나라들도 동원되었다. 수나라의 제2차 고구려 침공시 수나라 원정군의 규모는 우문술宇文述이 지휘하는 좌군 52만 8천 명, 우중문于仲文이 지휘하는 우군 52만 8천 명, 양제가 스스로 인솔하는 중군 26만 4천 명 등 총 132만 명에 달했다. 수나라 육군이 집결지인 오늘날의 북경 근방인 탁군에서 모두 출발하는 데에는 총 40일이 걸렸으며, 행군 길이는 서울과 부산 간 거리인 약 430㎞에 이르렀다. 수나라가 진나라를 치는데 동원한 병력은 52만 명이었으나, 고구려를 치는 데는 그 두 배가 넘는 120만 명을 동원했다. 수나라는 고구려 정벌을 위해 그야말로 국가의 역량을 총동원했던 것이다.

그러면 수나라는 왜 고구려 정벌에 국운을 걸었을까? 이는 다음 세 가지가 원인이었던 것으로 분석된다.

첫째, 양제 등 수나라 지도부의 팽창욕망이었다. 선비족 군벌 국가인 수나라는 끊임없이 전쟁을 해야 하는 정복국가였다. 앞에서 설명했듯이 수나라는 선비족과 돌궐족 등 북방민족이 한족을 정복하고, 한족에 동화되어assimilated 만들어진 나라였다. 4세기 초 영가의 난 이후 이들 북방민족 지도부는 589년 한족의 진나라를 멸망시켜 중국을 통일할 때까지 약 250년 동안 계속된 내전과 유연과 돌궐의 위협으로 인해 밖으로 팽창해 나갈 수 없었다. 이제 통일은 달성되고, 유연과 돌궐은 무릎을 꿇었으며, 급증한 인구로 인해 힘은 넘쳐났다. 이제 남은 것은 요하 유역 이동의 고구려밖에 없었다. 고구려를 멸망시켜야 진정한 천하통일을 달성할 수 있다고 생각했을 것이다.

당시 고구려인들은 미천왕美川王, 광개토왕, 장수왕 등의 영토 확장과 국가체제의 개혁으로 강력한 국가를 갖게 되어 사해四海, 천손天孫, 천문도天文圖로 상징되는 독자적인 세계관과 문명관을 갖고 있었다. 고구려는 또한 백제, 신라, 거란·해, 지두우, 물길, 두막루, 실위 등의 행성들planets을 거느린 항성으로 자부하고 있었다. 수나라는 중국 이외에 별도의 문명세계가 요하유역에 계속 남아있는 것을 허용할 수 없었다.

둘째, 수나라군은 북위군→서위군→북주군의 전통을 이은

무적의 강군强軍으로 그 동안 북제를 멸망시키고(577년), 북방의 강적 돌궐의 무릎을 꿇렸으며(584년), 강남의 진나라를 정복하고(589년), 청해에 자리 잡은 모용선비의 나라 토욕혼을 굴복시켰다(609년). 수나라군은 선비족 육군과 강남 한족의 수군을 통합하여 명실 공히 전략군으로 발전해 있었다. 여러 차례의 힘든 전쟁을 치르면서 수나라군은 야전과 공성전, 해군을 동원한 합동작전 등을 모두 성공적으로 수행하여 자신감이 넘치고 있었다. 여기에다가, 돌궐과 토욕혼의 굴복으로 수나라의 배후는 비교적 안전하였던 반면, 고구려는 평원왕대의 적극적인 남진정책으로 적대관계에 들어간 백제와 신라에게 배후를 찔릴 가능성이 있는 상황이었다.

셋째, 국내정치적, 지정학적·경제적 이유도 작용하였다. 북주 찬탈, 진나라 정복, 돌궐 정벌 등의 과정에서 수많은 공신들이 탄생하였다. 이들에게 땅을 배분하기 위해서는 후환이 될 가능성이 있는 국내 보다는 고구려와 같이 땅이 비교적 넓고, 개발도 잘 된 나라를 점령하는 것이 필요했다. 그리고 고구려를 정복하면, 한강 이남의 백제나 신라는 수나라 대군의 공세 앞에 단 1개월도 버티어 낼 수 없을 것이기 때문에 고구려 장악은 곧 요하 이동에 위치한 만주와 한반도를 모두 장악하는 것을 의미했다.

고구려는 요녕성 영주營州를 무대로 농경민족과 유목민족간 중개무역을 담당하고 있었다. 당시 고구려는 대동강-한강 유역과 요하 유역의 농산물과 북만주 평원의 각종 자원에서 나

오는 상당한 경제력을 배경으로 대군을 보유한 동아시아 제2
의 강대국이었다. 대릉하 중상류에 위치한 영주는 1,300년 전
까지 국제교역의 중심지였다. 수나라 지도부로서는 고구려, 돌
궐, 거란, 백제, 신라, 왜, 동남아의 물산이 거래되는 영주가
탐이 났을 것이다. 영주는 또한 흑룡강의 지류인 송화강을 거
쳐 본류에 위치한 북방 퉁구스계 물길로 가는 군사적 요충이
기도 했다. 화북지역의 역대 왕조들은 요서지역을 매우 중시
했는데, 이는 영주의 지정학적, 경제적 위상 때문이었다. 영주
(요양)가 얼마나 중요한 지역이었는지는 거란이 세운 거대한
탑이 말해주고 있다.

수나라의 대고구려전對高句麗戰은 총 16년에 걸친 장기전이었
고, 전쟁 규모는 세계대전을 방불케 할 정도였다. 일찍이 동아
시아에서 이와 같은 대규모 전쟁은 여태껏 없었다. 고구려는
영주를 근거로 일정한 세력을 유지하고 있던 북제의 유장遺將
고보녕을 지원하여 수나라의 세력 확장을 견제하였으며, 거란
병으로 하여금 요서와 산서성 북부, 내몽골 동남부를 습격하
게 하기도 했다.

양제가 고구려 정벌에 몰두하고, 대운하 공사를 감행하는 동
안 문제의 재위 기간 동안 억눌러 놓았던 돌궐과 토번이 고개
를 들기 시작했다. 양제는 재위 10년 동안 고구려 정벌, 항주
에서 북경까지 1,500㎞에 달하는 대운하 건설 공사, 강남 양
주揚州의 미루迷樓 건설 등으로 국고를 탕진했다. 말년의 양제
는 나라를 더 빨리 망하게 하기위해 기를 쓰고 있었다. 양제

는 618년 양주에서 최측근 우문술의 아들들인 우문화급宇文化 及과 우문지급宇文智及이 주도한 쿠데타를 당해 친위대 장교들 에게 교살당했다.

당나라

이연李淵은 618년 당나라를 세웠다. 양제의 인척이기도 한 이 연은 아들들인 건성, 세민, 원길과 딸 평양공주 등과 함께 이 밀李密, 두건덕竇建德, 왕세충王世充, 소선蕭銑, 유무주劉武周 등의 강력한 경쟁자들을 물리치고, 10여년에 걸친 피비린내 나는 축록전에서 승리했다. 이연이 축록전을 승리로 이끈 이유는 다음과 같다. 첫째, 근거지이던 산서성 북부의 태원에서 섬서 성의 장안을 곧바로 공격했다는 것이다. 이는 전술·전략적으 로 올바른 선택이었다.

장안 탈취는 「관중에 들어앉아 지형의 험준함을 이용하여 세력을 키우고, 물고기를 낚듯이 정권을 공고히 하다가 기회 를 엿보아 천하를 통일한다.」는 전략의 첫 번째 발자국이었 다. 태원은 5대 10국 시대 북한北漢의 수도가 되는 곳으로 할 거하기는 쉬운 땅이지만, 천하의 패권을 장악할 수 있는 거점 은 될 수 없는 곳이었다. 둘째, 지도자 이연은 포용력이 큰 인물이었다. 이연의 포용력은 당시 최대의 세력을 갖고 있던 이밀李密의 경계를 피해 장안에 입성하는 데에도 큰 도움이 되었다. 셋째, 이밀과 왕세충 등 경쟁자들이 낙양 근처의 식량창고에 지나치게 집착했다는 것이다. 그들은 소리小利에 어두워 대국大局을 보지 못했다. 이로 인해 이연은 우수한 인적자원이 집중되어 있던 관중을 쉽게 장악할 수 있었다. 내전 과정에서 주로 수비하는 전쟁을 지휘했던 이건성과 공격하는 전쟁을 주도했던 이세민 간 형제갈등의 씨앗이 자라나고 있었다.

당시를 살던 사대부들은 수백~수천만 명이 죽어나가는 피비린내가 가시지 않는 내전을 겪어야 했다. 그들은 눈앞에서 수많은 아이와 여자들이 비참하게 죽어나가고, 지독한 기근으로 인해 인육까지 먹어야 했던 10년간의 전쟁을 겪었다. 수나라 말기에도 이미 내란이 벌어지고 있었다. 피안으로 도피하고자 하는 심정이 드러난 수말~당초의 시인 왕적(王績, 590~644)의 「야망野望」이라는 오언절구五言絶句를 소개한다.

東皐薄暮望	해 넘어갈 무렵 동쪽 언덕을 바라보며
徙倚欲何依	어디로 헤매며 살 곳을 찾을 것인가?
樹樹皆秋色	나무마다 가을빛이 물들고
山山唯落暉	봉우리마다 노을이 짙구나
牧人驅犢返	목동은 송아지를 몰고 돌아오고
獵馬帶禽歸	사냥꾼은 잡은 새를 차고 말을 달린다
相顧無相識	둘러보아도 아는 사람 없으니
長歌懷采薇	길게 노래 부르며 고사리 캔 이들을 그린다

626년 7월 피비린내가 진동한 현무문玄武門의 쿠데타를 통해 형 이건성과의 황위 계승전쟁을 승리로 이끈 태종 이세민李世民은 이정李靖을 기용하여 재기한 돌궐을 격파했다. 태종은 이후 북방 유목민족들에 의해 천가한天可汗으로 추대되었다. 태종은 유목과 농경 두 개의 세계를 망라한 통합수장의 자리에 오른 것이다. 혈연적으로는 선비, 문화적으로는 한족인 태종이 황제와 천가한을 겸한 것은 의미심장한 일이었다. 당나라는 고종高宗 시대에 한반도 동남에 자리 잡은 신라와 연합하여 백제-왜 연합세력을 격파하고, 고구려도 멸망시켰다. 돌궐과 고구려를 멸망시킨 당나라는 신흥강국 토번吐蕃을 하서회랑에서 축출하고, 서돌궐의 꼭두각시 노릇을 하던 신강의 투르판 분지에 위치한 고창高昌을 정복하여 북신강北新疆마저 손아귀에 넣었다. 이후 천산산맥을 넘어 오늘날의 키르키즈-우즈베키스탄 지역을 흐르는 추Chu강, 탈라스Talas강과 시르 다리야Syr Dariya를 넘어 아랄해Sea of Aral 근처까지 영유한 세계제국으로 발전해 나갔으며, 수도 장안長安은 세계의 중심이 되었다.

개방적인 세계제국 당나라는 현종 전반기에 절정에 올랐다. 당나라를 쇠락으로 이끈 것은 안록산-사사명의 난과 사타돌궐沙陀突厥이었다. 안·사의 난으로 카운터펀치를 맞은 당나라는 황소의 난과 뒤이은 주전충의 배반, 사타돌궐의 침공으로 멸망당하고 말았다.

VI

재

분

열

과

통

합

중국인들은 13세기 몽골의 평화 즉, 「팍스 몽골리카Pax Mongolica」를 가져온 몽골제국의 창건자 칭기스칸成吉思汗을 중국인이라고 주장한다. 한족 우위의 56개로 구성된 다민족 국가 중화인민공화국에는 400~500만의 몽골족이 살고 있고, 칭기스칸의 손자 쿠빌라이가 세운 원元나라가 중원제국을 표방했기 때문에 쿠빌라이나 그의 조부인 칭기스칸 모두 중국인이라는 논리이다. 칭기스칸의 국적 논란을 꺼낸 것은 오늘을 사는 우리의 눈으로 과거를 보아서는 안 된다는 것을 말하고 싶어서이다.

2003~2005년간 주駐우즈베키스탄대사관 참사관으로 근무할 당시 재在우즈베키스탄 동포(고려인)들과 함께 일한 적이 있다. 어느 날 고려인들인 「율리아」 및 「인나」와 민족정체성

national identity에 대해 의견을 나누었다.

"고려인들은 스스로를 어느 나라 사람들이라고 생각하니? 우즈베키스탄인? 아니면, 한국인? 그도 아니면 러시아인?"
"고려인들은 스스로를 그저 고려인이라고 생각해요."
"그러면, 한국과 우즈베키스탄이 축구경기를 하면 어느 팀을 응원하니?"
"때에 따라 달라요."

인나와 대화하면서 과거의 일들에 대해 생각해 보았다. 고구려, 백제, 신라는 동족임에도 왜 서로 싸워야만 했을까? 신라는 왜 외세인 당나라를 끌어들여 동족인 백제와 고구려를 멸망시키는 반민족적인 행위를 저질렀을까? 고려는 왜 동족인 발해의 후신 정안국定安國의 멸망을 지켜보기만 했을까? 동흥노는 왜 남·북으로 나뉘어 내전을 벌였을까? 같은 티베트계 민족들인 탕구트와 토번은 어째서 죽기 살기로 싸웠을까? 중원을 점령한 여진인Jurchi들은 자신들을 어느 나라 사람이라고 생각했을까? 그리고, 요나라 치하에 있던 한족들은 또 자신들을 어느 나라 사람이라고 생각했을까? 나라가 망하고 난후 대부분의 백제 지도층 인사들은 왜 신라가 아닌 일본으로 망명했을까?

6.25 전쟁 때만 하더라도 같은 민족인 남·북한이 서로 총부리를 겨누었다. 북은 중국, 남은 미국과 합세하여 서로 상대

방을 공격했다. 그리고 일부 재중 동포(조선족)와 재소련 동포(고려인)는 북한에 합류하고, 일부 재일 교포들은 남한 편을 들기도 했다. 동족이라는 의식이 강함에도 남·북한은 아직 서로를 적대시하고 있다. 동족의식이 약했던 것으로 보이는 고구려, 백제, 신라 간에는 더 이상 말할 필요가 없는 것이다. 결국 국가 사이의 전쟁은 당시의 국내외적 상황에 따라 결정된다는 것을 알 수 있다.

다시 칭기스칸의 국적 이야기로 돌아가 보자. 칭기스칸 시대의 몽골은 여러 부족과 씨족으로 분열되어 있었다. 칭기스칸의 경우 자신의 아버지 예수게이는 같은 몽골계인 타타르족에 의해 독살 당했으며, 조상인 암바이칸은 타타르족에게 사로잡혀 금나라로 끌려가 처형당했다. 그에게 같은 몽골고원에 살고 언어가 통하는 타타르족은 적이기는 하나 동포라는 생각이 있었겠지만, 한화漢化된 퉁구스족의 나라 금은 외국에 불과했을 것이다. 칭기스칸은 정복을 통한 영토 확장을 몽골의 확대라고 생각했다. 그는 한족의 땅을 점령하여 스스로 중원의 천자가 되겠다는 생각을 결코 하지 않았다. 그리고 당시는 ①만주와 중원을 영토로 하는 여진족의 금, ②회하 이남을 영토로 하는 한족의 남송南宋, ③섬서 일부와 오르도스, 하서회랑 등을 영토로 하는 티베트계 탕구트족의 서하, ④윈난 전역과 귀주, 광서 일부를 영역으로 하는 티베트-버마계 백족白族의 대리大理가 분립分立해 있었다. 그리고 오늘날에는 몽골제국의 후계자인 몽골공화국Republic of Mongolia이 존재하고 있다. 이러한 여러 가지 점들에 비추어 볼 때, 중국인들이 칭기스칸을 중국인이라고 주장하는 것은 전혀 근거 없는 억지에 불과하다 할 것이다.

당나라는 미국United States of America이나 소련Union of Soviet Socialist Republics과 같이 세계제국이었다. 황제 자신이 선비족 출신이었고, 중신들의 상당수도 토번, 고구려, 백제, 돌궐 등 외국 출신이었다. 장안은 동으로는 일본, 서로는 동로마 제국까지 수많은 나라 출신들이 거주하는 국제도시였다. 당나라에서는 한족과 북방민족간은 물론 북방민족 상호간 혼혈도 진행되는 등 국제화가 한층 더 촉진되고 있었다. 유교, 도교, 불교는 물론, 네스토리우스교, 조로아스터교, 마니교, 이슬람교 등 동·서양의 거의 모든 종교가 전파되고 있었다. 한마디로 당나라는 개방적이고 진취적이었으며, 종교와 문화에 대한 관용, 신분의 차별이 거의 없는 관리 충원제도를 갖고 있는 세계제국이었다.

7세기 후반이후 당나라는 국력에 비해 과도하게 팽창을 한 측면이 있다. 백제를 멸망시킴으로써 한반도 남부에까지 세력을 뻗쳤고, 고구려를 멸망시킴으로써 요동을 넘어 퉁구스계 흑수말갈黑水靺鞨의 근거지인 흑룡강 유역까지 세력을 넓혔다. 여기에다가 몽골고원의 돌궐을 제압하고, 신강의 고창을 멸망시켰으며, 오늘날의 키르키즈와 우즈베키스탄을 포함한 중앙아시아와 길기트Gilgit 등 파키스탄 북동부로까지 세력을 뻗어 나갔다. 당나라의 과도한 팽창은 내·외부 모두로부터 저항에 부딧혔다. 과도한 전비지출로 증세增稅가 불가피해짐에 따라 경제 중심지인 남동부의 강회江淮를 비롯한 전국 도처에서 민란이 일어나기 시작했다. 거란과 발해의 공격에 대비하여 설치된 하북河北과 산서山西, 산동山東 지역 절도사들의 할거 현상은 제국의 분열을 재촉하였다. 티베트 고원의 토번, 만주의 발해, 몽골 고원의 후돌궐, 운남의 남조南詔, 사라센 압바스 왕조의 반격은 제국의 분열을 가속화하였다.

장안으로, 장안으로

당나라는 한문화漢文化를 기본으로 하고 있었으나, 황실부터가 선비족이었던 까닭에 선비적인 요소가 곳곳에 남아있었다. 태종은 현무문의 정변에서 살해된 친동생 이원길의 아내 양씨를 후궁으로 들였으며, 고종은 아버지 태종의 후궁이었던 무조武照를 아내로 삼았고, 현종은 아들인 수왕 이모李瑁의 왕비 양옥진을 빼앗아 후궁으로 삼았다. 당나라 공주들은 쉽사리 외간남자와 동침하고, 재혼·삼혼을 다반사로 하는 등 한족 귀족가문 여성들과는 완전히 다른 행태를 보였다.

당나라는 또한 외국인이라 해도 능력 있는 자는 요직에 발탁하는 등 내·외국인간 차별을 두지 않았다. 흑치상지, 고선지,

이정기(이회옥), 부몽영찰, 가서한, 안록산, 이다조, 이해고 등 수 많은 외국 출신들이 최고위 군직에까지 올랐다. 방계 황족인 이옹李邕이 출세를 위해 백제 의자왕의 증손녀인 부여태비扶餘太妃와 혼인한데서 알 수 있듯이 백제 멸망 후 당나라로 끌려간 백제 왕족과 귀족들은 당나라에서 상당한 입지를 구축하기도 하였다. 이때 끌려간 백제인들 대부분은 당나라의 정책에 따라 요서의 건안성으로 이주당해 발해의 서진西進을 막는 역할을 맡았다. 백제인들은 당나라에 의해 오랑캐로써 오랑캐를 제압한다는 이이제이以夷制夷의 수단으로 이용당하기는 했지만, 그 과정에서 나름대로 입지를 강화할 수 있었던 것이다.

여황제 무조

장안은 당나라의 수도일 뿐만 아니라, 동아시아와 중앙아시아-중동 등 당시 세계의 수도로 기능했다. 따라서 인재와 물산이 장안으로 모여들었다. 세계를 리드하는 당나라 황실에서 태종의 후궁이었던 무조武照가 아들 뻘인 고종의 아내가 되고, 그의 사후에는 황제로 즉위하는 전무후무前無後無한 일이 벌어졌다.

선비족을 먼 조상으로 둔 장안 출신 무조는 655년 고종의 황후로 책봉된 이후 사실상 정권을 잡았다. 그녀는 705년 사망할 때까지 50년간 절대권력을 한 번도 놓지 않았다. 무조는

690년 국명을 아예 주나라로 바꾸고, 낙양으로 천도하기까지 했다. 그녀는 태종의 처남으로 무천진 인맥의 핵심인 선비족 출신 재상 장손무기長孫無忌를 살해하는 등 서위→북주→수→ 당에 이르기까지 정권을 오로지 했던 무천진 인맥(관롱집단) 위주에서 벗어나 서위西魏-북제北齊 지역이던 관동 출신들도 적극 기용했다.

무조는 국내정책뿐 아니라, 대외정책에도 적극 관여하였으며, 소정방과 서세적을 기용하여 백제와 고구려를 멸망시키기도 했다. 무조는 자기에게 반대하는 자들은 자신의 자손들이라 해도 용서하지 않은 냉혹 무비한 정치인 그 자체였다. 그녀는 아들 이홍, 손녀 영태군주를 포함한 황족들과 중신들을 수없 이 죽였다. 그러나 그녀는 적인걸狄人傑과 요숭姚崇, 장간지張柬 之 등 필요한 인재를 키우고, 나라를 효율적으로 통치하여 국 부를 증대시키는 등 상당한 업적을 이룩했다. 측천무후 무조 와 유사한 여성이 바로 18세기를 살다간 독일 출신의 러시아 황후 에카테리나 2세Ekaterina II, Sophia Augusta Frederiska이다. 에 카테리나 2세는 무능한 남편 피오트르 3세를 살해하고 권력 을 장악하였으며, 적극적인 통치를 통해 러시아를 강대국의 반열에 올려놓았던 것이다.

토번과의 쟁패

무조가 죽은 후 그녀의 손자인 이융기는 쿠데타를 통하여 숙부인 중종의 황후 위씨韋氏 일당을 제거했다. 그는 황제(현종)가 된 다음 적극적인 대내외 정책을 실시하였다. 당시 당나라 최대의 라이벌은 티베트 고원에서 흥기한 토번이었다. 고구려가 멸망당한 다음해인 669년 명장 가르첸링이 이끄는 토번군은 설인귀가 지휘한 10만의 당나라-토욕혼 연합군을 청해호 남쪽의 대비천大非川에서 격파하였으며, 여세를 몰아 신강의 안서 4진安西四鎭 즉, 카라샤르(언기), 쿠차(구자), 호탄(우전), 카슈가르(소륵)을 장악하였다.

만주와 한반도 북부를 영역으로 하는 발해가 독립하고, 한반도 남부의 신라가 대동강 이남을 확보할 수 있었던 것도 대비천 전투에서 당나라가 토번에 대패했기 때문이었다.

678년 가르첸링의 토번군은 중서령中書令 이경현李敬玄이 이끄는 당나라 18만 대군을 청해호 부근의 승풍령承風領에서 대파하였는데, 이로써 청해靑海의 티베트화가 공고하게 되었다.

현종시대에도 당나라와 토번은 신강과 중앙아시아에 대한 패권을 놓고 전쟁을 계속했다. 당나라와 토번간 전쟁에서 가장 중요한 지점은 오늘날 파키스탄 동북부에 위치한 훈자족의 나라 소발률(길기트)이었다. 소발률小勃律은 동쪽은 티베트, 서쪽은 아프가니스탄, 남쪽은 인더스강 유역, 북쪽은 신강과 연결되는 전략 요충지였다. 소발률은 사마르칸드康國, 부하라安國, 타쉬켄트石國, 샤흐리 샤브즈史國 등 중앙아시아의 오아시스 도시국가들이 당나라로 가기 위해서는 반드시 거쳐야 하는 목구멍咽喉과 같은 곳으로 토번이 장악하고 있었다.

747년 고구려 유민 출신인 안서도호부 부도호副都護 고선지는 7천 명의 병사를 거느리고 파미르 고원을 넘어 방심하고 있던 토번군을 격파한데 이어 빙하로 뒤덮인 다르코트 계곡을 달려 내려가 소발률성을 함락시킴으로써 중앙아시아에 대한 패권을 확립하였다. 그로부터 3년 뒤인 750년 고선지는 당나라 조정의 명령에 따라 다시 중앙아시아 원정의 길에 올랐다. 타시켄트石國가 사라센(압바스 왕조)으로 기울어짐에 따라 중앙아시아에 대한 당나라의 영향력이 약화되어 갔던 것이다. 고선지가 이끄는 당唐－서역西域 10만 연합군은 751년 1월 타시켄트 성城을 포위했다. 고선지는 타시켄트 왕을 속여 항복을 받아내었다. 약속과 달리 장안으로 연행된 타시켄트왕은 처형당하였으며, 이에 따라 중앙아시아의 많은 나라들이 당나라에 등을 돌리고 사라센으로 넘어갔다. 당나라의 중앙아시아 지배가 뿌리부터 흔들리기 시작했다. 사라센 세력은 타시켄트와 페르가나를 넘어 키르키즈의 탈라스강까지 촉수를 뻗쳐왔다. 751년 8월 고선지가 지휘하는 당나라군은 탈라스 전투에서 사라센과 돌궐계 카를룩 연합군에게 대패하였으며, 이로써 당나라의 중앙아시아 지배도 종식되었다.

우리에게도 잘 알려진 대시인大詩人 이백李白의 자야오가子夜吳歌 가운데 가을의 노래秋歌에는 중앙아시아로 진출한 당나라군 에 징집된 남편을 그리워하는 여인네의 심정이 절절히 묘사되 어 있다.

長安一片月	장안도 한밤에 달은 밝은데
萬戶搗衣聲	집집마다 나는 다듬이 소리 처량도 하여라
秋風吹不盡	가을바람은 또 끝없이 불어오는데
總是玉關情	이는 모두가 옥문관의 정(情)을 일깨움 일세
何日平胡虜	오랑캐를 평정할 날이 그 언제 일런가
良人羅遠征	전쟁이 끝나야 그이가 돌아오시지

남조의 흥기

같은 해 당나라는 양귀비楊貴妃의 일가인 재상 양쇠(양국충)와 검남절도사劍南節度使 선우중통鮮于仲通의 지휘하에 윈난의 티베 트-버마계 백족白族 왕국인 남조「南詔=몽사조蒙舍詔」를 공 격했으나, 각라봉閣羅鳳이 지휘하는 남조군과의 노남 전투에서 전사자 7만여 명을 내는 등 대패를 당하였다.

7세기 초 백족이 윈난의 수도인 쿤밍의 서북부에 위치한 대리를 중심으로 몽수蒙嶲, 월석越析, 시랑施浪, 등섬邆睒, 낭궁浪穹, 몽사蒙舍 등 6개 조(나라)를 건설했으나, 몽사를 제외한 5개 나라는 곧 서북쪽으로부터 침공해온 토번제국에게 정복당하고 말았다.

토번과 경쟁관계이던 당나라는 남조왕 피라각皮邏閣을 지원하여 토번의 영향 하에 있던 여타 5개의 조를 멸망시키고 737년 윈난을 통일하게 했으나, 남조가 급성장해 나가자 위협을 느낀 나머지 이를 침공했던 것이다. 당나라는 753년 가권賈顴, 754년 이복李宓에게 대군을 주어 지난번의 패전을 설욕하게 했으나, 또다시 참패하고 말았다.

남조의 최전성기를 가져온 이모심異牟尋이 재위하던 793년 남조는 토번을 격파했으며, 권풍우勸豊祐가 통치하던 829년(당 문종 3년)에는 사천으로 북진하여 청두를 점령하고 사천분지 전역을 손에 넣었다. 안록산—사사명의 난 이후 토번이 장안까지 침공하자 국력을 강화한 남조도 사천을 잠식해 들어갔던 것이다. 파저족巴氐族의 나라인 성成의 건령왕建寧王 이수李壽가 338년 윈난에서 청두로 진공하여 황제 이기李期를 죽이고, 한漢을 세운 이후 500여년 만에 다시 윈난과 사천이 일체가 되었다.

남조는 남방의 미얀마, 라오스, 태국, 북베트남 방향으로도 세력을 뻗어 나갔다. 남조의 공세에 밀려 운남 일대에 거주하던 타이, 샨 종족이 오늘날의 인도차이나 지방으로 밀려났다.

당나라는 남조에 대비하여 귀주貴州와 광서廣西의 동부에도 수비군을 증강하지 않을 수 없게 되었다. 남조에게 마저 밀린 당나라가 황혼에 붉게 물들어 가고 있었다.

남조 역시 873년 북방의 전진기지인 청두를 상실한 다음부터 급속히 쇠락의 길을 걸었다. 혼란 끝에 902년 한족 출신 권신權臣 정매사가 정권을 찬탈하여 대장화국大長和國을 세웠다. 927년에는 검남절도사 양간정이 대장화국을 멸망시키고 대의령국大義寧國를 세웠으며, 그로부터 10년 뒤인 937년 한족을 자처한 통해절도사 단사평段思平이 여러 부족들의 지지를 받아 대의령국을 멸망시키고, 대리국을 세웠다.

안·사의 난

741년 후돌궐의 샤드Shad=우리말 사또의 어원인 오즈미시가 텡그리 가한을 죽이고 스스로 가한으로 등극했다. 오즈미시에 반대한 후돌궐의 지배층 대부분은 742년 당나라에 망명했다. 약체화된 후돌궐은 결국 위구르에 의해 멸망당하고 말았으며, 이는 당나라의 위기를 심화시켰다. 몽골고원과 신강, 요하유역이 한꺼번에 불안정하게 된 것이다. 흔들리고 있던 당나라에게 카운터펀치를 날린 것은 안록산-사사명의 난이었다. 중앙아시아 부하라安國 출신을 선조先祖로 하는 범양(하북)-평로 (요서)-하동(산서) 절도사 안록산安祿山은 755년 11월 부장部長 사사명史思明과 함께 재상 양쇠(양국충)를 제거한다는 명분으로 북경 부근의 어양漁陽에서 반기를 들었다. 안록산이 지휘하는 병력은 당시 당나라 총병력의 35%인 15만이나 되었다. 안록산은 또 당시로서는 가장 중요한 전쟁물자인 전마戰馬의 공급지를 모두 장악하고 있었다.

안록산은 돌궐의 일파인 동라, 거란과 해, 실위 등 북방민족을 포함한 15만 대군을 지휘하여 장안을 향해 공세를 개시했다. 12월초 황하를 건넌 안록산군은 낙양을 향해 거침없이 진격했으며, 12월 중순에는 새로 범양·평로 절도사로 임명된 봉상청封常淸의 방어군을 격파하고 낙양을 점령했다. 안록산은 장안으로 진격하다가 곽자의郭子儀가 이끄는 돌궐군 주축의 삭방군朔方軍에게 막히자 일단 어양으로 귀환했다. 그는 756년 어양에서 대연大燕 황제에 즉위했다. 이때 동쪽의 발해는 안록산이 당나라 공격에 실패할 경우 자국을 공격해올 수도 있을 것으로 판단했다. 이에 대비하여 발해는 당나라에서 보다 멀리 떨어진 북만주의 상경上京으로 수도를 옮겼다. 발해의 우려와는 달리 서쪽으로 진군한 안록산군은 농우·하서 절도사 가서한哥舒翰이 이끌던 당나라군을 동관에서 대파했다. 안록산군이 장안으로 진격하자 현종은 사천으로 도망하고 장안은 함락되었다. 달아난 현종을 대신하여 황태자가 그해 7월 제위에 오르니, 그가 숙종肅宗이다. 8월 위구르와 토번吐蕃은 당나라에 사신을 파견하여 구원병을 보내겠다는 의사를 표시했다. 당나라는 오랫동안 싸워온 토번의 제의는 거절하고, 위구르와의 연합을 선택했다. 한편, 당나라의 평로유후사平盧留後事 서귀도徐歸道는 안록산을 치겠다하면서 발해에 기병 4만 명을 지원해 줄 것을 요청했다. 발해는 서귀도의 진의를 의심하여 구원군을 보내지 않았다.

757년에 들어서면서 안록산군의 상황도 급변했다. 안록산의 큰아들인 안경서安慶緒는 이복동생이 후계자로 지명될 가능성이 커지자 1월 안록산을 독살하고 스스로 황제가 되었다. 안경서는 당나라에 대한 공세를 강화하기 위해 장통유張通儒와 안수충安守忠을 장안에, 사사명을 범양에, 우정개牛廷玠를 안양安陽에 주둔시킨 다음 각지에서 모병募兵을 했다. 안경서는 그해 4월 당나라군을 격파했다.

위구르의 카를룩 가한은 아들이자 제2인자인 타르두슈 빌게 야브구에게 기병을 위주로한 4만의 군사를 주어 당나라를 구원하게 했다. 그해 9월 당나라─위구르 연합군은 안경서군을 공격하여 6만을 참수斬首하는 대승을 거두고, 우문선비족 계열인 해족奚族 군단이 지키던 장안을 빼앗았으며, 곧이어 낙양도 되찾았다. 장안과 낙양을 잃은 안경서는 하북의 업鄴으로 후퇴했다. 758년 9월 곽자의가 지휘하는 20만 당나라─위구르 연합군이 업으로 진격해오자 안경서는 사사명에게 구원을 요청했다. 중앙아시아의 샤흐리 샤브즈史國 출신인 사사명은 이때 13만의 대군을 거느리고 있어서 안경서보다 세력이 훨씬 컸다. 사사명은 안경서를 위기에서 구해 주었으나, 다음해 3월 안경서로부터 양위를 받은 다음 그를 살해했다. 불과 2년 후인 761년 3월 사사명도 아들 사조의史朝義에게 교살絞殺되고, 사조의가 황제로 즉위했다.

762년 4월 숙종이 사망하고, 태자 이숙이 즉위했다. 대종代宗 이숙은 사조의 토벌군을 일으키면서 위구르를 설득하기 위해 유청담劉淸潭을 사신으로 보냈다. 뵈귀 가한(타르두슈 빌게)이 사조의의 제안을 받아들여 오히려 당나라를 공격하기로 결정 했기 때문이다. 당나라는 발해에도 사신을 보내 발해왕을 국 왕國王으로 인정하는 등 관계개선을 도모했다. 당나라는 우여 곡절 끝에 뵈귀 가한을 설득하여 동맹을 체결하는 데 성공했 으며, 당나라-위구르 연합군은 사조의군을 대파했다. 그해 10월 낙양에 다시 입성한 위구르군은 약탈과 강간, 방화, 살 육을 자행했다. 사조의는 달아나다가 763년 1월 안록산의 부 하였던 범양절도사 이회선李懷仙에게 죽임을 당했다. 사조의의 부장들은 모두 당나라에 귀순해 안·사의 난은 종식됐다. 안 록산의 난은 당나라의 내전인 동시에 위구르, 돌궐, 거란·해, 발해, 토번, 사라센 등이 관계된 국제전쟁이기도 했다. 안·사 의 난의 후유증으로 당나라가 혼란에 처한 763년 10월 감숙 성 방향에서 진격해온 토번군은 장안을 약 보름간 점령했다 가 후퇴했다. 안·사의 난을 전후하여 하서회랑 이서以西는 물 론, 윈난과 귀주貴州, 내몽골 등을 상실한 당나라는 세계제국 에서 보통국가로 전락했다.

안·사의 난 직후 사천의 청두에서 격랑의 시대를 살다간 당나라 제일의 여류시인 설도(薛濤, 770~830)가 지은 「떠나는 봄을 그리며春望詞」의 일부를 소개한다. 춘망사는 김억 개사改詞, 김성태 작곡의 「동심초同心草 : 연애편지라는 의미」라는 가곡歌曲으로 우리에게 잘 알려져 있다. 무려 1,300년 전 당唐나라인들도 오늘날의 우리와 같은 짙은 감수성을 갖고 있었던 것이다.

風花日將老	꽃잎은 하염없이 바람에 지고
佳期猶渺渺	만날 날은 아득타 기약이 없네
不結同心人	무어라 맘과 맘은 맺지 못하고
空結同心草	한갓되이 풀잎만 맺으려는고

황소의 봉기

안·사의 난 이후 덕종德宗, 헌종獻宗, 무종武宗, 선종宣宗 등 중흥의 군주들은 당나라의 급속한 쇠락을 막는 데에는 일단 성공했다. 재정의 고갈과 번진藩鎭의 할거는 안·사의 난 이후 당나라가 가진 최대의 문제들이었다. 덕종은 재상 양염楊炎의 건의를 받아들여 무너져 버린 균전제에 기초한 조용조租庸調에 대신하여 1년에 2회 화폐로 세금을 걷는 양세법兩稅法을 도입, 재정을 재건하는데 성공했다. 헌종은 819년 김웅원金雄元이 지휘하는 신라군 3만 명의 지원에 힘입어 고구려계로 산동을 점유하고 있던 운주절도사 이사도李師道의 난을 평정하는 등 비대해진 절도사의 권한을 대폭 삭감하고, 중앙 군사력을 재건하는데 어느 정도 성공을 거두었다. 그럼에도 불구하고, 무조武照 초기나 헌종 전반기와 같은 성세를 회복할 수는 없었다. 토번, 위구르, 거란, 남조, 발해와 같은 인근 국가들이 기울어가는 당나라의 빈틈을 노리기 시작했다. 극도의 위기상황임에도 불구하고, 우승유가 대표하는 신진 진사 관료와 이덕유가 대표하는 보수 귀족 관료간 대립인 우牛·이李 당쟁은 나날이 격화되었다. 40년간 계속된 우·이의 당쟁은 결국 환관의 정권 장악을 야기했다. 헌종 때부터 영향력을 증가시켜온 환관들은 금군禁軍을 배경으로 황제를 옹립하기도 하고 폐립, 독살하기도 할 만큼 강력한 힘을 자랑하였다. 숙종과 헌종, 경종은 환관들에게 살해당하고, 문종은 유폐되었다.

새로 경제 중심지가 된 회하—양자강 유역의 강회江淮와 요충지인 하북을 연결하는 군사 요충지 서주徐州의 번진들에서 군란軍亂이 일어나기 시작했다. 서주는 황하유역과 강남지역을 연결하는 요충지로 삼국지의 유비와 여포, 조조, 원술 등이 서로 싸운 곳이기도 하다. 국민개병제도인 부병제의 폐지와 모병제의 도입으로 인한 병력 질의 저하는 잦은 군란을 야기했다. 868년 남조와의 국경지대인 귀주에서 시작되어 회하 유

역까지 확산된 방훈龐勛의 난은 터키계 사타부沙陀部와 설필부
契苾部 등의 지원으로 겨우 진압할 수 있었다. 당나라의 황혼이
짙어가고 있었다. 만당晚唐의 저명한 문인들인 이상은李商隱은
시詩, 온정균溫庭筠은 사詞를 통해 기울어 가는 당나라의 흔적
을 남기려 애썼다. 이상은은 낙유원樂遊原이라는 오언절구五言
絕句를 통해 당나라가 종말을 향해 가고 있다는 것을 보여주
었다.

向晚意不適　어두움이 다가오고 있는데 기분이 울적하다.
驅車登古原　수레를 몰아 옛 동산에 오르니
夕陽無限好　석양이 무한히 좋기는 하나
只是近黃昏　아쉽게도 황혼이 가까이 왔구나.

중국 남부 일대를 휩쓴 방훈의 난이 끝난 지 불과 7년 뒤인
875년 황소黃巢와 왕선지王仙芝는 체제에 불만을 품은 농민들
을 선동하여 반당反唐 봉기를 일으켰다. 황소의 난은 소금과
차茶 밀매업자들이 핵심적인 역할을 수행했다. 당나라는 재정
을 재건하기 위해 소금과 차에 대한 전매제도를 실시했으며,
이는 소금과 차 상인들을 파산으로 몰고 갔다. 왕선지는 정
부군과의 싸움에서 패사敗死했으나, 황소는 북벌을 단행하여
880년 낙양과 장안을 점령하고, 대제大齊를 세웠다. 지식인이
자 부유한 상인이기도 했던 황소는 기품 있는 인물이었으나,
낙양과 장안 입성 직전 갑자기 불어난 잡다한 배경을 가진 60

오대십국시대의 동아시아___

五代十國

만 대군을 통제할 능력을 갖고 있지 못했다. 순順을 세운 명나라 말의 이자성과 같이 황소에게는 특히 인재가 부족했다. 각기 다른 배경을 가진 60만 잡병雜兵들의 행패가 심해짐에 따라 민심이 이반되어 갔다. 황소가 통제력을 잃어감에 따라 할거상태를 이루던 절도사들의 반격도 심해졌다. 회남 절도사 고병高騈의 참모로 일하던 신라 출신 최치원은 토황소격문討黃巢檄文을 지어 황소에 대한 저항을 부추겼다.

황소는 부장 주온朱溫의 배반과 사타 터키족 출신인 안문절도사雁門節度使 이극용李克用, 탕구트족 수장 탁발사공拓跋思恭 등의 맹렬한 공격을 받고 점령 2년 4개월 만인 883년 4월 장안을 빼앗겼다. 그는 장안에서 퇴각한 다음 이곳저곳으로 쫓겨 다녔다. 그는 884년 고향인 태산 부근 낭호산狼虎山까지 도망하여 그곳에서 자결했다. 그는 명말明末의 이자성과 같이 수도를 함락시키고도 새 나라를 세우는 데 실패했다. 황소의 난으로 절도사들의 독립은 되돌릴 수 없는 상태가 되었다.

5대 10국과 북송

머슴 출신의 주온朱溫은 경쟁자이던 병졸 출신의 봉상鳳翔절도사 이무정李茂貞을 격파하고, 사타족 수장 이극용을 제압한 후

907년 소선제昭宣帝 이축李柷으로부터 선양을 받아 개봉開封을 수도로 양梁나라를 세웠다. 주온에서 개명한 주전충朱全忠은 황제 즉위 직전 북위의 권력자 이주영爾朱榮이 호태후胡太后와 대신들을 살해했던 방식 그대로 당나라의 고관대작들을 황하에 빠뜨려 죽이는 만행을 저지르기도 했다. 양(후량)은 중원을 지배하기는 했으나, 전국 약 350주중 5분의 1인 70주 밖에 지배하지 못하는 반쪽 정권이었다.

서진西晉 말기와 같이 사해四海가 삼발 솥처럼 들끓어 올랐다. 사타족 병사들이 화북 전역에 준동蠢動했다. 요동을 중심으로 나라를 세워 몽골고원과 만주, 신강을 통합한 몽골-퉁구스계 거란족이 중원을 노렸다. 주전충의 후량과 이무정이 섬서성 서부를 중심으로 세운 기岐는 이극용의 아들 후당後唐의 장종莊宗 이존욱李存勖에게 멸망당하였다. 이존욱이 세운 후당(사타)은 석경당의 후진(사타)에게, 후진은 유지원이 세운 후한(사타)에게, 후한은 곽위가 세운 후주(한족)에게 멸망당하였다. 불과 53년 만에 후량後梁-후당後唐-후진後晉-후한後漢-후주後周의 다섯 왕조가 역사의 무대 뒤로 사라졌다. 다섯 왕조 중 후량과 후주만 한족 왕조였다.

이렇게 혼란한 시기였음에도 20년간 재상을 역임한 인물이 있었다. 하북 영주 출신 풍도馮道가 바로 그다. 그는 후당, 후진, 후한, 후주에 복무하고, 요遼나라 태종 야율덕광의 개봉 침입시 영입되어 요나라 조정에도 복무했다. 그는 5조朝, 8성姓, 11군君을 섬긴 행정의 달인이자, 생존의 달인이었다.

풍도는 난세를 맞아 자기 나름의 인생철학을 확립했다. 즉, 「①황제가 아니라, 나라에 충성한다. ②다른 사람과 불필요하게 다투지 않는다. ③실무를 중시한다.」가 그것이다. 그에 대해서는 변신에 능한 후안무치厚顔無恥한 인물이라는 평가와 왕조 교체라는 혼란기에 백성들의 삶을 안정시키는데 기여했다는 평가가 아울러 따라 다닌다. 명나라의 사상가 이지李卓吾는 그의 저서 『장서藏書』에서 풍도를 다음과 같이 평하였다. 「맹자는 사직이 소중하고, 군주는 가볍다고 한 바 있다. 풍도는 이 말을 제대로 이해한 사람이다. 백성들이 창끝과 살촉을 맞는干戈 고통에서 벗어난 것은 바로 풍도가 백성들을 편안하게 부양하는 데 힘쓴 결과이다.」

5대代 왕조가 개봉을 중심으로 중원에 자리 잡고 있었던 반면, 10국國은 지방에서 힘을 길러 중원의 사슴을 노렸다. 10국은 양주의 오吳, 금릉(남경)의 남당南唐, 성도의 전촉前蜀과 후촉後蜀, 광주의 남한南漢, 태원의 북한北漢, 장사長沙의 초楚, 항주의 오월吳越, 복주의 민閩, 강릉의 남평南平 등으로 남당이 오를 계승하고, 전촉이 망하고 후촉이 세워졌던 것에서 알 수 있듯이 같은 시기에 존재한 것은 아니었다. 지리적 측면에서 보자면 5대 왕조는 황하 유역, 10국 중 북한은 산서성 중북부, 전촉과 후촉은 양자강 상류, 남평과 초는 양자강 중류, 오와 남당은 양자강 하류, 오월과 민, 남한은 각기 해안지방인 절강성, 복건성, 광동성에 위치해 있었다. 만일에 대비하여 중원의 후주와 송은 고려, 남방의 오월은 후백제와 외교관계를 수립했다.

10국 가운데 가장 강력했던 나라는 회남절도사淮南節度使 양행밀이 양주揚州에서 시작하여 그의 부장 서온을 거쳐 본명이 서지고徐知誥인 이변李昪-이경李璟-이욱李煜으로 이어진 오吳-남당南唐 정권이었다. 남당은 후세의 사가史家들이 붙인 이름으로 스스로는 대당제국大唐帝國의 후계자를 자처했다. 남당은 수나라 이래의 경제 중심지인 강회를 영토로 하고 있었기 때문에 경제력은 막강했으나, 군사력은 취약했다.

남당은 제2대 이경의 집권 전반기인 945년에는 복건의 민閩, 951년에는 호남의 초楚를 병합하는 등 한 때 강남을 통일하는 기세를 보이기도 했다. 그러나 955년부터 후주後周의 세종 시영柴榮이 자주 남정南征의 군사를 일으켰으므로 수세에 몰리게 되었다. 세종은 종종 친정親征하여 958년에는 양주揚州까지 진격해왔다. 전쟁에 패한 남당은 강북의 14주를 후주에게 할양할 수밖에 없었다. 남당의 역대 군주들은 지나치게 문약文弱했다. 남당의 마지막 황제 이욱은 아버지 이경과 함께 사詞의 명인이었다. 그는 975년 송나라군의 포로가 되어 개봉으로 끌려가 유폐당한 뒤에도 아래와 같이 고국을 그리워하는 「우미인虞美人」이라는 제목의 사를 지었다. 이욱은 우미인의 "그대 마음속 슬픔 얼마나 많은가? 마치 동쪽으로 흘러가는 봄의 강물과 같아"라는 마지막 문장에 정치적 의도가 숨어 있다는 의심을 받아 송태종宋太宗 조광의趙匡義에게 독살 당했다 한다.

春花秋月何時了
봄꽃과 가을 달은 언제 끝날까

往事知多少
눈에 삼삼하니 모두 지난 일이던가

小樓昨夜又東風
작은 누각에는 어제 밤에도 동풍이 불었다

故國不堪回首月明中
고국으로 고개를 돌리니 보이는 건 밝은 달뿐

雕欄玉砌應猶在
아름다운 난간과 옥을 깎아 만든 계단은 그대로 있겠지

只是朱顏改
어이 이리 청춘만 가버렸는가

問君能有幾多愁
그대 마음속의 수심이 얼마더냐

恰似一江春水向東流
마치 동쪽으로 흘러가는 봄의 강물과 같아

세종은 금군禁軍을 비롯한 중앙군을 강화하고, 지방군을 약화시킴으로써 절도사의 자립성을 줄여나가는 정책을 취했다. 그는 「공취攻取의 길은 반드시 용이한 것을 먼저 한다.」는 왕박王朴의 건의에 따라 서쪽으로는 후촉後蜀이 점거하고 있던 진주와 봉상 등을 탈취하고, 동쪽으로는 남당을 공격하여 양자강 이북의 14개주를 확보했다. 958년 세종은 배후의 위협을 제거하기 위해 내란상태이던 거란을 향해 북진하였다.

후주군은 연운 16주의 일부인 와교관, 익진관, 어구관 등 3관을 돌파하는 등 진격이 순조로웠다. 이때 갑자기 세종이 발병하였으며, 어쩔 수 없이 개봉으로 회군하였다가 이듬해 39세의 나이로 사망하고 말았다. 조광윤趙匡胤은 세종의 통일계획에 적극 호응하여 많은 군공을 세웠다. 그는 세종이 사망하기 직전 귀덕歸德 절도사 겸 군총사령관에 임명되었다. 귀덕은 춘추전국시대의 송나라가 있던 지역이다. 세종을 계승한 것은 7세에 불과한 태자 시종훈柴宗訓이었다. 북한北漢과 요나라의 위협이 계속되고 있던 난세였다. 군총사령관이던 조광윤은 군부의 지지를 받아 시종훈을 밀어내고 송나라를 세웠다. 당시 거란은 내란에 처해있던 까닭에 후주에서 송으로 교체되는 혼란기를 이용할 수 없었다.

송태조宋太祖 조광윤은 따뜻한 성품이면서도 결기決氣가 있고 설득력도 갖춘 인물이었다. 제위帝位를 넘겨준 외손자 정제靜帝 우문천宇文闡을 비롯한 우문씨 황족들을 철저히 살육했던 수문제 양견과 달리, 송태조는 시종훈과 그의 친인척들을 정중히 대접했다. 또한 자신을 황제로 만들어 준 공신들을 토사구팽兎死拘烹하지 않았다.

그는 즉위 직후 석수신, 왕심기, 고희덕, 장령탁, 조언휘 건국공신들에게 연회를 베풀어 술잔을 돌리면서 인간적인 설득을 하여 병권을 내놓게 했다. 이를 「배주석병권杯酒釋兵權」이라 하는데, 그는 술자리에서의 설득을 통해 오랫동안 동고동락한 동료들로 하여금 평안한 말년을 보낼 수 있게 했다. 왕조

의 교체라는 광풍이 불었음에도 불구하고, 반란을 일으킨 이
균과 이중진 등 2명의 절도사 외에는 살해된 자가 없었다. 조
광윤은 적에 대해서도 관용을 보여주었다. 971년 꽝조우를 중
심으로 해외무역으로 발전한 남한南漢의 말주末主 유창劉鋹이
항복해 왔다. 그는 유창을 죽이지 않았을 뿐 아니라, 황궁으
로 불러들여 연회까지 베풀어 주었다. 연회에서 조광윤이 직
접 술을 따라 주자 유창은 술에 독을 넣은 것이 아닌가 의심
하여 「폐하, 너그럽게 용서하시어 목숨만 살려주십시오. 부디
이 술을 거두어 주십시오.」라고 애원했다. 그러자 조광윤은
그 술을 단숨에 들이켜 술에 독을 타지 않았음을 증명했다.
그런데, 남한南漢의 유씨劉氏 왕실이 아랍계라는 설이 있다.

그는 후주 황족인 시씨柴氏에 대한 보호도 철저히 하였다. 송
나라의 시씨에 대한 보호는 태조 당대뿐만 아니라, 북송과 남
송 300년간 계속되었다. 멸망한 황가를 이렇도록 철저히 보
호한 것은 공전절후空前絶後의 일이다. 이러한 까닭인지 시씨의
후손은 남송 최후에 벌어진 원元나라 군대와의 애산도厓山島
전투에서 송황실과 운명을 함께 하였다.

송태조 조광윤은 후주 세종 시영이 깔아놓은 천하통일의 길
을 착실히 걸어갔다. 송나라군은 「군사력이 약한 남쪽을 먼
저 치고, 군사력이 강한 북쪽은 나중에 친다.」는 뜻의 선남
후북先南後北의 전략으로 약한 고리부터 차례차례로 끊어 나가
면서 천하를 하나로 묶어 나갔다. 그는 남평(963), 후촉(965),
남한(971), 남당(975)을 차례로 정복했다. 조광윤을 계승한

그의 동생 태종 조광의는 오월(978)과 북한(979)를 멸하고, 중국을 다시 통일했다. 태종은 중국을 통일한 이후 979년과 986년 두 차례에 걸쳐 거란이 차지한 연운 16주 수복전쟁을 벌였으나, 두 번 모두 거란군의 역습을 받아 대패하고 말았다.

송나라의 중국 통일은 △거란의 내분, △토번의 약화와 토번-서하 간 전쟁, △고려의 거란 견제 등 동·서의 국제정세가 모두 송나라에게 유리하게 전개되었던 것에 힘입은 바 크다. 독일 통일도 미국과의 냉전冷戰에서 패한 소련의 약화라는 국제정세의 근본적인 변화 때문에 가능했다. 한반도 통일도 국제정세의 근본적 변화가 있어야 가능할 것이다. 그러나 무엇보다 중요한 것은 우리 내부의 주체적 역량이다. 내부 역량을 갖추지 않고는 통일을 달성할 수 없다는 것은 송나라나 독일의 예가 이미 증명했다.

남당시대南唐時代에 본격적으로 진행된 양자강 델타의 개간은 송나라 시대에 이르러 거의 완성 단계에 도달했다. 수리기술의 발달로 인해 저습지가 비옥한 농토로 바뀌었다. 농업 생산량이 급격히 늘어났으며, 인구도 급증했다. 「소주蘇州와 호주湖州만 풍년이 들어도 천하가 족하다.」는 말까지 생겨났다. 양자강 델타의 광대한 생산력 없이는 △요와 서하에 대한 조공, △수도 개봉의 대규모 인구, △섬서 전선의 대군을 유지하는 것이 불가능한 상태가 되었다. 상업의 발달도 눈부셨다. 상업의 발달로 행行이라 불리는 상인조직까지 출현했으며, 화폐의 사용도 보편화되었다.

요와 서하

거란契丹

거란은 4세기 초 모용선비에게 멸망당한 우문선비의 잔존세력이 요하 상류에서 여타 몽골계, 퉁구스계 부족들을 통합하여 형성된 몽골-퉁구스계 민족이다. 즉, 거란은 선비족의 한 갈래라는 뜻이다. 「거란契丹」은 '쇠鐵'란 뜻이며, 말馬 토템과 소牛 토템을 가진 부족의 연맹체이다. 우리에게 전통 악기인 해금奚琴을 전해주기도 한 해족奚族은 거란과 같은 계열의 종족으로 거란과 함께 대릉하의 서북쪽, 오늘날의 내몽골 적봉赤峰 부근에 주로 거주하고 있었다. 10세기 초 질랄부 출신인 영웅 야율아보기(872~926)는 고막해庫莫奚와 실위室韋를 정벌한 다음 요동의 지배권을 놓고 발해와의 20년 전쟁에 돌입하였다. 그는 발해를 멸망시키고 중원을 공략하였으며, 토욕혼과 탕구트, 사타돌궐을 굴복시키고, 907년 거란을 세웠다. 태조 야율아보기는 중원 문화를 수입하기도 했으나, 거란문자를 창제하는 등 민족의식을 고취하는 데도 힘썼다.

몽골-퉁구스계인 야율씨를 황제로 하는 거란은 황후를 내는 부족도 따로 있었다. 위구르 계통인 을실씨乙室氏와 발리씨拔里氏가 그것이다. 을실씨와 발리씨는 스스로를 한고조 유계의 재상 소하蕭何의 가문에 비겨 소씨蕭氏라 칭했다. 태조 야율아

보기를 계승한 태종 야율덕광은 어머니인 술율평의 도움으로 정권을 공고히 할 수 있었다. 그는 936년 석경당을 도와 후당後唐을 멸망시키고, 후진後晉을 세웠으며, 그 대가로 후진으로부터 북경 근처의 연운 16주를 할양받았다. 그는 석경당이 죽은 후 후진이 제대로 약속을 지키지 않자 946년 개봉을 함락시키고, 이를 멸하였다.

태종 야율덕광의 사후 거란은 내분에 빠졌다. 유목국가로 남을 것인가? 한화漢化의 길을 걸을 것인가? 하는 국가의 진로와 황위皇位를 둘러싸고 벌어진 내란의 와중에 세종과 목종이 살해당했다. 거란족 지도부 중 국수파國粹派는 '거란契丹'이라는 몽골-퉁구스계 국호를 한화파漢化派는 '요遼'라는 한족식漢族式 국호를 선호選好했다. 어느 쪽이 정권을 잡느냐에 따라 국호가 '거란'과 '요'를 왔다 갔다 했다.

거란은 성종 야율융서耶律隆緖 시기에 국세를 회복했다. 성종은 모후인 승천태후 소작蕭綽과 한족 출신 재상 한덕양의 보필에 힘입어 내·외몽골을 아우르고, 위구르를 정벌하였다. 이어 그는 발해 유민들이 압록강 유역에 세운 정안국定安國을 토멸하고, 이기기도 하고 지기도 한 여러 차례의 전쟁 끝에 고려도 복종시켰다. 배후를 튼튼히 한 성종은 송나라 정벌을 위해 20만 대군을 이끌고 하북성 방면으로 남진했다. 북송 조정은 극도의 혼란에 빠졌다. 왕흠약王欽若과 진요수陳堯叟 등은 황제 진종眞宗에게 사천이나 강남으로 파천播遷해야 한다고 말했다. 그러나 강골의 재상 구준寇準은 진종에게 친정親征할 것을 요청했다. 진종은 구준의 의견에 따라 30만 대군을 거느리고 북으로 황하를 건너 전주澶州로 향했다.

몇몇 소규모 전투에서 거란군이 승리했으나, 전쟁은 곧 소강상태로 접어들었다. 결국 두 나라는 타협했다. 거란이 송나라를 형으로 부르는 대신 송나라는 매년 비단 20만 필, 은 10만 냥을 거란에 바치기로 했다. 「전연澶淵의 맹盟」이라 불리는 이 강화조약을 체결한 후 거란과 송나라간 관계는 안정되었다. 이후 거란은 송과 고려, 서하 등과의 세력균형을 이용하여 관제와 세제 개편, 법률 정비, 불교의 장려 등 내정에도 성공하여 동아시아 최강국이 되었다.

거란은 유목민과 농경민을 북면관北面官과 남면관南面官이라는 2원제에 따라 통치하였다. 베이징 부근의 연운燕雲 16주에 살고 있던 300만 한족들은 거란 관리의 지휘를 받는 한족 관리들이 한족 복장을 착용하고 남면관이라는 명칭하에 관료제로 다스렸다. 북방의 거란족들은 북면관이라는 명칭하에 거란족 귀족들이 거란 복장을 하고 거란 부족법으로 다스렸다. 남면관의 한족관리들은 귀순한 유학자, 전직 관료와 그 자제들 중에서 선발했다. 988년부터는 과거를 통해 지방 관리를 선발하기도 했으나, 중앙정부의 고위직은 거란 귀족들이 세습했다. 일부 귀족이 도시화되고, 농경을 영위하게 됨에 따라 거란족은 점차 야성을 잃고 한화漢化되어 갔다. 여기에다가 국수파와 한화파 간 대립도 계속되었다. 국부國富를 증대시키기 위해 농경을 장려함에 따라 농지는 늘어난 반면, 초지草地는 부족하게 되어 유목민인 거란족 주민들은 점점 더 궁벽하게 되어갔다. 내부에서부터 불만이 터져 나왔다. 무능한 황제들인 도종과 천조제를 거치면서 거란제국은 황혼을 향해 달려 나아갔다.

서하

당나라 중기 사천성 북부에서 청해성에 걸친 지역에 거주하던 티베트계 탕구트족黨項族은 강대국 토번吐蕃에게 밀려나 동북쪽으로 이동하여 점차 감숙과 섬서 지역에 정착하게 되었다. 부족장 탁발사공拓跋思恭은 황소의 난(875~884) 때 당나라의 장안 탈환을 지원하여 당나라로부터 하주정난군절도사夏州定難軍節度使에 임명되었으며, 당나라 황실의 성姓인 이씨李氏 성을 하사받았다. 5대 10국 시대를 거치면서 탕구트는 점차 독립하게 되었다. 송나라 초기에 서하와 송나라는 북한北漢, 요遼, 토번 등과의 관계에 있어서 이해관계가 대체로 일치하였다. 서하는 송 태종이 북한을 공격했을 때 지원 출병하여 수도 진양晉陽을 함락시키는 데 도움을 주기도 했다.

탕구트족의 원거주지 출신인 이계천 시대에 서하는 송宋 일변도에서 벗어나 신강과 오르도스 방면으로 세력을 뻗쳐온 요나라와 밀접한 관계를 맺었다. 이계천은 요나라의 책봉을 받아들여 하국왕夏國王으로 봉해졌다. 그는 요나라의 후원을 배경으로 토번 및 송나라와 자주 싸워 영토를 넓혀 나갔다. 요나라가 서하를 지원한 것은 송나라와의 전쟁 때문이었다. 이에 따라, 송나라는 서하에게 옆구리를 공격당할까봐 몹시 불안하게 되었다. 요나라와 송나라 간 전연의 맹이 체결되자 토번 및 위구르와의 전쟁에 지친 서하는 다시 송나라에게 접근하였다.

탕구트 민족주의자인 경종 이원호(1003~1048)는 송나라와의 관계를 근본적으로 변경시켰다. 그는 「피모皮毛를 입고 목축을 하는 것은 유목민의 본질인데, 영웅의 목표에는 패업覇業만 있을 뿐, 비단옷을 입고 못 입고는 중요하지 않다.」고 아버지 이덕명에게 말할 정도로 민족적 자부심이 강한 인물이었다. 그는 서하문자를 창제하는 등 서하 고유의 제도를 만들어 나갔으며, 1038년 송나라에 대한 조공을 중지하고, 황제를 칭하였다. 이에 송의 인종仁宗은 50만의 대군을 동원하여 서하 정벌을 시도했다. 1040년부터 3년간 서하와 송나라 간 여러 차례 전쟁이 벌어졌다. 1040년 서하는 섬서성 연안延安을 공격하였으며, 삼천구三川口 전투에서 송군宋軍을 전멸시켰다. 인종은 범중엄范仲淹과 한기韓琦 등 유능한 인물들을 서하와의 전선에 파견하여 서하의 장안 진공을 저지하게 하였다. 그러나 송군은 다음해 벌어진 호수천好水川 전투에서도 대패했다. 이어벌어진 정천定川 전투에서도 패배하였다. 이후 범중엄과 한기는 방어에 치중하는 전술을 채택하여 겨우 서하의 공세를 막아내었다.

서하는 송과의 전쟁이 계속되면서 경제교류의 단절로 어려움을 겪었다. 1042년 서하는 왕족 이문귀李文貴를 송나라에 파견하여 강화를 요청했으며, 서하와 요遼의 동맹을 우려한 송나라는 이를 받아들였다. 1044년 양국은 경력慶歷의 평화조약을 체결하였다. 서하가 송나라에 대하여 신하의 예를 취하는 대신 송은 매년 은 7만 2천 냥, 비단 15만 3,000필, 차 5만 근을 서하에 바치고, 국경무역을 허용한다는 것이 요지였다.

서하는 지리적 이점을 활용하여 비단길을 통한 동서교역을 매개하는 한편, 신강지역으로까지 세력을 넓혔다. 영하지역을 중심으로 농경과 유목 문화가 결합된 수준 높은 문화가 탄생했다. 영하회족자치구寧夏回族自治區의 수도 은천銀川 서쪽에 위치한 하란산 기슭에서 발견된 서하 왕릉군王陵群에는 250여 개의 왕릉이 분포해 있다. 특히 서하 왕릉의 능탑陵塔은 동방의 피라미드라고 불릴 정도로 웅장하면서도 독특한 건축양식을 보여준다. 1036년 이원호가 공포한 서하문자西夏文字는 한자와 유사하나 매우 복잡하다. 서하는 논어, 맹자, 손자병법 등의 서적이나 불경을 서하문자로 번역하였다.

서하는 양종 이안전李安全 시기에 칭기스칸의 몽골군에 점령되어 몽골에 복속되었다. 서하는 몽골과 함께 금을 공격하였으며, 금과의 오랜 전쟁으로 국력이 급속히 쇠퇴하게 되었다. 서하는 1226년 칭기스칸의 서정西征 참가를 거부하여 다시 몽골의 침입을 받았으며, 1227년 칭기즈칸이 친히 지휘하는 몽골군에게 점령되어 멸망하였다. 서하의 멸망 후 대다수의 주민들이 몽골군에게 살해당했으며, 일부만 감숙과 오르도스에

남고, 여타 대부분은 남으로는 윈난, 미얀마, 부탄, 동으로는
하북, 서쪽으로는 티베트 등 사방으로 흩어지고 말았다.

만주의 풍운

동북 만주는 문명의 탄생지인 요하 유역과는 지리적으로 멀리
떨어져 있고, 부여와 고구려, 발해시대에도 변경에 속해 있었
다. 금나라가 탄생한 북만주 하얼빈哈爾濱 지역은 숙신肅愼, 물
길, 흑수말갈黑水靺鞨 등 퉁구스계 부족들의 땅으로 12세기에
이르러서도 문명과는 거리가 먼 야성의 상태를 유지하고 있었
다. 흑수말갈 계통의 약 15만 주민들로 구성된 완안부完顏部가
거주하는 지역은 삼림이 우거지고, 강과 호수가 도처에 널려
있으며, 여름에는 덥고, 겨울에는 몹시 추운 혹서혹한酷暑酷寒
의 땅이었다. '여진Jurchi'이라 불린 부족민들은 호수에서 물고
기를 잡고 사금砂金을 캐며, 산삼山蔘 채취와 사냥을 생업으로
하고 있었는데, 사냥으로 단련된 그들은 뛰어난 전투기술을
갖고 있었다. 그들은 「여진인 1만이 차면 상대하지 말라」는
말이 있을 정도로 용맹했다.

여진은 발해가 멸망한 이후 요나라에 예속되어 공물供物 등

각종 부담을 지고 있었다. 그들은 남쪽의 고려와는 국경무역을 통하여 농기구와 약재, 옷감 등을 수입하고, 말과 각종 모피毛皮를 수출하는 등 경제적으로 밀접한 관계를 유지했다. 금나라를 세운 완안부가 고려를 부모의 나라로 칭했다는 것으로 보아 여진족들은 고려를 상당한 동족의식을 갖고 대했던 것으로 보인다. 금사金史에 의하면, 금나라의 시조인 완안 아쿠타의 조상 함보函普는 고려 출신이라 한다. 요나라와 고려로부터 자극을 받은 완안부를 중심으로 한 여진족들은 스스로의 나라를 꿈꾸기 시작했다.

12세기에 들어와 요, 송, 고려 등 기존의 동북아 국가들은 모두 쇠퇴기에 접어들고 있었다. 이에 반해, 완안부에는 영가, 우야소, 아쿠타, 오걸매 등 영걸英傑들이 연달아 출현하여 하얼빈 지역에서 동남진하여 요나라와 고려의 행정이 미치지 않는 길림성 남동부, 두만강 유역, 함흥평야에 이르는 지역의 통구스계 부족들을 결집해 나갔다. 만물이 융성하는 간방艮方의 땅 만주로부터 풍운이 일어났다. 동북 만주로부터 동북아 전체를 뒤덮는 거대한 회색의 눈보라가 휘몰아치기 시작한 것이다. 춘추전국시대의 초楚나라나 오吳나라가 그랬듯이, 스스로 화하문화華夏文化에 몸을 던지는 지역과 민족들이 만주, 티베트, 운남의 깊숙한 곳까지 늘어났다.

VII

여진_{Jurchi}과

몽골의대두

토번, 서하, 거란, 남조와 남조를 계승한 대리大理 등 주변 국가들의 흥기로 한족의 영역은 급격히 축소되어 갔다. 한족 국가인 송나라의 영토는 당나라의 전성기에 비해 약 1/2로 줄어들어 있었다. 송나라는 군사적으로는 취약했으나, 경제적으로는 활력이 넘쳤으며, 넘치는 경제력으로 거란과 서하에게 매년 막대한 조공을 바치고 평화를 샀다. 그러나 돈을 주고 산 평화는 취약할 수밖에 없었다. 송나라는 막대한 조공을 바치고도 거란과의 북부전선 및 서하와의 서부전선에 수십만명의 수비병을 주둔시켜야 했다.

이렇게 엄청난 액수의 조공과 군비부담으로 인해 민간의 활력은 점차 쇠퇴하기 시작했다. 쇠퇴해 가는 국가경제를 회복시키기 위해서는 새로운 정책의 도입이 필요했다. 신종神宗의 지시에 따라 왕안석이 도입한 신법新法은 기울어 가는 송나라의 경제를 회복시키기 위해 고안된 정책이었다. 신법의 핵심은 국가가 저리低利로 영세민들에게 융자하는 정책으로 청묘법靑苗法이라 불렸다. 신법의 시행은 빈농과 소상인 등에게 큰 도움이 되었다. 신법은 경제적 효과만을 놓고 보았을 때는 매우 성공적이었다. 만성 적자를 보이던 재정이 흑자로 돌아섰으며, 막대한 잉여까지 축적하게 되었다. 그러나 신법은 형세호形勢戶로 불리던 호족들에게는 타격이 되었다. 국가가 저리로 융자함에 따라 호족들이 더 이상 빈농과 소상인들을 대상으로 고리高利의 이자놀이를 못하게 되었기 때문이다. 이에 따라, 신법은 호족 출신이 주류를 이루던 사마광, 구양수, 소식, 정호, 정이 등 구법파舊法派 관료들의 거센 저항을 받았다. 현대식으로 말하면 국가개입주의와 자유방임주의의 대립으로 볼 수도 있으나, 이해관계와 함께 나중에는 개인적인 감정까지 개입되어 격심한 당파싸움으로 변질되고 말았다. 나중에 휘종徽宗이라는 예술가 기질의 무능한 통치자가 행정능력은 뛰어나나 신념도 절조도 없는 인물인 재상 채경(蔡京, 1047~1126)과 환관인 동관童貫 등을 등용하여 나라를 다스리면서 상황은 악화되어 갔다.

채경은 구법파 고태후高太后 집권기에는 신법을 폐지했다가 휘종 등 신법파가 집권하자 이번에는 폐지된 신법을 기를 쓰고 부활시키는 등 무절조無節操의 극치를 보인 인물이다. 오늘을 살아가는 우리도 채경과 같은 인물들을 숱하게 보고 있다. 신뢰가 부족하고, 절개가 없는 인물들이 횡행하게 되면 국민들의 도덕 감정에도 악영향을 미쳐 결국 국가사회 전체가 퇴락하고 만다. 북송北宋의 말로가 이를 증명해 주고 있다.

우리에게 『역사의 종언The End of History and the Last Man』과 『신뢰Trust』라는 저서로 잘 알려진 일본계 미국 철학자 후쿠야마Yoshihiro Francis Fukuyama는 국가사회를 움직이고 발전시키는 힘은 구성원들 사이의 신뢰信賴에서 나온다고 말했다. 후쿠야마가 지적했듯이 신뢰라는 사회적 소프트파워soft power를 갖추지 못한 나라는 일류 선진국으로 발전하기 어렵다. 이미 여러 차례 일어난 미국 SAT(대학수학능력시험)와 AICPA(회계사) 시험, CFA(공인재무분석사) 시험, NCLEX(간호사자격) 시험 문제 유출과 같이 목적을 위해서라면 수단과 방법을 가리지 않는 행위는 국제사회에서 우리나라 사람들의 신뢰를 떨어뜨려, 결국 우리 사회 구성원 모두에게 커다란 불이익을 가져오게 된다.

전국시대戰國時代 말기의 사상가인 한비자(韓非子, BC 280~BC 233)의 글에 공자의 제자이자 효孝의 표본으로 잘 알려진 증삼(증자, BC 506~436)과 얽힌 「증삼팽체曾參烹彘」라는 재미난 이야기가 있다. 「증자曾子」의 아내가 어느 날 시장에 가려 하는데 아이가 울면서 따라가겠다고 떼를 썼다. 그의 아내가 "돌아와서 돼지彘를 잡아줄 테니 집에서 기다려라" 하면서 달래자 아이가 잠잠해 졌다. 아내가 시장을 보고 돌아오자 증자는 칼을 갈고, 물을 끓여 돼지를 잡으려고 했다. 증자의 아내는 "아이를 달래려 어쩔 수 없이 한 말인데 정말 그 비싼 돼지를 잡아먹으면 우리는 노모를 모시고 앞으로 어떻게 살아가느냐?"고 언성을 높였다. 그러자 증자는 "당신이 아이에게 무엇이라 했느냐. 부모가 되어서 아이에게 속임수를 가르치려고 하느냐. 부모가 자식을 속이면 자식이 부모를 믿지 않게 된다"며 돼지를 잡았다.」 증자曾子가 돼지를 잡은 그날 밤 아이는 친구에게서 빌린 책을 약속한 날짜에 돌려주고 오겠다고 하면서 자다 말고 벌떡 일어났다 한다. 가정에서나 사회에서나 구성원들 간 신뢰는 그 만큼 중요하다.

2009년 APEC 회의 참석차 싱가포르에 6번이나 출장을 갔다. 출장지 싱가포르에서 주한 싱가포르 대사관 1등서기관으로 근무한 적이 있는 「고髙」라는 외교부 직원과 친해졌다. 한 번은 그와 후쿠야마가 말한 「신뢰」에 대해 이야기를 나누었는데, 고에 의하면, 자국 정부는 1970년대 말 설계대로 지어지지 않았다는 이유로 준공검사를 통과하지 못한 대로변의 큰 건물을 오랫동안 비워 놓게 했다가 결국 철거했다 한다. 물론 경제적으로는 손해이지만, 건축법이라는 국가사회의 신뢰가 더 중요하다는 판단하에 그 건물을 철거했다는 것이다. 그만큼 사회 지도층의 준법정신과 절조節操, 사회구성원들 간 신뢰는 한 나라를 지탱하는 기둥인 것이다.

채경은 예술가 황제인 휘종의 사치에 필요한 비용을 마련하기 위해 억척스럽게 신법을 실시했다. 장자莊子에 「백성을 사랑하는 것이 백성을 해치는 시작이다.」라는 말이 있다. 무위無爲

의 노장사상이 강한 송나라인들은 채경을 원수 보듯 했다 한다. 우리가 잘 아는 명대明代의 장편소설 『수호전水滸傳』에도 채경은 사리사욕만 채우는 간신으로 묘사되어 있다. 예술가적 기질의 어리석은 황제 휘종과 무절조의 극치를 이루던 채경과 동관童貫 등이 다스리던 송宋나라가 어떤 길을 걸어가게 되는지 살펴보자.

아쿠타와 금나라

유목의 땅인 요하 상류를 근거로 나라를 세워 동으로는 만주, 서로는 신강, 남으로는 북경을 포함한 연운 16주燕雲 十六州까지 영유하게 된 요나라도 여타 북방민족 국가들에서와 같이 국수파國粹派와 한화파漢化派 간 격렬한 당쟁이 일어났다. 당파싸움은 거란의 정체성 문제에서 비롯되어 개인적인 이해관계에다가 감정문제로까지 비화되었다. 집권세력이 바뀜에 따라 나라이름도 거란契丹과 요遼를 왔다 갔다 했으며, 이에 따라 나라의 활력은 현저히 약화되어 갔다. 송나라에 휘종과 채경, 동관이 있었다면, 요나라에는 천조제天祚帝와 야율을신耶律乙辛, 소봉선蕭奉先이 있었다.

완안 아쿠타는 요나라가 압박을 가해오자 요나라의 대여진對

女眞 전진기지인 길림성의 납림하를 선제공격하여 대승을 거두었다. 국가존망의 위협을 느낀 천조제가 1114년 전국에서 긁어모은 70만 대군을 이끌고 요하의 동쪽 지류인 혼하 유역까지 진격해 오자, 아쿠타는 3만 정병精兵을 거느리고 후방의 반란으로 갈팡질팡하던 요나라군을 대파했다. 전투를 앞둔 그는 「나와 일체가 되어 돌격하든지 아니면, 나의 목을 천조제에게 바치고 부귀영화를 누려라」라는 내용의 연설을 통해 여진군을 분발시켰다. 혼하 싸움으로 만주의 정세는 일변하였다.

아쿠타는 1115년 1월 발해인 양박楊朴의 건의에 따라 황제에 즉위하여 국호를 대금大金이라 하였다. 지배부족인 완안부는 퉁구스족 고유의 흰색을 숭상하였으며, 출신지가 하얼빈 부근의 안출호수安出虎水였던 관계로 국호를 금이라 한 것이다. 여진어로 「안출호」는 금이라는 뜻이다. 그는 여진문자를 제정하고, 연운 16주의 회복을 꾀하고 있던 송나라와 「해상海上의 맹盟」이라는 공수동맹조약攻守同盟條約을 체결하여 함께 요나라를 공격하였다. 금나라군은 1120년 요나라의 수도인 상경 임황부上京臨潢府 점령하고, 다음해에는 중경 대정부中京大定府도 함락시켰다. 요나라의 천조제는 수도가 함락되자 서쪽으로 도망하여 오르도스 북방의 음산 기슭에 숨어 서하의 지원을 기대했다.

카라키타이_서요

여진족의 금나라와 북송에 의해 요나라가 멸망당하자 황족인 야율대석(1087~1143)은 몽골을 거쳐 신강의 우루무치로 도망하여 그곳에서 몽골 18부족을 규합하였다. 그는 서진하여 카자흐스탄 동남부 오하五河 유역의 비옥한 땅인 이리 지방을 손에 넣고 서요(카라키타이)를 세웠다.

야율대석은 이후 남신강南新疆의 카슈가르를 수도로 하는 위구르계 카라한조를 합병하였으며, 1132년 사마르칸드康國 부근에서 전성기를 지난 셀주크 투르크의 10만 대군을 격파했다. 사마르칸드를 점령한 야율대석은 아무 다리야 하류의 호레즘火尋을 속국으로 만드는 데 성공하여, 신강에서 아랄해에 이르는 대제국을 세웠다. 서요의 존재는 금나라에게 위협이 되었다. 금나라의 서부국경에 거주하는 거란족들이 서요와 손을 잡고 금나라의 배후를 노릴 가능성이 있었기 때문이다. 카라키타이의 서정西征은 1세기 뒤에 다가올 몽골족의 서진西進이라는 태풍을 예고하는 전주곡이었다. 오늘날 러시아와 중앙아시아 등에서는 중국을 키타이Cathay라고 하는데, 이는 거란과 서요(카라키타이)의 이름이 초원의 길을 따라 중앙아시아와 남부 러시아(킵차크) 초원 지역에 널리 알려졌기 때문이다.

여진족의 남진과 한화정책

태조 완안 아쿠타는 군사조직인 맹안모극제猛安謀克制를 군사·행정기구로 재편하고, 지방행정구획으로 노路를 설치했다. 1맹안은 약 100명, 1모극은 약 1,000명으로 편제되었다. 금나라는 송나라와의 협정에 따라 요遼의 서경西京인 산서성의 대동(북위의 평성)을 함락시켰다. 송나라와 체결한 해상의 맹에 따라 장성 이남으로 출병하지 않기로 약속하였지만, 연경燕京의 요나라 망명정부군에게 밀려 패배를 거듭하고 있던 송나라군의 요청으로 연경도 함락시켰다. 아쿠타는 휘하 장군들과 한족을 포함한 연경 주민들의 반대에도 불구하고, 해상의 맹을 지켜 연경을 송나라에게 넘겨주었다. 그는 연경 함락 직후인 1123년 북만주에 위치한 수도 회령으로 회군하는 길에 붕어崩御했다. 송나라군이 약체가 된 것은 요나라에 대비하여 양성해왔던 군대를 1120년 절강浙江에서 일어난 마니교 종교집단인 방랍方臘의 난 진압에 동원했기 때문이었다. 연경 사건으로 송나라의 무능이 만천하에 들어났다. 아쿠타는 해상의 맹을 지켰지만, 송나라는 금나라를 배신하고, 서하 및 음산 기슭에 도피해 있던 요나라 천조제의 잔존세력과 연결하여 금나라 공격을 시도했다. 아쿠타를 계승한 동생 태종과 그의 막료들은 이러한 송나라를 용서하려 하지 않았다.

금나라의 남진 ___

국경
남진방향

상경
금
동경
중경
고려
남경
개경
태원 진정
서하
개봉
낙양(하남) 서주
임안 경원
온주
대리
남송

1126년 초 금나라군은 다시 연경을 점령하고 파죽지세로 남하하여 개봉에 접근했다. 휘종은 태자太子에게 양위하고 황급히 남쪽으로 피신했다. 새 황제 흠종欽宗은 이강, 서처인 등 주전파主戰派와 채경 등 주화파主和派 간 대립 속에서 갈피를 잡지 못했다. 개봉을 포위한 금나라는 조공 액수를 올리고, 중산中山과 하간河間, 태원太原 등 3개 진鎭, 20개 주州의 할양과 왕족과 대신을 볼모로 보낼 것을 요구했다. 송나라 조정은 강적을 만나 모래에 고개를 처박은 타조駝鳥와 같이 우선 눈앞의 위기에서 벗어나기 위해 금나라의 요구를 수용했으며, 금나라 군대는 포위망을 풀고 북으로 철군했다. 금나라 군대가 철군한 후 개봉에서는 서처인 등 주전파가 권력을 장악하여 할양하기로 약속한 3진의 군사들에게 금군金軍에 저항할 것을 명령했다. 그리고 강남으로 도피한 휘종을 다시 개봉으로 모셔왔다.

송나라의 거듭된 배신에 격노한 금나라는 다시 군사행동을 개시하여 개봉을 포위했다. 40여 일간의 공방전 끝에 마침내 개봉이 함락되었다. 금나라는 휘종과 흠종을 포함한 황족과 궁녀, 관료, 기술자 등 3,000여 명을 포로로 잡아 북만주로 이주시켰다. 흠종의 연호를 따 이 사건을 「정강靖康의 변變」이라 한다. 제1차 개봉 포위 시 금나라의 볼모가 되었다가 인질 교체로 돌아온 휘종의 9남 조구趙構가 1127년 하남성 상구商邱에서 즉위하여 송나라를 이어갔다. 이듬해 금나라는 남벌군을 일으켰다. 금나라군은 쫓아가고 남송군은 정신없이 쫓기는 상황이 양주揚州-진강鎭江-소주蘇州-항주杭州-정해定海-온주

溫州까지 이어졌다.

아쿠타의 아들 완안종필完顏宗弼이 지휘하는 금나라군은 양자
강을 건너 닝뽀寧派까지 고종 일행을 추격했으나, 보급선이 지
나치게 길어지고 송나라 의용병이 공격할 기미를 보이자 양자
강 북쪽으로 철군했다. 1132년 금나라는 연경에서 남벌 작전
회의를 개최하는 등 다시 남진할 태세를 취했으나, 대동에 있
던 금나라 도원수부의 부원수 야율여도耶律余睹가 주도한 거란
족의 반란으로 인해 중단하지 않을 수 없었다. 2년 뒤 태종은
다시 남벌군을 일으켰으나, 곧 사망하고 말았다. 태종의 사망
으로 남정南征은 흐지부지되고 말았다.

양자강과 회하 유역에서 송나라 정부군의 공백을 메운 것은
악비岳飛, 한세충韓世忠, 장준張俊, 유광세劉光世 등이 거느리는
의용군단이었다. 고종의 남송南宋은 차차 안정되어간 반면, 급
팽창한 금나라는 권력집단 내부에 문제가 드러나기 시작했다.
금나라와 남송은 타협을 보았다. 1139년 양국은 "남송이 금
나라에 조공을 바치되, 금나라가 점령한 영토는 남송에 반환
한다"는 내용의 조약을 체결하였다. 금나라는 하남의 개봉
과 섬서의 장안 등 점령한 영토의 대부분을 일단 남송에 반환
했다. 그러나 금나라 내부의 의견 충돌로 조약은 무효가 되고
말았다. 강경파에 의해 장악된 금나라는 조약을 파기하고, 군
대를 동원하여 다시 개봉과 장안을 점령했다. 과거와 달리 금
나라는 군벌화된 남송南宋 의용군단의 강력한 저항으로 인해
전쟁 수행에 많은 어려움을 겪었다. 금나라는 만주 대흥안령

부근 거란족의 동태도 감안해야 했다.

1142년 금나라의 완안종필과 남송의 진회秦檜 사이에 다시 화의가 성립되어 동의 회하와 서의 대산관大散關을 국경으로 정했다. 매년 남송이 금나라에 조공을 바치기로 한 것은 물론이다. 금나라는 38맹안, 즉 약 100만 명을 화북으로 이주시켜 점령한 영토를 지배해 나갔다. 서하는 금나라가 강성해지자 살아남기 위해 금나라에 칭신稱臣했다. 이에 대한 대가로 서하는 음산 이남의 땅을 할양받았다. 서하는 이제 더 이상 송나라와 국경을 접하지 않게 되었으며, 몽골의 침략을 받기 전까지 약 80년간 안정을 유지할 수 있었다.

금나라에서는 3대 희종熙宗 완안단과 4대 해릉왕 완안량의 시대에 대규모 살육이 벌어졌다. 술주정이 심하던 희종은 집권 말기에 호부상서 완안종례, 절도사 완안사라 등 황족과 중신들을 대거 살육하고, 재상 완안량과 결탁하고 있다는 이유로 황후 배만씨裴滿氏도 죽였다. 이러한 상황에서 완안량은 1149년 궁정 쿠데타를 일으켜 희종을 살해하고 황제로 즉위했다. 발해 출신 대씨大氏를 어머니로 둔 해릉왕은 희종보다 한 술 더 떠 재상 완안종본을 포함한 수백 명의 황족과 중신들을 추가로 죽였다. 그는 살해당한 황족들의 아내와 딸들을 후궁으로 삼았다. 해릉왕은 후조의 석호石虎 이상으로 살인을 자행하고, 음란의 도를 더 했다. 그는 숙모와 사촌여동생, 조카며느리도 겁간劫姦했다. 끝없는 일탈로 해릉왕은 점차 금나라 지도층 내부에서 소외되어 갔다. 희종과 해릉왕이 황족과 중신들을 대거 살해한 것은 황제독재체제를 확립하기 위해서였다. 거란(요)이나 여진(금), 만주(청)와 같이 북방에서 기원한 나라들의 경우, 건국 초기에는 유목민족의 전통에 따라 장로합의제로 국정을 운영한다. 태조 아쿠타의 유훈遺訓을 어겼다는 이유로 태종 오걸매가 종친 신하들에게 곤장을 맞았다는 말이 있을 정도이다. 2대 태종을 계승한 희종이나 희종을 계승한 해릉왕도 태종의 아들이 아니라, 태종의 형인 태조의 손자들이었다. 북방 유목민족 국가들의 경우 황제독재체제로 전환하는 과정에서 희종이나 해릉왕과 같이 과격한 성격의 황제와 여타 권력자들 간 권력투쟁이 발생하게 되면 대규모 희생이 뒤따르게 되는 것이다.

해릉왕은 1153년 북만주 송눈평원宋嫩平原에 위치한 회령會寧에서 연경(북경)으로 수도를 옮겼다. 천하통일을 목표로 삼은 해릉왕은 남송을 정복하여 통일왕국의 천자가 되려고 하였다. 수·당 이후 중국의 경제중심지는 회하 이남이었다. 금나라가 남쪽으로 팽창하여 회하를 남송과의 국경선으로 정하였다고는 하나, 경제 중심지는 남송에 위치해 있었다. 이에 따라 금나라는 남송과의 교역에서 언제나 입초入超를 보였다. 금나라 경제는 남송의 쌀과 차茶, 향료 등에 의존하는 상태가 되었다. 해릉왕이 남정南征을 감행하려 한 데에는 이와 같은 경제적인 이유도 있었다. 1161년 해릉왕은 개봉에 입성하여 여진족, 거란족, 한족, 발해 유민 등으로 구성된 대규모 남벌군南伐軍을 일으켰다. 강압적인 방법으로 남벌군에 징집당한 거란족들이 이판사판의 심정으로 서북 변경 도처에서 반란을 일으켰다. 거란족은 몽골족과 싸워왔으나, 장정들이 남벌군에 대거 징집당하는 바람에 더 이상 몽골족을 막아낼 수가 없었던 것이다. 국내에서도 반란이 일어났다. 해릉왕은 개봉으로 남하하기 전 출정을 간諫하던 황태후 도선씨徒單氏와 태의사太醫師 기재祁宰 등을 살해했다. 살해한 도선씨의 시체를 궁중에서 태워 재를 물에 뿌리고, 그녀의 시녀 70여명도 죽였다. 그는 걸주傑紂 이상의 잔악한 모습을 보였다.

민족 정체성 유지를 위한
세종의 노력

이러한 때에 요양 유수 완안포完顔褒가 북만주 회령에서 일부 황족과 장군, 관리들의 추대를 받아 황제로 즉위했다. 그럼에도 불구하고, 해릉왕은 벌송전伐宋戰을 멈추려 하지 않았다. 해로로 진출한 2군이 해주(강소성 연운항) 해전에서 남송군에게 대패하고, 육로의 본진도 양자강 남안의 채석기에서 화포火砲를 사용한 남송군에게 패배하였다. 해릉왕은 양자강 도강작전을 승리로 이끌지 못할 경우, 장군들을 모두 죽이겠다고 협박했다. 세종이 즉위했다는 것을 전해들은 장군들은 반란을 일으켰으며, 야율원의耶律元宜가 해릉왕을 살해했다. 금나라군이 철수하자 남송군은 금나라군의 뒤를 쫓아 회하 이북까지 군사를 보냈다. 세종 완안포는 우선 거란족의 반란을 진압하는 데 온 힘을 쏟았다. 거란족 내부에서도 카라키타이(서요)로 도망하자는 파와 금나라 영토 내에서 계속 싸우자는 파 간 갈등도 있고 하여 곧 반란을 진압할 수 있었다. 거란족의 반란을 진압한 세종은 군대를 회하 방면으로 이동시켜 회하를 넘은 남송군을 몰아내었다.

1161년 남송의 고종은 대금對金 주전파와 화평파 간 당쟁에 시달린 나머지 양자이자 태조 조광윤의 7세손인 조신에게 양위하고, 태상황이 되었다. 다시 태조계의 인물이 황위에 올랐다. 이후 남송 황제는 모두 태조계가 차지했다. 효종 조신은 주전론자인 장준張浚을 총사령관으로 기용하여 북벌을 시도했다. 남송군은 처음 전쟁을 유리하게 이끌어 나가 회하 이북까지 진출하는데 성공했으나, 서북에 나가있던 금나라의 명장 복산충의僕散忠宜가 회하 전선에 복귀하자 전세는 금방 혼전양상으로 변하였다. 1165년 두 나라는 새로 조약을 체결하여 동쪽의 회하, 서쪽의 대산관을 국경으로 확인하였다.

남송과의 관계를 안정시킨 세종은 희종과 해릉왕이 강압적으로 실시해온 한화정책漢化政策을 수정하여, 여진족 고유의 야성을 회복시키려 하였다. 세종은 여진 귀족들에게 일정기간 도회지를 떠나 내몽골 혹은 만주의 초원에 텐트를 치고, 기마술과 궁술弓術을 철저히 연마하도록 했다. 그는 여진족이 한족 복장을 착용하는 것을 금지했으며, 여진어와 여진문자 사용을 장려하였다. 그러나 금나라 4,400만 인구 중 여진족 인구는 616만에 불과하였다. 이에 따라, 고유의 야성을 상실해가는 중원 거주 여진족의 한화漢化를 되돌려 놓을 수가 없었다. 세종은 가난하게 된 중원 거주 여진족을 구제하기 위해 한족이 경작하고 있던 관유지官有地 등을 몰수하여 여진족에게 분배해 주었다. 여진족은 만족했으나, 토지경작권을 빼앗긴 한족들은 여진족이 주도하는 금나라 조정에 불만을 갖게 되었다. 세종은 거란족을 감시하기 위해 거란족만의 맹안·모극을 해체하여 여진족의 맹안·모극 안에 분산, 편입시켰다. 그는 여진족과 거란족 간 혼인을 장려하는 한편, 거란족을 북만주 지역으로 강제 이주시키기도 했다. 이는 카라키타이(서요)와의 연락을 끊는 방법이기도 했다. 세종의 시도는 성공하지는 못했지만, 후일 중원을 통치하게 되는 만주족 황제들에게 본보기와 함께 경고도 되었다. 세종을 계승한 황태손 장종章宗은 거란문자의 사용마저 금하였다. 그럼에도 불구하고, 거란족은 결코 여진족에게 동화되지 않았다. 거란족과의 갈등은 금나라가 쇠퇴하게 된 최대의 원인중의 하나였다. 수렵과 어로漁撈로 정착 생활을 했던 퉁구스계 여진족과 늘 이동하는 유목생활을 했던 몽골-퉁구스계 거란족은 기질적으로 서로 맞지 않았다. 여진족의 한문명漢文明 지향이 거란족의 유목적 야성에 반감을 갖게 한 측면도 있었다.

금나라의 쇠퇴

효종과 광종을 거치면서 남송은 안정되어 가고 있던 반면, 예술가적 기질의 황제 장종 시기에 난숙기를 맞이한 금나라는 지배민족인 여진족이 유약해진 데다가 몽골고원에서는 칭기스칸이 대두하고 있어 안팎으로 취약성을 드러내고 있었다. 장종 시대에 활동하기 시작한 북위 황족(탁발선비)을 조상으로 둔 금나라 제1의 시인 원호문(元好問, 1190~1257)이 15세 때 지은 「안구사雁丘詞」는 금나라라는 붉은 해가 서산으로 넘어가기 시작하는 듯한 이 시대의 분위기를 잘 반영하고 있다. '안구雁丘'는 기러기 무덤이라는 뜻이다. 「안구사」는 홍콩의 작가 김용金庸의 『영웅문英雄門』 제2부 「신조협려神雕俠侶」에 인용되기도 했다. 「안구사」의 일부를 소개한다.

問人間 情是何物
세상 사람들에게 묻노니 정이란 도대체 무엇이 길래 이렇게

直教生死相許
생사를 같이하게 한단 말인가

天南地北雙飛客
하늘과 땅을 가로지르는 저 새들아

老翅幾回寒暑
지친 날개로 추위와 더위를 얼마나 겪었니?

歡樂趣 離別苦

만남의 기쁨과 이별의 고통 속에

是中更有癡兒女

헤매는 바보 같은 여인이 있었네

君應有語 渺萬里層雲

님이여 말해주오 저 멀리 아득히 구름이 겹치고

千山幕景 隻影爲誰去

해가지고 온 산에 눈이 내리면 외로운 그림자 누굴 찾아 날아갈꼬

남송은 1206년 정권을 장악하고 있던 한탁주韓侂冑의 주도로 회하와 섬서 2개 전선으로 북벌을 감행하였다. 섬서 방향으로 북상하던 남송의 장군 오희吳曦는 전쟁에서 불리해지자 금나라군에 항복하였다. 이에 힘입어 금나라는 회하 방면에 군사력을 집중하여 남송군을 양자강 쪽으로 밀어붙였다. 당시 금나라는 이미 몽골의 대두로 위협을 받고 있었고, 산동 지역에서 민란의 움직임도 있어 조속한 화평을 바랐으며, 남송도 금나라군이 양자강 유역으로 접근해오자 위협을 느끼게 되었다. 1207년 양국은 남송의 조공 액수를 올리는 선에서 타협했다. 몽골고원으로부터 칭기스칸이 이끄는 몽골군의 말발굽 소리가 금나라의 국경에 육박하고 있었다. 금나라는 남송 내부의 상황추이를 정확하게 파악하여, 유리한 상황에서 전쟁을 끝냈다.

칭기스칸과 몽골

몽골고원에는 오랫동안 터키계와 몽골계 민족이 함께 거주하고 있었으나, 9세기 터키계 민족은 신강으로 서천西遷했다. 이에 따라 북만주를 원주지로 하는 실위몽올室韋蒙兀이 몽골고원 전역으로 확산되었으며, 이후 몽골고원은 몽골의 땅으로 불리게 되었다. 몽골고원은 건조한 유목의 땅인 관계로 생산성이 매우 낮았다. 때문에 몽골고원 전체가 부양할 수 있는 인구는 120만 명 정도에 불과했으며, 이에 따라 칭기스칸이 초창기 거느리던 몽골족 병사도 10만 명을 넘지 못했다.

금나라는 이민족인 거란족으로 하여금 같은 이민족인 몽골족을 방비하게 하는 이이제이以夷制夷 정책을 활용하는 한편, 몽골부족 내부의 분열과 대립을 통해 몽골을 통제해 왔다. 그러나 전쟁의 천재인 칭기스칸은 순식간에 몽골을 통합하고 금나라가 쳐 놓은 촘촘한 통제의 그물을 벗어버렸다. 그는 위구르 문자를 채용하고, 행정조직과 군사조직을 겸하는 십호, 백호, 천호, 만호제를 도입하였다. 칭기스칸은 세 차례에 걸쳐 서하를 공격했으며, 1211년부터는 금나라도 공격하기 시작했다. 산서와 하북이 주요 공격 루트가 되었다. 칭기스칸이 금나라를 공격하자 북만주 흥안령 부근의 거란족 유민들은 금나라의 통치에 반대하여 야율유가耶律留哥의 지휘 아래 봉기했다. 금나라 북부가 일대 혼란에 빠져 들어갔다. 이러한 위기 상황

몽골의 중국정복___

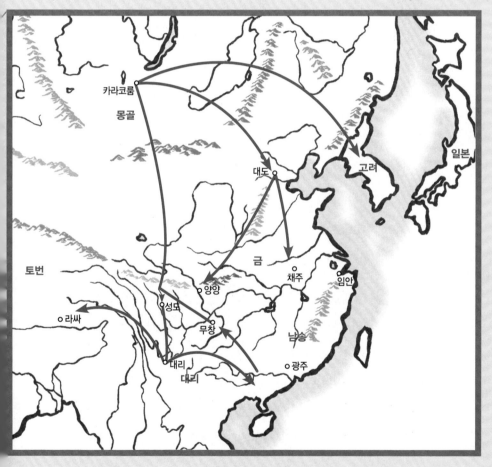

몽골의 진출로

카라코룸

몽골

토번

대도

고려

일본

금

o 라싸

o성도

o양양

o무창

대리
대리

o채주

o임안

o광주

남송

에서 병권을 장악한 흘석렬집중紇石烈執中은 무능하다는 이유로 황제인 위소왕 완안영제를 살해했다. 장종의 숙부인 위소왕은 완전히 한화漢化된 인물이었다.

몽골군은 금나라의 정변을 틈타 산동반도까지 유린하였다. 1214년 칭기스칸과 그의 아들들인 주치, 차가타이, 오고타이와 부하들인 무카리, 제베 등이 지휘하는 몽골군이 산서와 하북을 유린하고, 연경을 포위할 태세를 취했다. 금나라의 간청으로 두 나라간 화의가 성립되고, 몽골군은 북쪽으로 회군했다. 몽골군에 겁을 먹은 금나라는 개봉 천도를 결정했다. 군호軍戶의 가족 100여만 명도 하남으로 이주시켰다. 하북과 산서, 섬서 등 금나라 전국이 공황에 빠졌다. 금나라는 남천南遷하기 전 포선만노蒲鮮萬奴를 요동으로 파견하여 거란족을 제압하고, 근거지인 동북 만주를 확보하게 했다. 포선만노는 거란족 제압에 실패하자 아직 몽골의 힘이 미치지 않고 있던 두만강 하류에 동진국東眞國을 세웠다.

금나라 조정이 개봉으로 도주하자 칭기스칸은 다시 남하하였으며, 1215년 연경을 함락했다. 칭기스칸은 연경에서 금나라의 관리로 일하던 야율초재(耶律楚材, 1190~1244)라는 거란족 출신의 천재를 얻었다. 야율초재는 인문과학, 자연과학, 의학, 천문학, 언어 등 모르는 것이 없는 백과사전적 인물이었다. 칭기스칸은 오고타이와 차가타이, 툴루이 등 아들들에게 그를 소개하면서 「야율초재는 하늘이 우리 집안에 내린 사람이니 모든 일을 믿고 맡기라」했다. 칭기스칸은 평소 신임해오던 무카리를 왕으로 봉하고 그로 하여금 연경을 다스리게 했다. 무카리는 연경에 막부幕府를 설치하고 사방으로 군대를 보냈다. 황하 이북이 모두 몽골군에게 점령당했다. 금나라가 위기에 처하자 남송은 조공을 중단했으며, 서하도 금나라로부터 이탈하여 몽골 및 송나라와 손을 잡았다. 이러한 상황에서 칭기스칸은 중앙아시아 원정을 떠났다. 금나라에게 숨 쉴 수 있는 틈이 주어졌다.

7년 만에 중앙아시아 원정을 끝낸 몽골군은 1232년 남송으로부터 길을 빌려 금나라의 수도 개봉으로 쳐들어갔다. 금나라 애종哀宗은 남쪽의 채주蔡州로 달아나고, 성은 함락되었다. 금나라는 남송으로 사신을 보내어 금나라가 멸망당하고 나면 다음 차례는 남송이 될 것이니 금나라를 지원해 줄 것을 애원하였다. 남송은 조범趙范의 반대에도 불구하고, 명장으로 이름난 맹공孟珙에게 2만 명의 병사를 주어 몽골군과 함께 채주를 포위하게 했다. 남송은 이와는 별도로 30만석의 군량을 몽골군에 제공하기도 했다. 1234년 1월 몽골군과 남송군의 맹공猛攻으로 성은 함락되고 애종은 자결하였다. 한나라의 군주로서 부끄럽지 않은 최후였다. 400여년 뒤 명나라 최후의 황제 의종도 자결하지만, 그는 외국군이 아니라 반란군에게 쫓기고 신하들에게 버림받은 끝에 자결을 선택할 수밖에 없는 상황이었다. 우리나라의 경우, 조선조 인조와 고종을 필두로 고구려의 보장왕, 백제의 의자왕, 신라의 경순왕 등 어느 군주도 망국의 책임을 지고 자결한 예가 없었다는 점에서 금나라 애종은 망국의 군주로서 위엄을 지켰다.

금나라의 멸망 과정에서 재상 사숭지史崇之를 비롯한 남송 지도부의 무책략無策略은 차마 눈을 뜨고 보아줄 수 없을 정도였다. 남송은 100년 전 조상들의 원수를 갚는다고 자국 내의 길을 빌려주어 가면서까지 몽골을 도와 금나라를 멸망시켰다. 그들은 가도멸괵假道滅虢의 고사는 물론, 불과 100년 전의 해상지맹海上之盟의 일도 잊어버리고 있었다. 그들은 서하가 망하자 금나라도 망하였으며, 금나라 다음은 남송 차례가 될 것이 명명백백한 순망치한脣亡齒寒의 상황임에도 무뇌아無腦兒와 같은 결정을 내렸던 것이다. 금나라가 망하자 남송 조정에는 개봉과 낙양 등을 수복해야 한다는 주장이 비등해 졌다. 재상인 정청지鄭淸之가 조범趙范·조규趙葵 형제의 출병론을 지지함에 따라, 20만의 남송군이 북상하여 하남으로 들어갔다. 진격은 매우 순조로웠다. 남송군은 폐허 상태의 개봉과 낙양을 손쉽게 점령했다. 낙양성 안에는 불과 수십 가구의 민가밖에 남아있지 않았을 정도였다.

몽골군은 남송군의 북상 소식을 접하고, 북부와 서부에서 밀물과 같이 공격해 왔다. 남송군은 상호간 연락도 취하지 못하고 남쪽으로 무질서하게 패주했다. 사가들은 이때의 출병을 어린애 장난과 같은 짓이었다고 평했다. 이듬해인 1235년에도 몽골군이 대거 남하했다. 다행히 충순군忠順軍이라는 2만 명의 훈련이 잘 된 가병家兵을 거느리고 있던 맹공의 대활약으로 몽골군의 남하는 저지되었다. 맹공은 지휘관으로서, 그리고 정치가로서도 탁월한 인물이었다. 1239년 그는 자신의 고향이자 군사 요충지인 양양襄陽을 몽골군으로부터 탈환했다. 한편, 친형인 몽케 가한에 의해 중원中原 총독으로 임명된 쿠빌라이는 열하熱河의 금련천에 성곽을 쌓고, 유병충과 요추, 허형, 사천택 등 화북의 한인漢人들을 대거 기용하여 하북과 산동 등을 통치하기 시작했다. 1252년 몽케는 쿠빌라이에게 윈난의 대리大理를 정벌할 것을 명했다. 이는 남송 포위책의 일환이었다. 쿠빌라이는 대리를 정복하고, 티베트까지 진출했다. 그의 부장 우량하타이는 쿠빌라이의 별동대로 베트남 방향으로 진격했다.

주희와 성리학의 탄생

북송北宋의 정호程顥·정이程頤 형제가 시작하고, 남송南宋의 주희(朱熹, 1130~1200)가 체계화한 성리학性理學에 의하면, "우주만물은 모두 기氣라고 하는 균일한 물질로 구성되어 있다"고 한다. 주희는 인간의 본성은 본디 맑고 향기로우나 끝이 없는 욕망으로 인하여 뒤틀려 있으므로 학문을 통해 본성, 즉 이理를 규명해야 한다고 주장했다. 이러한 점에서 볼 때 성리학은 불교의 영향을 받았다고 볼 수 있다. 성리학에 따르면, 우주의 움직임은 이理에 따라 정해지는데, 이는 편재遍在되어 있다. 학문을 하는 사람은 이理를 규명해야 한다. 우주의 질서인 이理는 삼강오륜三綱五倫과 예禮 등으로 나타난다. 우주의 질서를 어지럽히는 것은 허용되지 않는다. 성리학이 명절名節을 숭상하는 것은 이 때문이었다. 주자학은 천지만물과 인간의 윤리에 어떠한 논리적 모순도 없는 완벽한 설명을 시도했다. 주자학(성리학)의 체계는 너무도 완벽했기 때문에 그 뒤로 거의 발전이 없었다.

성리학은 기존 질서를 존중하고 그것을 절대시하는 학문이었으므로 권력자들에 의해 종종 관학官學으로 채택되었다. 성리학은 또한 중화中華를 우주질서의 중심에 두었기 때문에 극단적인 중화주의의 모습으로도 나타났다. 성리학 이론에 따르면 명절이 강한 자가 기氣가 농후한 인간, 즉 문화인으로 취급되고, 중원문명 밖에 있는 자는 오랑캐로 멸시를 받아야 마땅했다. 즉, 성리학은 극단적인 화이론華夷論의 기초가 된 것이다. 주희는 금나라와의 화평에 반대하였는데, 이는 야만적인 여진족이 세운 금나라를 우주의 질서를 어지럽히는 존재라고 생각했기 때문이다. 그에 의하면 몽골도 예禮와는 거리가 먼 오랑캐이므로 대화의 상대가 될 수 없었다. 남송의 조범·조규 형제의 하남 출병론부터 조선 광해군의 실각, 김상헌과 삼학사(三學士; 윤집, 오달제, 홍익한)의 청나라에 대한 무조건적인 저항과 예송禮訟을 둘러싼 당쟁 등이 모두 성리학에 기초하고 있다.

주희는 교조주의자가 아니었으나, 그의 이론을 받아들인 중국의 일부 정치가들이나, 송시열과 송준길, 삼학사를 비롯한 조선 중기 이후의 서인 노론 사대부들은 심각한 성리학 교조주의자들이었다. 실학자 정약용丁若鏞마저 일본 성리학자의 저서를 읽고, "이제 왜인倭人도 성인의 길을 배우니 이제 다시는 난을 일으키지 않을 것이다." 라고 했다. 조선의 성리학자들에게 주희는 신神이었다. 성리학에 경도된 남송 이종理宗은 금나라가 멸망한 1234년 민간의 지지를 받고 있던 위료옹魏了翁이나 진덕수眞德秀와 같은 이상주의적 성리학자들을 기용했다. 그러나 그들은 정치의 원칙을 말해주는 외에는 현실정치에는 거의 도움이 되지 못했다. 성리학의 명절론名節論에 입각하여 감행된 하남(개봉, 낙양) 출병은 실패로 끝났다. 이종理宗은 이번에는 가사도賈似道라는 정반대의 성격을 가진 현실주의자를 기용하였다.

한족의 패주

몽골군은 서쪽과 남쪽으로 우회하여 남송을 공략하는 전략을 수립했다. 대칸 몽케는 본대本隊를 이끌고 섬서와 사천을 거쳐 동쪽으로 진격하며, 쿠빌라이는 연경(북경) 북방의 금련천金蓮川에서 출발하여 하북과 하남을 거쳐 양자강의 북쪽 지류인 한수를 따라 남하하고, 쿠빌라이의 부장 우량하타이는 광서에서 호남을 거쳐 북상하는 등 양자강 중류의 악주鄂州에서 3대가 합류하여 남송의 수도 항주(임안)을 공격하자는 계획이었다. 무창은 악주의 중심도시로 삼국시대 오나라 초기의 수도이자 동진東晉의 2대 군사요충지의 하나인 서부西府가 위치한 곳이기도 했다.

몽케의 본대가 선택한 진격로는 삼국시대 위나라의 대장군 종회鍾會의 촉한 공격 루트와 거의 같았으며, 쿠빌라이가 선택한 루트는 위무제魏武帝 조조가 유비와 손권을 치기 위해 남하한 길이었다. 1257년 몽케는 대군을 이끌고 수도 카라코룸을 출발하여 섬서와 한중을 거쳐 사천분지로 들어갔다. 그는 충칭을 공격하다가 조어산釣魚山에서 이질痢疾에 걸려 사망했다. 몽케의 후계 자리를 놓고 둘째 쿠빌라이와 카라코룸에서 감국監國을 맡고 있던 막내 아리크부가 사이에 긴장이 조성되었다. 쿠빌라이는 포위하고 있던 무창으로부터 철군하여 대칸大汗 지위를 다투어야 했으나, 베트남으로부터 광서를 경유하여 북상하고 있던 부장 우량하타이로 인해 무창을 떠날 수 없었다. 우량하타이가 호남을 거쳐 본대에 합류하자 쿠빌라이는 후퇴를 결정했다. 그러나 전황은 몹시 불리했다. 쿠빌라이군은 남송의 무창 주둔군과 한수 상류의 양양襄陽 주둔군 양쪽으로부터 합동 공격을 받을 가능성이 컸다. 더구나 무창에는 남송군 총사령관 가사도가 증원군을 이끌고 도착해 있었다.

쿠빌라이는 동진의 화가 고개지顧愷之의 여사잠도女史箴圖 등 그

동안 모아왔던 진귀한 예술품으로 가사도를 매수하였다 한다. 쿠빌라이군과 우량하타이군은 남송의 대군을 코앞에 두고 양자강의 한 지점인 대도하大渡河에 부교를 설치하여 큰 손실을 입지 않고 후퇴할 수 있었다. 그로부터 약 600년 후 청나라 말에 일어난 태평천국군의 장군 석달개와 옌안장정延安長征시 홍군이 양자강을 도하한 지점도 쿠빌라이군이 건넌 지점과 같았다. 이 무렵 최씨 무신정권의 주도로 30여 년간 몽골에 항쟁해오던 고려가 항복해 왔다. 다시 개경으로 수도를 옮긴 고려 국왕 왕철이 파견한 세자 왕전이 후퇴하던 쿠빌라이를 양양 인근에서 만나 고개를 숙였다. 금련천으로 회군한 쿠빌라이는 한지漢地에서 육성한 대군을 동원하여 4년간의 치열한 내전 끝에 몽골고원의 아리크부가를 굴복시켰다. 그는 1271년 북경으로 근거지를 옮기고 국명을 대원大元이라 했다.

몽골군을 격퇴한 것으로 알려진 가사도는 남송의 수도 항주로 귀환하여 재상에 임명되었다. 금나라가 멸망함에 따라 몽골과 직접 국경을 접하게 된 남송은 전쟁이 일상사가 되었다. 이로 인한 전쟁비용으로 인해 남송의 경제상황은 계속 악화되어 갔으며, 민란이 일어날 조짐을 보이고 있었다. 가사도는 농민에게 과도한 부담으로 작용했던 쌀의 저가 강제매입 제도를 철폐하고 공전법公田法을 실시하여 재정난을 타개하려 하였다. 그 결과 그는 대지주와 관료들로부터 미움을 받게 되었다. 나라가 없어지면 재산이나 지위는 아무 의미가 없게 될 것임에도 불구하고, 그들에게는 눈앞의 재산이 더 중요했다.

아리크부가와의 내전에서 승세를 굳힌 쿠빌라이는 한수유역을 통해 남송 정벌에 나섰다. 이에 따라, 최대의 전략요충지는 호북성의 양양襄陽과 번성樊城이 될 수밖에 없었다. 몽골군은 1268년 초 양양과 번성을 포위했다. 양양과 번성은 한수를 마주보고 있는 형주 최대의 성시城市들로 삼국시대 촉한의 관우와 위나라의 조인이 나라의 운명을 걸고 싸웠던 곳이다. 남송南宋도 양양이 사활의 땅이라고 인식하여 하귀夏貴 등이 이끄는 수군을 통해 전력을 다해 수비군을 지원했다. 남송의 5년에 걸친 저항은 신무기인 사라센 대포로 말미암아 끝장이 났다. 원나라의 위구르인 지휘관 아리하이야는 1272년 3월 일한국汗國이 파견한 이스마일과 알라딘이 제작한 사라센 대포回回砲를 사용하여 5년간이나 버텨오던 번성과 양양의 성벽을 부수는 데 성공했다. 두 성은 잇달아 함락했다. 총사령관 여문환呂文煥은 항복하기 전 구원군을 기다리느라 수도 항주가 있는 동남쪽만 바라보았다 한다. 양양이 함락됨으로써 남송의 명운은 경각에 다다르게 되었다. 한수와 양자강을 따라 내려가면 쉽게 남송의 요지를 공략할 수 있게 되기 때문이다.

양양 함락 후인 1274년 10월 원나라는 고려군 위주로 편성된 제1차 일본 정벌군을 파병했으나, 태풍으로 인해 결국 실패하고 말았다. 고려군이 큐슈를 침공한 데 분노한 카마쿠라 막부의 실력자인 호조씨北條氏는 1276년 고려 침공계획을 세우기도 하였다. 양양에 이어 커다란 희생 끝에 무창을 점령한 원나라군은 1275년 양자강을 타고 동진하던 중 반격을 가해 온 가사도의 남송군 10만을 건강(남경) 근처의 무호蕪湖에서 대파했다. 바얀이 지휘하는 원나라군은 속공작전을 취하여 바로 건강을 점령하고, 곧이어 수도 항주로 향했다. 1276년 항주가 함락되고, 남송은 멸망했다. 문천상文天祥, 장세걸張世傑, 육수부陸秀夫 등이 마지막까지 충절을 다해 조시趙昰, 조병趙昺 등 소년 황제를 모시고 저항을 계속해 나갔다. 원나라군은 이들을 추격하여 1279년 마카오의 서쪽 애산도厓山島에서 따라 잡았다. 망명정부군은 처절한 전투 끝에 패하고, 조병과 장세걸, 육수부 등 주요 인물들은 모두 바다에 뛰어들어 자결하였다. 일찍이 송태조 조광윤은 후손들에게 석각유훈石刻遺訓을 남겨 사대부 선비들을 우대하라고 명령하였다. 문천상과 육수부, 장세걸 등의 송왕조宋王朝에 대한 충성은 여기에서 비롯되었다.

1281년 7월 원나라는 고려의 김방경金方慶과 남송의 항장降將 범문호范文虎 등으로 하여금 대규모 함대를 이끌고 다시 일본을 정벌하게 했으나, 이번에도 태풍에다가 내분이 겹쳐 실패하고 말았다. 이 전쟁에 동원된 15만의 병사 중에서 11만~12만 명이 큐슈 서북쪽 바다에 빠져 죽었다. 세조 쿠빌라이는 이후에도 여러 차례 일본 정벌을 추진했으나, 광동, 복건과 참파(중남부 베트남)에서의 반란으로 인해 중단할 수밖에 없었다. 흉노, 저, 선비 등은 화북을 장악하는 데는 성공했으나, 강남으로 내려오지는 못했다. 북방민족들이 강남까지 지배하게 된 것은 선비와 한족의 융합왕조인 수·당 대에 이르러서였다. 5대

10국 시절에 활약한 사타돌궐도 화북만을 지배했으며, 거란과 탕구트는 중원에 발만 살짝 담구는 데 그쳤다. 여진이 회하 이북을 지배한 데 이어 몽골은 중국과 주변부를 거의 다 장악하였다.

몽골제국의 유라시아 지배를 통해 동아시아와 중앙아시아, 중동, 유럽의 교류가 활발해졌다. 바투, 훌라구, 야율초재와 같은 동아시아인들이 중앙아시아와 그 너머로도 가고, 마르코 폴로나 사두라薩都剌, 알라딘, 이스마일, 정학년과 같은 유럽인 또는 중동인들은 동아시아로 왔다. 몽골제국의 재상宰相 야율초재는 1222년 우즈베키스탄의 사마르칸드로 추정되는 하중河中에서 「임오서역하중유춘壬午西域河中游春」이라는 제목의 칠언율시七言律詩를 지었다. 여기에서는 뒷부분만 소개한다. 하중은 중앙아시아의 2대 하천인 아무 다리야와 시르 다리야 사이에 위치해 있는데, '다리야'는 터키어로 강江을 의미한다. 유라시아를 관통한 팍스 몽골리카Pax Mongolica 시대의 잔잔한 평화를 느낄 수 있는 시이다.

異域春郊草又靑
이국의 봄 교외에 나와 보니 풀마저 푸르른 데

故圓東望遠千程
고향이 그리워 저 멀리 동쪽을 바라보니 아득한 천리

臨池嫩柳千絲碧
연못가 버드나무의 새싹은 가지마다 푸르고

倚檻妖桃幾點明
난간에 기대어 보니 흐드러진 복사꽃 아름답기도 해라

丹杏笑風眞有意
살구나무는 살며시 미소 짓는데 정말 무슨 뜻을 갖고 있는지

白雲送雨大無情
비를 내리는 흰 구름은 무정하기도 해라

歸來不識河中道
다시 오는 사마르칸드 길은 알 듯 모를 듯 해

春水潺潺滿路平
봄물이 길을 덮어 평탄하기만 하네

몽골의 중국 지배를 어떻게 볼 것인가? 중국은 원나라를 중국 왕조로 보고 있으나, 몽골은 몽골제국이 중국을 포함한 유라시아 각지로 팽창했다고 본다. 몽골은 금나라, 서하, 대리, 남송 등 오늘날의 중국 영토 내에 세워졌던 나라들뿐 아니라, 동으로는 고려에서 서로는 헝가리에 이르기까지 거의 모든 나라들을 정복하는 등 유라시아 전역을 석권했다. 킵차크한국 汗國, 일한국, 차가타이 한국, 오고타이한국과 더불어 몽골제국을 구성한 원나라만 하더라도 몽골, 만주, 중원, 강남, 운남, 베트남, 고려 등을 직·간접적으로 지배했다. 이러한 측면에서 볼 때 원나라를 중국 왕조로 보는 것은 문제가 있다. 중국 역시 몽골족의 나라인 원나라 영토의 일부분에 불과했기 때문이다. 이민족이 중국을 점령하여 나라를 세운다고 하여 자동적으로 중국 왕조가 되는 것은 아니지 않은가 말이다. 청

나라 말기 황흥, 장병린, 추용 등 많은 한족 출신 혁명가들이 만주족이 세운 청나라를 중국 왕조로 인정하지 않았다. 그들은 멸만흥한滅滿興漢을 격렬하게 부르짖었다. 우리도 1910년부터 1945년까지의 35년을 일제침략기라고 하지, 일본왕조시대라고는 부르지 않는다. 이제 중국도 아전인수我田引水에서 벗어나 원나라 시대를 몽골 침략기라고 부르고, 요하 상류인 내몽골 적봉赤峰부근에서 기원하여 요동과 몽골을 중심으로 발전해 나간 몽골-퉁구스계의 나라 거란遼의 역사도 몽골 공화국 Republic of Mongolia에게 돌려줘야 하지 않을까? 이런 이유로 칭기스칸과 같은 몽골 팽창기의 인물들이나 요나라 태조 야율아보기를 중국의 위인에 포함시킬 수 없었다.

VIII

한 족文明의 부흥과

중화주의의 확립

남흉노의 서진 공격으로 일어난 311년 영가의 난과 여진족의 침공이 가져온 1126년 정강의 변 등을 계기로 화북에 살던 수많은 한족 주민들이 강남으로 이주했다. 이들의 일부는 복건, 광동, 광서까지 내려가 객가客家=Hakka가 되었다. 수·당 이래 회하 이남이 경제 중심지가 되었고, 인구도 중원에 비해 월등히 많아졌다. 남·북조, 수·당, 5대 10국, 송을 거치면서 중국의 중심이 황하 상류 관중에서 개봉을 중심으로 하는 중하류로 바뀌었다가 마침내 회하와 양자강 유역으로 옮겨온 것이다. 특히, 항주杭州를 수도로 한 남송은 강소, 안휘, 강서, 절강, 복건, 호북, 호남 등을 집중 개발해 놓았으며, 이에 따라 남송 이후의 왕조들인 원, 명, 청 등은 국가 재정을 강남에 의존하게 되었다. 한편, 이전에 중국을 점령했던 여타 북방민족들과 달리 몽골인들은 중국과 비슷하거나 더 높은 수준에 도

달한 문명국인 호레즘샤 제국의 사마르칸드, 부하라, 히바와 같은 대도시들을 보고 온 후에 중국에 진입하였던 까닭에 중국문화에 대한 열등감을 갖고 있지 않았다. 몽골인들은 오히려 「땅에 납작 엎드려 밭이나 가는」 한족들을 경멸했다.

4세기 모용선비족이 세운 전연의 황제 모용준이 생포한 염위의 한족 황제 염민을 노복하재奴僕下材라고 경멸했듯이, 몽골족도 한족을 멸시하기는 마찬가지였다. 당시 몽골족과 한족의 관계는 근대에 일본인이 중국인을 대했던 것과 비슷한 것으로 보면 된다. 세조 쿠빌라이는 몽골인을 1등급, 색목인(서역인)을 2등급, 한인(거란, 여진, 금나라 치하 한족)을 3등급, 남인(남송 치하 한족)을 4등급으로 구분하는 등 엄격한 민족차별 정책을 실시했다. 장관에는 몽골인이 임명되고, 차관에는 서역인이 임명되었으며, 한인이나 남인에게는 말단직만 주어졌다. 국교의 위치를 차지하던 유교의 지위도 격하되었다. 한화파漢化派가 권력을 잡았을 때만 겨우 몇 번 과거가 실시되었다. 이처럼 민족차별 정책은 소수의 몽골인이 다수의 한족을 통치하기 위한 몽골판 이이제이 정책이었다. 한인漢人과 남인南人 간 차별도 격심하였는데, 이는 남인의 수가 한인의 7~8배에 달했기 때문이다.

중동과 중앙아시아로부터 선진 과학기술이 도입되었다. 원나라는 중동에서 들여온 사라센 대포回回砲를 사용하여 양양과 번성을 함락시킬 수 있었다. 역학曆學과 수학에서도 괄목할 만한 발전을 이루었다. 남송이 지배하던 강남은 금나라가 지배하던 회하 이북에 비해 인구 숫자만 7~8배 이상에 달하는 등 경제중심지가 완전히 강남으로 옮겨갔다. 강남이 경제중심지가 됨에 따라 강남에서 생산된 쌀과 소금, 직물 등이 운하와 바다를 통해 수도인 북경으로 운송되었으며, 이에 따라 조선과 항해 기술이 크게 발달하였다. 명나라 초기에 있은 정화의 대항해도 이때 발전한 조선과 항해술에 힘입은 바 크다. 한편, 세조 쿠빌라이를 계승한 황태손 성종이후 제위 다툼을 에워싼 권신들의 발호로 원나라 궁정은 음모의 소굴이 되었다.

마니교, 백련교,
그리고 명

유목민족인 몽골족이 세운 원나라의 지도부는 분명한 통치철학을 갖고 있지 못했다. 그들은 싸우고 빼앗는 데는 천재적이었으나, 1억에 가까운 인구를 다스리는 데는 금방 무능을 드러냈다. 조정의 혼란과 농민들에 대한 과도한 착취가 겹쳐 세조 쿠빌라이 재위 기간에 이미 하남과 안휘를 중심으로 전국 곳곳에서 반란이 일어나기 시작하였다. 원나라는 재정 담당에 압둘 라흐만, 상가, 아흐마드 등 상인 기질의 신강, 중앙아시아인들을 주로 기용하여 입도선매立稻先賣식으로 세금을 거두었다. 그들은 원元이라는 대제국을 공공public이 아니라, 사업business이라는 측면에서만 보았다. 한마디로 통치철학의 부재였다. 이에 따라, 인구의 대다수를 이루는 농민에 대한 과도한 착취가 수반되었다.

1351년 황하의 둑 쌓기 공사에 강제로 동원된 농민들이 송나라 휘종의 후손임을 자처한 백련교白蓮敎 교주敎主 한산동韓山童의 지휘 아래 하남河南에서 봉기했다. 원나라군은 한산동과 유복통劉福通 등이 주도한 백련교도 반란군을 집중 공격하여 초기에 격멸하였으며, 한산동을 붙잡아 처형하였다. 백련교는 조로아스터교를 개혁한 마니교摩尼敎의 중국 버전version으로 명교明敎로 불렸으며, 하남과 안휘를 중심으로 강력한 세력을 구축하고 있었다. 백련교도 봉기군은 머리에 붉은 두건을 하고 있어 홍건적紅巾賊이라고 불렸다. 홍건군의 봉기를 필두로 전국에서 반란이 밀물처럼 일어났다. 소금거래업자인 절동浙東의 재벌 방국진方國珍에 이어 안휘의 곽자흥郭子興과 장사성張士誠, 호북의 서수휘徐壽輝 등이 잇달아 반란을 일으켰다. 반란은 요원燎原의 불길처럼 번져 나갔다. 빈농의 유민 출신인 주원장(朱元璋, 1328~1398)은 1351년 곽자흥 군단에 가담했다. 그는 고향인 안휘의 호주濠州에서 서달徐達, 탕화湯和와 같은 죽마고우들을 포함한 지휘관급 병사 700여명을 모집했다. 타고난 자질에다가 우수한 병력까지 거느리게 된 주원장은 곧 두각을 나타내었다.

한편, 살아남은 유복통은 1355년 안휘의 박주亳州에서 한산동

명나라의 건국 ___

의 아들 한림아韓林兒를 추대하여 송宋을 세웠다. 홍건군 본류에 속한 곽자흥과 그의 부장 주원장 등은 형식적으로나마 한림아의 송을 받드는 모양새를 취했다. 원나라 조정은 백련교도의 반란을 나라의 기초를 흔들 수 있는 중대사로 판단하였다. 원나라 조정은 톡토와 차간테무르를 사령관으로 임명하여 반란에 대처하게 했다. 원나라군과 한족 지주들은 연합군을 편성하여 홍건군을 사납게 몰아 부쳤다. 유복통은 원나라군에 정면으로 대응하기 보다는 4로路로 분산하여 대응하는 것이 생존에 유리하다고 판단하였다. 그는 자신이 중로中路를 맡아 하남을 점령하는 한편, 제1로의 관선생關先生은 하북, 제2로의 모귀毛貴는 산동, 제3로의 대도오大刀敖와 백불신白不信은 관중으로 진격하게 하였다. 관선생이나 대도오, 백불신을 비롯한 홍건군 지도자들 다수는 가족들에게 피해가 갈 것을 우려하여 가명을 사용했을 것으로 추측된다.

유복통은 하남 전역을 점령하였으며, 개봉을 수도로 삼고, 사방으로 세력을 확대해 나갔다. 그러나 곧 당대 제일의 명장 차간테무르가 지휘하는 원나라군의 거센 공격을 받았다. 1359년 송의 수도 개봉이 차간테무르군에게 함락되자 그는 한림아와 함께 벽지로 도주할 수밖에 없었다. 한편, 하북으로 진출한 관선생은 태행산맥을 넘어 산서로 들어가 대동을 약탈한 후 동북진東北進하여 원나라의 하계 수도인 개평부(금련천)를 함락시켰다. 관선생은 원나라군이 추격해 오자 동쪽으로 달아나 요양遼陽을 함락하고, 압록강을 건너 1359년과 1361년

두 차례에 걸쳐 고려에 침입하였다. 홍건군은 북경 부근을 우회하여 근거지인 하북으로 돌아가고자 하였으나, 원나라군의 반격으로 탈출로가 막히는 바람에 압록강을 건너 고려로 밀고 내려온 것이다. 홍건군의 제2차 침공 시 고려는 개경을 빼앗기고, 공민왕은 안동까지 피란해야 했다. 정세운鄭世雲, 안우安祐, 이방실李芳實 등이 모집한 의용병 군단의 분전에 힘입어 겨우 개경을 탈환할 수 있었다. 고려 동계東界 출신으로 여진족 계열로 보이는 청년장군 이성계(李成桂, 1335~1408)도 기병을 이끌고 개경 탈환전에 참가, 관선생과 사유沙劉를 참살하는 등 큰 공을 세웠다.

홍건군은 4로로 분산된 끝에 봉기 10여 년 만에 거의 소멸되었다. 홍건군은 통일된 이념과 군율을 갖지 못했다. 홍건군이 급속히 소멸된 것은 ①당대 제일의 명장 차칸테무르가 지휘하는 원나라군의 공격도 공격이지만, ②홍건군을 4로로 나눈 유복통의 전략적 실수와 함께 ③뚜렷한 이념을 갖지 못한 홍건군 지도자들끼리 서로 죽이고 죽임을 당하는 자괴작용自壞作用 때문이었다. 특히, 산동의 제남에 일시 뿌리를 내린 모귀 군단의 자괴작용은 목불인견이었다. 모귀는 부하인 조균용에게 살해당했으며, 조균용은 속계조에게 죽음을 당했다. 이들은 모아놓은 미인과 재산을 차지하기 위해 서로 싸웠던 것으로 보인다. 이후 홍건군 군단들 간 싸움이 벌어져 서로 죽이고 죽는 내전 상태가 되고 말았다.

톡토가 이끄는 원나라군은 장사성과 서수휘를 비롯한 반란집단에 연전연승했다. 그러나 그는 권력투쟁으로 곧 실각하고, 반란군은 별다른 저항 없이 세를 불려 나갔다. 1356년 안휘, 하남, 양주 등에 대흉년이 발생했다. 장사성 군단은 원나라군의 공격에다가 기근도 겹쳐 강남으로 탈주했다. 운 좋게도 그는 쑤저우蘇州와 항조우杭州, 호주湖州 등 강남의 경제 중심지를 모두 확보할 수 있었다. 1358년 장사성과 방국진은 유사시에 대비하여 각기 고려와 외교관계를 맺었다. 요즈음은 천당의 바로 아래에 캐나다의 서부의 해안도시인 밴쿠버가 있다고들 하지만, 당시 중국에는 "하늘에는 천당, 지상에는 소蘇·항杭"이라는 말이 유행하고 있었다. 이처럼 소주와 항주는 곡창지대이자 상공업도 발달한 천하의 두 개의 과실이었다. 곽자흥이 죽은 후 그의 군단을 이어받은 주원장도 남쪽으로 탈주하여 강소성의 중심지인 집경(남경)을 장악했다. 집경 점령 후 유기劉基와 이선장李善長 등 명망 있는 지식인들을 거느리게 된 주원장의 위세는 한층 더 높아졌다.

1360년 서파西派 홍건군의 수장이던 서수휘의 부하 진우량陳友諒이 호북과 호남을 포함한 양자강 중류 지역에서 한漢을 건국하고, 양자강의 흐름을 따라 동진하기 시작했다. 천하통일의 야망을 드러낸 것이다. 이제 천하는 양자강 중류의 진우량, 중·하류의 주원장, 하류의 장사성 등 삼자 간 대결로 판가름 나게 되었다. 원나라는 경제의 중심지 강남을 잃고 하루하루 겨우 버텨 가고 있었다. 여기에다가 군벌들 간 반목으로 극도로 분열되어 있었다. 무창의 진우량과 소주의 장사성에게 에워싸인 남경의 주원장은 불리한 처지에 놓였다. 다행히 양자강 델타에 위치한 지상의 두 개 천국 소주와 항주를 점령한 장사성은 당초의 기개를 잃어버리고, 오직 향락을 추구하는 인간으로 바뀌어 있었다. 장사성은 정치를 동생 장사신에게 맡겼으며, 장사신마저 부하들에게 정치를 맡기고 향락을 추구했다.

이에 비해 진우량은 상관이던 예문준倪文俊과 서수휘를 차례로 살해하고 서파西派 홍건군을 손아귀에 넣을 만큼 과감하고, 의욕이 넘치는 인물이었다. 서수휘가 살해되자 그의 부하 명옥진明玉珍은 사천을 배경으로 독립해 나갔다. 이 무렵 원나라의 명장 차칸테무르가 홍건군에 항복했다가 다시 원나라에 투항한 자들에게 속아 산동의 익도益都에서 암살되었다. 이로써, 중원의 원나라 영토는 강남 지역과 마찬가지로 군웅할거의 각축장으로 변했다. 강남·북 공히 동족이 동족을 죽이는 「동근상전同根相煎」의 상황이 된 것이다. 이제 주원장은 서쪽의 진우량과 동쪽의 장사성에게만 신경을 쓰면 되었다. 주원장에게 거듭 행운이 찾아왔다.

주원장은 양자강 중류로 서진하고, 진우량은 양자강 중하류로 동진하여 같은 홍건군 출신인 두 사람의 세력권이 겹치게 되었다. 중원의 사슴을 목표로 한 건곤일척乾坤一擲의 대결이 눈앞에 다가왔다. 1363년 진우량은 동진하여 주원장의 세력권이던 파양호 남안에 위치한 홍도(남창)를 포위했으나, 쉽게 함락시키지 못했다. 주문정과 등유 같은 명장들이 결사적으로 항전했던 것이다. 주원장은 20만 대군을 이끌고 홍도 구원에 나섰다. 주원장이 직접 나섰다는 소식을 접한 진우량은 60만 대군을 동원하여 파양호의 입구에 위치한 호구湖口로 진격했다. 주원장의 20만 대군과 진우량의 60만 대군이 파양호에서 총 36일간에 걸친 수전水戰을 벌였다. 주원장과 진우량이 건곤일척의 대결전을 벌이고 있는데도 불구하고, 향락에 빠진 장사성은 움직일 줄 몰랐다. 주원장은 서달徐達, 육중형陸仲亨, 남옥藍玉 등 부하 장군들의 활약과 화공전술火攻戰術에 힘입어 장거리 원정으로 인해 보급문제에 시달리던 진우량군을 대파했다. 전투 중 배를 바꾸어 타던 진우량이 화살에 맞아 죽는 바람에 전투는 끝이 났다. 파양호 전투는 삼국시대 조조와 유비-손권 연합군 간 벌어진 적벽전투를 능가하는 중국 최대 수전의 하나였다.

이제 주원장의 패권은 확고해졌다. 파양호 싸움 2년 뒤인 1365년 주원장은 20만 대군을 동원하여 양자강의 남북에 걸친 장사성의 영토를 삭감해 나갔다. 주원장 군단은 항주와 호주湖州, 무석無錫을 점령하여 동양의 베네치아로 불리는 물과 비단의 도시 소주를 고립시켰다. 소주를 포위한 1366년 12월 주원장은 부하 요영충을 시켜 송나라 황제 한림아를 물에 빠뜨려 죽였다. 이제 주원장의 앞길을 막는 방해물이 모두 치워졌다. 주원장은 1367년 소주마저 함락하고, 장사성을 포로로 잡았다. 소주 함락 직후 일사천리로 서달과 상우춘이 지휘하는 25만의 명나라 군대가 원나라의 수도 북경을 향해 진격하였다. 주원장은 북벌군이 북경을 향해 진격하고 있던

1368년 1월 황제에 즉위하고 나라 이름을 명明이라 하였다. 이
는 주원장 자신이 명교(마니교) 출신이었던데 기인한 것이 아
닌가 한다. 이라크에서 시작된 마니교摩尼敎=Manichaeism는 조로
아스터교(배화교)의 분파로 중국에서는 끽채사마喫菜事魔로 불
리기도 하였으며, 「광명의 신」을 숭배한다는 점에서 오늘날
중동의 앗시리아인들이 믿고 있는 고대종교 예지디교와 유사
한 점이 있다. 우리나라에도 마니교 전래의 흔적으로 보이는
강화도의 마니산摩尼山이 있다.

이러한 상황에서 원나라는 물에 물 탄 듯한 황제 토곤테무르
(순제)와 황태자 아이유시라다라가 추악한 권력투쟁을 벌이
고 있었다. 순제는 황자 시절 고려의 대청도에 유배된 적도 있
으며, 고려 출신 기씨奇氏를 황후로 맞이하는 등 고려와 깊은
인연을 갖고 있었다. 원나라 조정은 몽골 지상주의자(국수파)
바얀과 한화파 톡토 간 대립에다가 황제파 볼로드테무르와 황
태자파 코케테무르(차칸테무르의 아들) 간 대립도 격화되어
온갖 난맥상을 다 연출하고 있었다. 츄스젠이라는 교활한 인
물이 등용되어 군벌 간 대립을 부채질하였다. 세조 쿠빌라이
이래 일본, 베트남, 참파, 버마, 자바 등으로의 무익한 해외원
정이 계속되어 국가재정은 붕괴된 지 오래였다. 강남으로부터
쌀과 소금이 오지 않을 경우, 더 이상 나라를 지탱할 수 없는
상태가 되었다.

서달과 상우춘이 지휘하는 25만의 명나라 북벌군이 진격해
오고 있음에도 불구하고, 원나라의 주요 지휘관들인 코케테

무르와 장양필 간 대립은 지속되었다. 이제 명나라군을 막을 세력은 어디에도 없었다. 서달은 1368년 8월 북경을 함락했다. 일체의 저항 없이 북경성을 내준 순제 토곤테무르는 북으로 도망하다가 내몽골의 응창부에서 병사했으나, 기황후가 낳은 황태자 아이유시라다라는 몽골로 도피하는 데 성공하여 나라를 이어갔다. 원나라는 멸망당한 것이 아니라 크게 팽창했다가 다시 수축된 것으로 보아야 할 것이다. 이후 요동의 원나라 잔존 세력을 제압하는 데 성공한 명나라는 1388년 3월 고려에 사신을 보내어 평안도 북부지역을 할양해 줄 것을 요구했다. 고려는 우왕禑王과 최영崔瑩으로 대표되는 대명對明 강경파와 이성계, 조민수 등으로 대표되는 온건파로 분열되었다. 이성계 일파는 그해 5월 우왕의 명령에 따라 명나라를 치러 출격했다가 압록강 하류의 위화도威化島에서 군대를 돌려 강경파를 숙청하고, 조선 개국의 정치·경제적 기초를 구축해 나갔다.

숙청의 피바람

절에서 불 때고 밥 짓는 불목하니 출신이자 명교 신자이기도 했던 주원장은 대머리를 뜻하는 '독禿'이나 '광光'이 포함된 문장을 특히 싫어했다. 그는 독禿이나 광光자가 들어간 글을 지은 학자들을 닥치는 대로 살해했다. 이를 「문자의 옥文字之獄」이라 한다. 원말-명초의 저명한 시인 고계高啓를 비롯한 수많은 학자들이 주원장의 마음에 들지 않는 글을 썼다는 이유로 살해당했다. 주원장은 또한 라이벌 진우량 휘하의 수군 장병들과 그 가족들로 하여금 평생 육지를 밟지 못하게 했다. 그들은 배위에서 한평생 천민으로 살아갈 수밖에 없었다.

주원장은 나라가 체제를 갖추어가자 자기의 권력을 위협할 가능성이 있는 것으로 보이는 인물들인 위관魏觀, 호유용胡惟庸, 이선장李善長, 육중형陸仲亨, 남옥藍玉, 부우덕傅友德, 풍승馮勝 등 숱한 공신숙장功臣宿將들과 그들의 가족 모두를 살해했다. 주원장은 호유용 숙청의 이유로 그가 북원北元 및 일본과 내통하여 명나라 정권을 전복하려 했다는 말도 안 되는 이유를 들었다. 그는 후계에 대한 두려움으로 인해 작당하여 도전할 가능성이 있다는 이유로 건국에 큰 도움을 준 부하들을 모두 살해했던 것이다. 다만 주원장의 인물됨과 권력의 속성을 누구보다 잘 알고 있던 탕화湯和는 명나라 정권이 수립되자 곧바로 은퇴하여 천수를 누릴 수 있었다. 주원장은 가급적 신하들을 죽이지 말 것을 호소하는 황태자 주표朱標에게 가시가 붙은 탱자나무 가지를 쥐어주면서, 「가시 없는 탱자나무 가지를 너에게 남기기 위해서 이러고 있다.」라고 말했다 한다. 주원장은 송태조 조광윤이나 한고조 유계와는 비교조차 할 수 없는 저열低劣한 인물로 피해망상증 환자였다. 과거의 동료들을 살해한 수법에 비추어 볼 때 그는 진시황보다 수십 배나 잔악한 성품을 갖고 있었던 것으로 보인다. 당시 명나라 중앙 정부의 관리들은 「매일 아침 입궐 시 처자와 이별인사를 하고 저녁에 무사히 돌아오면 다시 서로 기뻐했다.」고 할 정도로 공포 분위기에서 살았다. 은퇴도 허용되지 않았다. 주원장은 재상 호유용을 살해한 다음, 후임 재상을 임명하지 않고 황제가 내각을 직접 통할하는 황제독재국가를 만들었다. 중국의 고등학생들에게 주원장에 대해 평가해보라고 하면 아마 다음과 같은 답이 나올 것이다. 그의 업적은 한 마디로 한족 왕조를 부활시켰다는 데 있다 할 것이다.

주원장은 황태자 주표가 죽자 황태손인 건문제 주윤문의 안태를 위해 과거의 동료들을 대거 살해했지만, 건문제는 4년간

한족 왕조를 다시 연 주원장

주원장은 원나라 말기의 반란군 지도자로서 지배층인 몽골족에 대한 한족의 저항의식을 바탕으로 군사를 일으켜 명나라를 창업했고, 과거 한족 왕조의 행정제도를 부활시켰다. 그는 지난 왕조 시대에 외척 또는 환관과 군대 등 일부 집단들이 음모를 일삼았다고 생각하여 이들을 억제하기 위해 각별히 노력했다. 외척이나 환관들을 정치에 관여하지 못하게 했으며, 문관 출신으로 하여금 군사업무를 처리하게 했다. 외척의 발호를 방지하기 위해 후궁은 소수민족이나 평민 등 세력이 없는 집안에서 찾았으며, 공주는 한미한 집안에 출가시켰다. 자신이 빈농 출신이었기 때문에 부패가 민중에게 주는 고통을 잘 알고 있었으므로 부패한 자는 가차 없이 처벌했다. 그는 중국 주변지역을 평정하였다. 요동지역을 편입하였으며, 조선과 류큐琉球, 베트남, 만주 등을 조공국朝貢國으로 만들었다. 그는 외몽골에 두 차례나 원정군을 보냈으며, 신강의 여러 오아시스 국가들을 복속시켰다.

의 내전 끝에 숙부인 연왕 주체朱棣에게 황제 자리를 빼앗기고 말았다. 그로부터 50년 뒤 조선에도 유사한 일이 일어났다. 조선 세조는 아마 영락제의 예에서 정권 찬탈방법을 배웠을 것이다. 삼촌(세조)이 조카(단종)의 자리를 빼앗고, 죽이기까지 했던 것이다. 영락제의 후궁 가운데 하나인 한씨韓氏의 조카가 바로 세조의 며느리이자 성종의 어머니인 소혜황후(인수대비)이다.

정화와 조공질서

북경에서 반기를 든 주체는 고전 끝에 1402년 남경을 함락하고, 황제에 즉위했다. 영락제는 찬탈 사실이 기록에 남는 것이 두려워 환관을 책임자로 한 특무기관 동창을 설치하여 사대부들을 철저히 감시했다. 홍무제 주원장이 한족 위주의 농본주의적 민족국가를 목표로 한 데 반해, 영락제는 세계제국을 지향했다. 영락제는 즉위 후 북원北元 정벌에 나서는 한편, 환관 정화(鄭和, 1371~1434)를 기용하여 남지나해와 인도양 항해에 나섰다. 대함대를 지휘하게 된 정화의 아버지는 윈난 출신의 이슬람교도인 모하메드이다. 그의 가계家系는 이란계 또는 터키계로 추정된다. 당시 중앙아시아의 문화어는 페르시아어였는데 중앙아시아 출신의 조상을 둔 정화도 집안에서는 페르시아어를 사용했을 것으로 추측된다. 그리고 그는 중동-중앙아시아 지역에 대한 상당한 지식을 갖고 있었을 것으로 판단된다.

제1차 대항해는 1405년 양자강 하구의 유가하劉家河에서 출발하였다. 남경에서 건조한 8천t급 대형선 62척에 2만 7,800명의 장병이 승선하여 복건-베트남 중부(퀴논)-자바(수라바야)-수마트라(팔렘방)-스리랑카(갈레)-인도(캘리컷) 항로를 총 2년간 항해한 끝에 1407년에 귀환했다. 정화의 대항해가 있은 지 60년 후인 1492년에 실시된 제노아 공화국 출신 콜롬부스Cristoforo Colombo의 대서양 항해시 승무원 88명이 250t급 산타마리아호 등 세 척에 승선하여 카리브해의 히스파니올라섬에 도착했으며, 1497년에 실시된 포르투갈 출신 다 가마Vasco da Gama의 희망봉 항해 시 120t급 선박 세 척이 사용된 것에 비추어 볼 때 당시 명나라의 국력과 조선기술이 얼마나 대단하였는지 알 수 있다.

정화의 대항해는 명나라의 국력과시가 목적이었다. 남지나해와 인도양 연안국가들에게 명나라를 종주국으로 인식시키는 것이 주요 목적이었던 것이다. 남경 함락 시 행방불명된 건문제의 행방을 수색하고, 후추와 각종 진귀한 물품을 수입하는 것도 항해 목적 중의 하나였다. 당시 수마트라의 팔렘방 등에는 이미 상당히 많은 숫자의 중국인들이 살고 있었다. 명나라 원정을 추진하기도 했던 제2의 칭기스칸으로 불리는 사마르칸드의 정복왕 티무르와 같은 패자의 등장에 대비한 정보 수집도 주요한 목적 가운데 하나였을 것으로 추정된다.

명나라는 우월한 경제력을 바탕으로 많은 나라들로부터 조공을 받았다. 조선, 만주, 몽골, 류큐(오키나와), 동지나해와 인도양 연안의 많은 나라들로부터 조공을 받은 명나라는 성리학에 기초한 화이관華夷觀과 조공무역의 힘으로 동아시아 고유의 중국 중심적 조공질서를 만들어 나갔다. 명나라는 한족을 멸시한 몽골에 대한 반발로 동아시아 전역에 한족 민족주의에 입각한 중화질서를 강요했다. 총 7차례에 걸친 정화의 항해는 대체로 평화리에 실시되었다. 제3차 항해 시 조공을 거부하는 스리랑카 왕과의 싸움이 거의 유일한 전투였다. 제3차까지는 인도의 캘리컷, 제4차부터는 이란의 호르무즈까지 항행航行했다. 분견대分遣隊가 예멘의 아덴, 소말리아의 모가디슈, 케냐의 마린디까지 항행하기도 했다. 이때 정화 함대는 기린麒麟 등 당시 기준으로 기이한 짐승들을 가져오기도 하였다. 1431년의 제7차 항해는 영락제의 손자 선덕제 시대에 실시되어 메카까지 항행했다. 정화는 제7차 항해에서 돌아온 후 곧 병사했다.

성화제 시절 환관들을 중심으로 대항해가 다시 추진되었으나, 농본주의적 민족국가를 지향하는 보수적 관료들은 정화가 남긴 보고서를 모두 파기하고 말았다. 이후 대형선박을 건조하는 기술이나 항해술도 모두 사장되었다. 유럽 국가들이 신대륙을 발견하고, 상공업 진흥정책을 추진하기 시작한 시기에 명나라는 쇄국주의鎖國主義의 어두움 속으로 빠져 들어갔다.

중국은 오늘날 경제가 급속도로 발전해 나감에 따라 더 많은 석유와 천연가스를 필요로 하게 되었다. 중국은 이에 따라, 동지나해와 남지나해, 황해 등 가까운 바다는 물론, 태평양과 인도양 등 원양遠洋 항로sea lane를 보호할 수 있는 해·공군력의 보유를 시도해 왔다. 중국은 말라카Malacca 해협 봉쇄에 대비하고, 미국과 인도를 견제하기 위해 △미얀마의 코코 아일랜드, △스리랑카의 함반토타, △파키스탄의 과다르 등 인도양 연안 곳곳에 군사시설을 건설하고 있다. 중국 지도자들은 인도양을 내해內海로 만들었던 정화의 대항해를 생각하고 있는지 모른다.

오이라트, 타타르, 왜, 그리고 만주족

오이라트, 타타르

막북漠北으로 패주한 원나라 세력은 얼마가지 않아 야성을 회복하여 다시 명나라의 강적으로 등장했다. 야생의 호랑이가 길이 들더라도 풀려나면 곧 야성을 회복하게 되는 것과 마찬가지로 몽골의 재등장은 신속했다. 명나라의 대응도 빨랐다. 1388년 주원장의 명령을 받은 대장군 남옥은 15만의 대군을 지휘하여 몽골로 원정하여 동북 몽골의 부이르호湖 전투에서 북원군을 대파했다. 이로써 할하족이 주류를 이룬 북원北元은 약해지고, 타타르족이 대두하기 시작하였다. 사마르칸드(우즈베키스탄 중부)와 발흐(아프가니스탄 북서부)를 중심으로 한 티무르 제국의 원조를 확보한 타타르족 수장 벤야시리는 몽골 고원을 통일하고 명나라에 도전했다. 1409년 영락제는 구복丘福에게 10만 대군을 주어 벤야시리를 치게 했으나, 명나라군은 몽골 땅에서 전멸하고 말았다. 1410년 영락제는 친정하여 벤야시리를 격파했다.

타타르족이 약화되자 이번에는 오이라트족이 대두했다. 1414년 영락제는 50만 대군을 동원하여 몽골로 친정하였으나, 오이라트 세력을 완전히 뿌리 뽑지는 못하였다. 영락제는 1420년 남경에서 북경으로 천도하였다. 이로써, 명나라는 몽골과 만주, 조선의 정세변화에 극히 민감하게 되었다. 일찍이 북경 지방을 다스려 본 영락제는 몽골과 중원의 분리가 야기한 몽골 부족들의 경제난이 몽골과 명나라 간 장기 전쟁으로 이어지게 된다는 사실을 잘 알고 있었다. 그는 외몽골 원정을 통해 중국과 몽골을 다시 통일할 생각이었다.

여러 차례에 걸친 영락제의 친정에도 불구하고 몽골 세력이 꺾이지 않자 그의 아들인 홍희제는 홍무제 주원장의 건국이념으로 돌아가 수축적 민족국가를 지향하기로 했다. 그는 남경 재천도再遷都를 추진했다. 홍희제의 재위기간이 매우 짧았던 까닭에 재천도는 이행되지 못하였다. 홍희제를 계승한 선덕제는 증조부 홍무제의 수축형 민족국가와 조부 영락제의 확장형 세계제국 사이의 중간을 선택했다. 그는 남경으로의 재천도는 중단한 반면, 몽골과의 국경수비대를 하북성 중북부까지 후퇴시키고, 반란이 잦은 베트남은 포기하기로 했다.

거세어진 몽골의 위력은 그의 아들인 영종 시대에 재앙으로 다가왔다. 영종은 자신의 사부師父였던 환관 왕진王振을 중용하여 제2인자로 삼았다. 왕진의 위세는 장관들의 무릎을 꿇릴 정도가 되었다. 그는 출세를 위해 자청해서 거세去勢한 인물이라 한다. 명나라에서 어리석은 지도자가 등장한 때 오이라트족에서는 에센이라는 뛰어난 인물이 나타났다. 그는 몽골을 통일하고, 명나라를 압박해왔다. 몽골은 마시馬市라는 특수무역을 통해 명나라에 말을 비롯한 가축을 수출했다. 그 대가로 식량과 차 등을 수입하여 살아갔다. 조공무역은 경제적으로 약자인 몽골에 유리하게 진행되었다. 조공무역이 국가재정에 과도한 부담을 주기 시작하자, 명나라는 무역량을 제한하려 하였다. 이에 분노한 에센은 1449년 요동에서부터 감숙까지 명나라와의 국경전체를 대대적으로 공격하는 것으로 대응하였다. 에센의 주력군은 산서성의 요충지 대동大同을 공격하였다.

왕진의 사주를 받은 영종은 친정을 결정했다. 에센 군단의 위력을 잘 알고 있던 병부상서 광야鄺埜와 병부시랑 우겸于謙이

영종의 친정을 극력 만류했으나, 영종과 왕진의 고집을 꺾을 수 없었다. 영종은 50만 대군을 이끌고 친정하기로 하고, 동생 주기옥을 유수留守로 하여 우겸과 함께 북경을 지키게 했다. 영종의 친정은 비극으로 끝났다. 명나라 대군은 장거리 행군 끝에 물이 없는 하북 북부의 토목보土木堡에서 4만의 오이라트 기병에게 포위되고 말았다. 포위된 명나라군 수십만이 학살당했다. 영종은 포로가 되었으며, 왕진과 광야 등은 모두 전사했다. 에센은 곧바로 북경을 포위하였다. 서정 등 일부 관료들이 양자강 이남으로 남천南遷할 것을 주장했으나, 우겸은 주기옥을 황제로 추대하고, 밤낮 5일간의 공방전을 승리로 이끌어 북경을 지켜내었다. 에센은 명나라의 지원군에 의해 퇴로가 끊어지는 것을 우려하여 외몽골로 퇴각하였다.

에센은 실권자였음에도 칭기스칸 가문인 황금씨족 출신이 아니었기 때문에 대칸 자리에 오를 수 없었다. 그는 칭기스칸의 후손인 톡토아부카를 가한可汗으로 옹립하고, 자신은 제2인자인 태사太師에 머물렀다. 몽골고원에서 칭기스칸이 가진 후광이 너무나 혁혁하였기 때문이다. 에센의 매부이기도 한 톡토아부카 가한은 에센이 북경을 칠 때 만주와 몽골을 경계 짓는 흥안령을 넘어 여진족 건주위와 해서위 등을 공격하여 큰 이득을 보았다. 그는 에센의 꼭두각시에서 벗어나 점차 실력을 갖추어 나가기 시작하였다. 명나라는 두 사람을 이간시키는 작전에 들어갔다. 톡토아부카와 에센사이에 대립이 심화되어 갔다. 마침내 톡토아부카는 에센의 누이가 아닌 다른 여자와의 사이에서 태어난 아들을 후계자로 내세웠다. 참을 수 없게 된 에센은 1451년 톡토아부카를 살해하고 자립하였다. 칭기스칸의 후손을 죽인 데에 대한 반발로 많은 몽골 부족들이 그에게서 떨어져 나갔다. 세력을 잃은 에센은 1454년 부하에게 피살당했으며, 이로써 서북 만주에서 신강, 중앙아시아에 이르는 대제국 오이라트도 붕괴하고 말았다.

오이라트족이 약화되자 다시 타타르족이 대두하였다. 타타르족의 바투멩게 즉, 다얀 가한大元可汗은 1493년 이후 마시馬市를 둘러싼 긴장이 발생할 경우, 산서와 하북 등을 집중 공격함으로써 명나라로 하여금 양보를 하지 않을 수 없게 만들었다. 다얀 가한의 손자 알탄 가한金可汗 시대에 이르러 마시馬市를 둘러싼 명나라와 몽골 간 긴장은 도를 더해갔다. 당시 명나라의 변경에서는 군대의 반란이 자주 일어났는데, 반란군의 일부는 몽골로 도피하기도 했다. 알탄 가한은 이들에게 토지를 주어 경작하게 했다. 타타르가 지배하던 오르도스와 내몽골의 일부는 농경도 가능한 지역이었다. 이들은 알탄 가한을 부추겨 명나라를 침략하게 했다.

알탄 가한은 1542년 산서성의 태원과 장자長子 등을 공격하였으며, 1550년에는 하북성의 고북구와 통주를 함락시키고, 북경성을 포위하기에 이르렀다. 알탄 가한은 명나라 각지로부터 지원군이 당도하자 포위를 풀고 외몽골로 후퇴했다. 1570년 이후 알탄 가한은 명나라보다는 중앙아시아, 신강, 청해, 티베트에 보다 관심을 두기 시작했다. 그는 서부 몽골, 신강, 청해,

티베트, 중앙아시아의 일부를 통합하여 대제국을 세웠다. 알탄 가한은 유목사회를 통합하기 위하여 티베트로부터 라마교를 받아들였다. 그는 라마교의 교리에 따라 살생을 금지했다.

유목민족들이 종교의 영향을 얼마나 두려워했는지는 후돌궐 빌게 가한可汗의 동생 퀼테긴Kültegin과 재상 톤유크 등의 업적을 새긴 오르콘 비문(731년)에 잘 나타나있다. 돌궐어(고대 터키어)와 한문으로 새겨진 퀼테긴, 빌게, 톤유쿡 비문 가운데 톤유쿡 비문에는 "이동하는 자만이 살아남을 수 있으며, 돌궐을 약하게 만드는 불교와 도교 등 이질적인 종교를 받아들이지 말고 돌궐정신을 보존하자"는 말이 포함되어 있다. 알탄 가한의 라마교 귀의는 후돌궐의 비스마르크인 톤유크가 남긴 가장 중요한 유언을 무시하는 것이었다. 이후 몽골의 타타르, 오이라트, 할하 부족은 급격히 라마교화 되었으며, 몽골족은 특유의 야성을 잃고 무력화되어 갔다.

왜倭

명나라는 몽골에 이어 일본으로부터 기원한 왜구로부터도 많은 시달림을 받았다. 전기 왜구는 원나라와 고려의 쇠퇴 및 남북조로 나누어진 일본의 정치적 혼란과 밀접한 관련이 있다. 전기 왜구는 생계 확보가 주목적이었다고 할 수 있다.

1563년 이후 발생한 왜구는 일본의 상공업 발달로 인한 화폐

경제의 발달과 밀접히 연관되어 있다. 왜구 발생의 원인은 역시 경제적인 데에 있었던 것이다. 후기 왜구는 일본의 조공무역 사절단이 닝뽀寧派에서 해적행위를 한 데 대한 보복으로 명나라가 조공무역을 중단시킨 폐관절공閉關絶貢 이후 창궐하기 시작하였다. 왜구는 임신부의 배를 가르고 태아를 끄집어 낼 정도로 잔인한 행동을 다반사로 했다. 명나라군 마저 왜구를 무서워하게 되자 중국인들 중 왜구집단에 들어가거나 스스로 왜구를 자처하는 자들이 늘어났다. 왜구의 70~80%가 중국인이라는 통계가 있을 정도이다. 왜구는 강소, 절강, 복건, 광동, 해남, 산동 등 중국의 해안지방 곳곳을 약탈했다. 해안지방의 밀무역 업자들은 왜구와 긴밀한 관계를 유지하고 있었다. 따라서 왜구에 대한 대책은 바로 밀무역을 겸하고 있던 지방 호족들에 대한 대책이라고도 할 수 있다.

지방 호족들은 밀무역을 철저히 단속하고, 왜구에 강경책으로 맞선 관료들을 적대시했다. 왜구에 대해 강경책을 취한 주환朱紈이나 호종헌胡宗憲 같은 관료들은 안휘安徽의 대재벌 신안상인을 비롯한 호족들과 부패한 중앙정부 관료들에 의해 막다른 골목에 몰린 끝에 자살할 수밖에 없었다. 지방의 대재벌이 북경의 중앙정부를 흔들기 시작했다. 나중 복명운동復明運動을 주도하게 되는 중·일 혼혈 정성공의 정가鄭家 집안도 복건에서 밀무역으로 부를 축적했다. 16세기말 오다織田信長의 활약으로 전국시대가 종식될 기미를 보이는 등 일본 정세가 안정되고, 유대유兪大猷와 척계광戚繼光 등 무장들의 활약으로 왜구는 점차 줄어들기 시작했다.

후기 왜구는 임진왜란, 정유재란으로 이어지는 대재앙의 서곡에 불과했다. 동아시아의 변방이었던 일본이 역사의 중심으로 뛰어오르는 순간이 다가왔다. 명나라는 역대 한족 왕조 가운데 황제의 권력이 가장 강하고, 사대부 관료들에 대한 대우가 가장 나빴던 시대였다. 송나라 이전에는 황제와 대신들이 모두 의자에 앉아 업무를 논의하였던 것이, 송나라 때는 황제는 앉고 대신들은 서서 업무 보고를 하게 되었으며, 명나라 시대에 들어와서는 황제는 앉고 대신들은 무릎을 꿇고 앉아 업무를 협의하는 것으로 바뀌었다. 명나라 관료들의 녹봉은 심할 정도로 적어 부패의 가능성이 항상 열려 있었다. 가정제 시기의 엄숭嚴嵩과 그의 아들 엄세번嚴世藩 등의 부패는 악랄 그 자체였다. 무능한 가정제와 융경제를 거쳐 융경제의 3남 주익균朱翊鈞이 10세의 나이로 즉위하였다. 주익균, 즉 신종 만력제 시대에 일본의 조선 침공, 만주의 부상 등 동아시아의 역사를 크게 바꾸는 사건들이 연이어 일어났다. 그는 아편 상습자인 동시에 향락만을 추구한 인물이었다.

만력제가 이러한 인물이었음에도 불구하고, 조선의 성리학자들은 임진왜란 시 그가 군대를 파병하여 일본군을 물리치는 데 도움을 주었다는 이유로 그를 자자손손 숭앙하였다. 1704년 송시열과 권상하 등이 만력제와 그의 손자인 숭정제를 숭앙하기 위하여 충청북도 괴산군 화양동에 세운 만동묘萬東廟도 그 가운데 하나이다. 이항로李恒老와 최익현崔益鉉을 비롯한 조선 말 유생儒生들의 골수 중화주의는 1865년 대원군에 의해 철거된 만동묘를 10년 후인 1875년 다시 세우는 방식으로 표출되었다. 1942년 일제에 의해 완전 철거된 만동묘가 최근 다시 복원되었다. 우리 사회 일각에 깊이 뿌리박힌 중화주의는 치료 불가능한 고질병으로 생각된다.

만력제 초기에는 재상 장거정張居正의 주도로 실시된 토지개혁의 결과 감추어진 토지가 환수되고, 조세가 늘어나 상당한 재정흑자를 달성할 수 있었다. 그러나 만력제는 재정흑자의 대부분을 국가가 아닌 개인 용도로 사용했다. 만력제는 장거정이 남겨놓은 엄청난 액수인 400만 냥의 저축 가운데 총애하는 아들인 복왕 주상순의 결혼식에 30만 냥이나 썼으며, 남은 돈은 주로 자기의 무덤 조성에 사용했다. 그의 재위 기간 중 사대부 동림당과 동림당을 반대하는 환관당 간 대립은 한층 더 격렬해지고, 만주와 일본은 나날이 강성해져 갔다.

오다의 뒤를 이어 100여 년간 지속된 전국시대를 끝장낸 토요토미豊臣秀吉는 1592년 4월 조선을 침공하였다. 700척의 병선을 동원하여 쓰시마를 거쳐 부산에 상륙한 일본군의 파죽지세는 부산, 상주, 충주, 서울, 평양, 함흥, 회령까지 이어졌다. 명나라와의 국경을 지척에 둔 의주까지 도망해 온 조선왕 이균(선조)은 명나라에 줄기차게 사신을 보내어 구원군을 요청하였다. 그해 9월 조선에 파견된 사신 설번薛藩은 조선과 요동(만주)이 순망치한의 관계임을 들어 조선 파병이 불가피함을 주장하였다. 명나라는 1592년 12월 하순 요동 방면을 담당하

고 있던 이성량(李成梁, 1526~1615)의 장남 이여송李如松을 총
사령관에 임명하여, 낙상지駱尙志와 사대수査大受를 포함한 4만
3천 명의 장병을 지휘하여 일본군과 대적하게 하였다.

이듬해 1월 이여송은 포르투갈 대포(불랑기포)와 화전火箭 등
의 신무기를 보유하고 있던 남방군을 동원하여 조선군과 함
께 고니시小西行長가 점령하고 있던 평양을 탈환했다. 이후 그
는 기병 위주의 직할부대인 요동군遼東軍만을 이끌고 조선의
수도 한양으로 진격하다가 한양 근교의 벽제관碧蹄館 전투에서
일본군에게 패배하였으며, 1593년 말 명나라로 돌아갔다. 그
는 군단장급인 요동 총병으로 승진했으나, 1598년 4월 타타
르군과의 요동 전투에서 복병을 만나 전사했다. 조朝·일日 전
쟁은 명나라의 원군과 조선 수군 총사령관 이순신의 활약 및
곽재우, 정인홍, 조헌, 고경명 등 사대부 출신들이 주동이 된
의병들의 분투로 장기전으로 접어들었다. 명나라와의 화의가
결렬되자 일본은 1596년 12월 14만 2천명의 대군을 동원하
여 다시 조선을 침공하여 경상도, 전라도, 충청도 각지에서 명
나라군 및 조선군과 일진일퇴의 공방을 벌였다. 전쟁이 거의
끝나가던 1598년 9월 초순 무렵, 명나라군 14만 4천과 조선
군 2만 5천, 일본군 14만 2천은 울산과 순천 등 경상도와 전
라도 동부 해안 지방을 중심으로 최후의 결전을 벌였다. 울산
성 등지에서 악전고투를 거듭하던 일본군은 1598년 9월 18일
토요토미가 사망하자 모두 본국으로 돌아갔다. 일본의 조선
침공은 명나라 중심의 동아시아 질서에 엄청난 충격을 가했

다. 일본군의 침공은 몽골의 위협이라는 그늘에 숨어 세력을 키워 온 만주 건주위가 드러내 놓고 숨 쉴 수 있는 공간을 제공해 주었던 것이다. 동아시아는 더 이상 명나라와 몽골이 아니라 만주와 일본이 주인공이 되는 세상으로 바뀌어 갔다.

아이신고로愛新覺羅 누르하치와 건주여진

명나라는 몽골의 만주 침공을 막기 위해 요동 이동에 살던 건주위建州衛의 여진족을 강화시키려 했다. 명나라는 요서와 요동 등 만주의 일부지역만 직접 통치하고, 여타 대부분의 지역은 자치상태로 버려두었다. 당시 여진족은 △초기 고구려의 중심을 이루던 길림성의 건주여진, △부여의 고토故土이던 창춘-하얼빈 지역의 해서여진과 △수렵과 어로를 위주로 생활하는 흑룡강 유역의 야인여진으로 3분되어 있었다. 건주여진은 명나라 및 조선과 가까이에 있어 비교적 발달된 문화를 갖고 있었다. 그들은 전통적인 생계수단인 수렵과 채취뿐만 아니라 농업에도 종사하고 있었다. 해서여진은 예혜부, 하다부, 호이화부, 우라부 등 4부로 구성되어 있었는데 모두 금나라의 후손을 자처했다.

예혜부와 하다부가 해서여진의 패권을 놓고 싸웠다. 거란의 후예로 판단되는 예혜부는 몽골에서 이주해온 부족으로 반명의식反明意識이 매우 높았다. 명나라는 하다부를 지원하여 예혜부를 통제하려고 했다. 하다부는 명나라의 지배에 반대하여 봉기한 건주여진 출신 왕고王杲가 도망쳐 오자, 그를 명나라로 넘겨주는 등 철저한 친명親明으로 일관했다. 명나라는 몽골을 의식하여 만주의 여러 부족들을 지원했으나, 그들이 지나치게 강성해지는 것도 바라지 않았다. 스스로의 힘으로 몽골의 동진을 막을 수 있을 정도의 힘만 갖기를 바랐던 것이다.

여진족의 상황에 대해 잘 알고 있던 이성량은 요동총병으로 승진하여 여진족 대책을 총괄했다. 이성량은 여진 각 부족이 서로 싸워 지나치게 약화되자 1개부를 지원하여 다른 부들을 적절히 통제하는 방안을 생각해 냈다. 이에 따라, 선정된 것이 젊고 유능한 애신각라 누르하치(1559~1626)였다. 이성량의 지원을 배경으로 강력해진 누르하치는 곧 소극소호, 혼하, 완안, 동악, 철진 등 5개부를 모두 항복시키고 건주여진을 통일하였다. 예혜부와 하다부 간 벌어진 해서여진의 내란으로 누르하치는 한층 더 강력해졌다. 해서여진의 영향하에 있던 국제시장인 개성開城이 폐쇄되어, 인삼과 모피 등 교역상품들이 건주위를 통과하게 된 것이다. 각국의 상인들이 모두 건주위에 모여들게 되었으며, 건주위는 한층 더 부유해졌다. 누르하치는 이에 더하여 조선과의 교역로도 확보하였다. 그는 건주여진을 그들의 신앙의 대상인 문수보살의 「문수文殊」에서 차용하여 만주로 부르기로 하였다.

임진왜란 중인 1593년 누르하치의 세력 강화에 위협을 느낀 해서여진 4부가 예혜부를 중심으로 백두산 인근의 여러 부족들을 끌어들여 건주여진을 공격하였다. 거란의 피를 받은 것으로 보이는 시보족錫伯族도 반反누르하치 동맹에 가담하였다. 누르하치는 이들을 격퇴하였을 뿐만 아니라, 동맹군에 가담한 백두산 지역의 수사리부와 눌은부를 합병하는 등 만주 전역을 통일해 나갔다. 1597년 4년간의 싸움 끝에 건주여진과 해서여진 4부가 화약和約을 체결했다. 그러나 건주와 해서의 균형은 오래가지 않았다. 한층 더 강력해진 건주는 1599년 기근에 처한 하다부를 합병했다. 이제서야 명나라는 건주부의 팽창을 우려하기 시작했다. 건주부는 1607년 호이화부를 멸망시키고, 1613년에는 우라부마저 멸망시켰다. 이로써 예헤부를 제외한 해서여진 3부가 모두 누르하치의 손에 들어갔다. 해서여진 4부의 성姓은 모두 나라씨那拉氏였다.

만주를 통일한 누르하치는 1616년 가한에 즉위하여 천하를 향한 포부를 밝혔다. 미국이 혼란에 처한 아프가니스탄을 통일시키기 위해 탈레반을 키웠다가 철저히 당하고 있는 것처럼, 명나라도 몽골의 강화를 막기 위하여 누르하치를 지원했다가 결국 나라가 멸망당하는 비극을 겪고 말았다. 누르하치가 일어선 데에는 일본의 조선 침공이 큰 몫을 했다. 토요토미 히데요시는 아마 누르하치에 대해 잘 몰랐겠지만, 그는 조선을 침공함으로써 누르하치의 방패 역할을 해 준 것이다.

명나라의 쇠퇴는 선덕제, 홍치제를 제외한 중기 이후 대부분의 황제들이 무능했던 것이 가장 큰 이유였다. 황제독재체제의 명나라는 어리석은 황제가 계속 들어서자 만주의 한 부部에 불과했던 건주부의 공격에도 나라를 내주고 말았던 것이다. 여기에다가 영종대의 왕진 이후에도 정덕제대의 유근劉瑾, 천계제대의 위충현 등 대환관들이 잇달아 등장하여 명나라의 멸망을 재촉했다. 이념의 과잉도 문제지만, 이념과 철학이 없는 무절조無節操한 황제와 고위 관료들은 더 큰 문제였다.

누르하치는 만주 무순撫順 동쪽의 혼하 유역에 자리잡은 건주여진建州女眞의 족장이었다. 그의 할아버지와 아버지는 왕고의 난 때 명나라군의 오인으로 인해 죽임을 당했다. 그는 명나라에 대항할 수 있는 세력으로 성장할 때까지 철저하게 명나라에 복종했다. 1583년 처음으로 군사를 일으켜 건주여진을 통일했으며, 1587년 길림성의 소자하蘇子河 상류에 흥경성興京城을 구축하였다. 명나라에 대해서는 계속 공손한 태도를 취하여 1589년 도독첨사都督僉事로 임명되었다.

1592년 임진왜란이 일어나 명나라가 조선에 발이 묶인 틈을 타 1599년 해서여진海西女眞 하다부를 멸망시키는 등 만주의 대부분을 통일하였다. 1616년 한汗에 등극하여 국호를 후금後金이라 하였다. 그는 만주문자를 발명하고 팔기제도八旗制度도 제정하였다. 팔기제도는 평상시에는 행정조직으로, 전시에는 군대조직으로 작동하는 조직이다. 그는 1618년 명나라로부터 무순撫順을 빼앗았다. 1621년 요동을 공략하여 요하 이동을 지배하였으며, 요양遼陽에 천도하였다가, 1625년 다시 선양瀋陽으로 도읍을 옮겼다. 1626년 초 명나라의 영원성寧遠城을 공격하였으나, 원숭환袁崇煥의 분투로 부상을 입고 후퇴하였다. 포탄으로 인한 부상이 원인이 되어 그해 9월 병사하였다. 누르하치는 현대 중국의 영토를 만들어준 청나라를 세운 인물로 10대 위인으로 꼽히기에 부족함이 없다.

IX

질_疾
풍_風
노_怒
도_濤
의
시
대

명나라의 멸망은 황궁의 뒷방에 틀어박혀 마약에 취해있던 만력제萬曆帝에게 가장 큰 책임이 있다. 그리고 그의 손자들인 유약한 천계제天啓帝와 의심 많은 숭정제崇禎帝가 멸망을 가속화 시켰다. 건축 공예와 애완동물을 특히 좋아한 청소년 황제 천계제 시절의 최대 권력자는 환관 이진충이었다. 그는 노름빚 때문에 막장에 몰려 아내와 자식이 있음에도 불구, 이판사판의 심정으로 자원하여 거세하고 환관이 된 인물이었다. 일자 무식의 환관 이진충은 장래가 불투명했던 황손皇孫 주유교朱由校를 충직하게 모신 공로로 그가 천계제로 즉위한 다음 본래의 성姓을 되찾아 위충현魏忠賢으로 개명했다. 이후 그는 황제의 유모 객씨客氏와 결탁하여 비밀특무기관인 동창東廠의 장관이 되었다. 본래 온순하고 충직하였던 위충현은 권력을 장악하고 난 7년 동안 동한東漢의 십상시十常侍나 당나라의 이보국,

정원진, 구사량 등과는 비교가 되지 않을 정도로 국가에 큰 해악을 끼쳤다.

고병겸, 위광징, 반여정, 장눌, 육만령 등 동림당에 반대하는 인사들은 당파싸움 끝에 동림당 인사들을 박멸하기 위해 일자무식인 위충현을 공자와 맞먹는 성인聖人으로 받들었다. 고헌성顧憲成이 재건한 강소성 우시無錫의 동림서원을 중심으로 결집한 양련楊漣과 좌광두左光斗 등 동림당 사대부들은 위충현을 탄핵하였으나, 나중에는 반역 혐의를 뒤집어쓰고 대거 숙청당했다. 환관당 인사들은 살아있는 위충현을 위하여 사당祠堂 건립을 청원할 정도가 되었다. 동림당 사대부들도 명절名節을 지나치게 중시하는 문제점이 있었다. 누르하치가 이끄는 만주 팔기군의 말발굽소리가 시시각각 북경으로 다가오고 있는데도 불구하고, 동림당과 환관당 간 당쟁은 격화되어만 갔다. 그들은 반대당을 때려죽여도 시원치 않다고 생각할 정도로 서로 싫어했다. 조선 중기이후의 사색당파 싸움과 같이 명나라 말기의 당파 싸움도 지독했다.

1980년대 이후 민주주의의 진전과 인터넷의 발전으로 사람들이 자기의 생각을 여과 없이 털어놓기 시작하였다. 인터넷에서의 토론이 활발해짐에 따라 출신 지역과 이해관계, 정치지향점 등에 기초하여 반대편에 선 사람들을 무자비하게 공격하는 경향이 일반화되었다. 갈등이 격화되어 감에 따라 생각이 다른 사람들을 악마화惡魔化하는 논리가 등장하기 시작했다. 우리 사회의 분위기가 명나라 말기를 닮아가고 있는 것이다.

청나라의 흥기＿＿

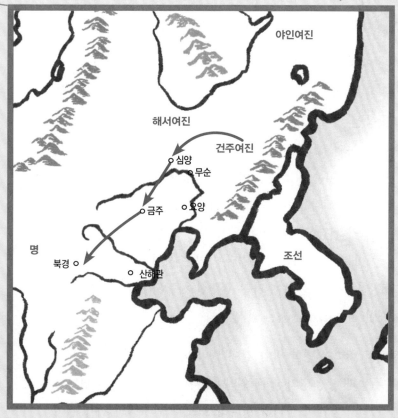

주요 진격로

야인여진

해서여진

건주여진

심양

무순

금주

요양

명

북경

산해관

조선

국민들의 마음속에 다른 생각을 가진 사람들에 대한 증오가 뿌리내리고 있는 듯하다.

민주주의 사회에서 서로 생각이 다른 것은 당연하다. 그럼에도 불구하고, 일부가 다른 일부를 없어져야 할 적으로까지 몰고 있다. 그들은 서로를 향해 손톱을 세우고 있다가 틈만 나면 상대의 얼굴을 할퀴겠다는 태도를 보이고 있다.

오늘을 사는 우리는 명나라 말기의 사대부들이 때려죽여도 시원치 않다고 생각할 정도로 서로를 증오한 끝에 망국을 불러왔음을 기억하고, 완고한 생각들을 조속히 바꾸어야 할 것이다. 『논어論語』의 자로편子路篇에 「화이부동和而不同」이라는 말이 있다. 이는 서로가 상이함을 인정하고, 이해하자는 뜻이다. 다양한 생각을 가진 사람들이 다양한 목소리를 낼 수 있는 사회가 건강한 사회이다. 듣기 싫은 소리도 참고 귀담아 들을 줄 아는 것이 지혜요 용기다. 「많은 사람이 충고를 받지만 그로 인해 이득을 보는 자는 현명한 사람뿐이다.」 로마의 풍자시인 시루스Publilius Syrus의 말이다.

위에서 이미 설명한 바와 같이 명나라의 멸망은 역대 황제들의 무능과 당쟁이 가장 큰 원인이었다. 만주(청나라)가 명나라를 멸망시킨 것이 아니라 명나라 스스로가 자멸의 길을 걸어갔던 것이다. 천계제 재위 7년간 명나라는 마지막 남은 활력을 갉아 먹고, 멸망의 저편으로 급하게 달려가고 있었다. 최후의 황제 숭정제는 의심이 많고, 감정의 기복이 아주 심한 인물이었다. 나라가 기울고 있다는 것을 잘 알고 있던 그는 지나치게 조급하게 행동했다. 잘 안 되면 신하들을 파면하고, 처형하는 것이 다반사였다. 그의 재위 기간 중 기근이 자주 발생했다. 명태조明太祖 주원장이 봉기했던 안휘는 물론, 하남과 섬서 등에서 일어난 기근으로 인해 민란이 빈발해졌다. 숭정제는 만주와의 전쟁비용을 염출하고자 비용이 많이 들어가는 관영 역참제도를 폐지했다. 이에 따라 수많은 역졸들이 실업자로 전락했으며, 전국적인 네트워크를 갖고 있던 실직한 역졸들이 농민군에 합세하였다. 하남, 호북, 사천, 섬서, 산서 등 곳곳에서 반란이 일어났다. 여러 유민단流民團 지도자들 중에서 틈왕闖王 이자성李自成과 장헌충張獻忠이 가장 유력했다. 동북의 만주족과 섬서, 호북, 사천을 중심으로 한 유민단의 봉기로 인해 명나라는 질풍노도의 태풍 속으로 휩쓸려 들어갔다.

사르허 전투의 처음과 끝, 그 이후

만주족은 수렵민족이었다. 포위하여 공격한다는 점에서 수렵과 전쟁은 같은 패턴으로 진행된다. 만주족은 일상생활을 통해 전투방법을 배우고 있었다는 뜻이다. 따라서 만주족이 뭉

치면 강해질 수밖에 없다. 누르하치는 300명을 1니르(화살이라는 의미)로 하는 군사·행정조직을 만들었다. 5니르를 1자란으로 5자란을 1구사旗로 편성했다. 현대식으로 말하자면, 니르는 중대, 자란은 연대, 구사旗는 사단과 같은 개념이다. 누르하치는 가한可汗으로 즉위하기 전에 이미 8기, 400니르를 확보하고 있었다. 즉, 12만 대군을 보유하고 있었다는 말이다. 기旗는 군사조직인 동시에 행정제도이기도 했다. 400니르 가운데 만주·몽골 니르가 308개, 몽골 니르가 76개, 한족 니르가 16개에 달하는 등 만주는 초창기부터 다민족적多民族的 성격을 갖고 있었다. 누르하치는 만주어 외에 몽골어와 한어도 말할 수 있는 다언어 구사자multi-lingualist였다. 한마디로 그는 군사와 상업, 행정에 모두 뛰어났을 뿐만 아니라, 언어능력도 탁월한 국제인이기도 했다.

중국과 인근 국가들의 역사를 자세히 들여다보면, 한족보다는 오히려 이민족 출신들 중에서 천재성을 지닌 지도자들이 많이 출현했다는 것을 알 수 있다. 강족 출신인 태공망 강상姜尙을 필두로 흉노 유연, 저족 부견苻堅, 선비족 우문태宇文泰와 이세민李世民, 몽골족 칭기스칸成吉思汗과 그의 손자 쿠빌라이, 거란족 야율초재耶律楚材, 퉁구스 계열인 광개토왕, 조선 세종, 완안 아쿠타, 아이신고로 누르하치 및 누르하치의 자손들인 도얼곤과 강희제, 개화기 일본의 지도자들 등 비한족非漢族 가운데 탁월한 지도자들이 연이어 나타났던 것이다.

누르하치의 세력이 통제 범위를 벗어날 정도로 커지게 되자 명나라는 누르하치와의 교역을 정지하는 한편, 해서여진 예헤부를 지원하여 누르하치에 맞서게 했다. 누르하치는 명나라의 압력에 맞서 독립의 자세를 취해 나갔다. 그는 자기 가족을 포함한 만주족에 대한 명나라의 탄압사례를 일일이 열거한 「칠대한七大恨」을 발표하여, 명나라의 탄압에 무력으로 맞설 것임을 공언했다. 그는 새로 통합한 해서여진 하다부의 땅을 집중 개간하는 등 자립태세를 갖추어 나갔다. 누르하치는 1616년 국호를 대금大金이라 하고, 수도를 길림성의 흥경興京에 두는 한편, 푸순撫順을 공격하여 명나라군 유격(대령) 이영방의 항복을 받아 내었다. 그리고 추격해 온 광녕총병廣寧總兵 장승음의 1만 대군을 대파하였다.

누르하치의 급성장에 전율을 느낀 명나라는 1619년 병부시랑 양호楊鎬를 요동 경략, 즉 요동방면 총사령관에 임명하였다. 양호는 요하 동쪽의 심하변瀋河邊에 위치한 심양瀋陽에 주재하면서 누르하치군軍에 대처해 나갔다. 명나라 조정의 명령에 따라 양호는 12만에 달하는 명나라-해서여진 예헤부-조선 등 3개국 연합군을 4로路로 나누어 누르하치군을 공격하기로 했다. 명나라 조정은 이여송의 동생 이여백李如栢을 부사령관격인 요동 총병에 임명하는 한편, 두송杜松과 왕선王宣, 마림馬林, 유정劉綎으로 하여금 각각 1로를 담당하게 했다. 양호와 유정은 임진왜란 때 조선에 출병하여 일본군과도 싸워 본 경험이 있는 인물들이다. 예헤부가 1만 5천의 병력을 파견하였으며, 조선왕 광해군光海君이 보낸 1만의 병력도 명나라를 지원했다.

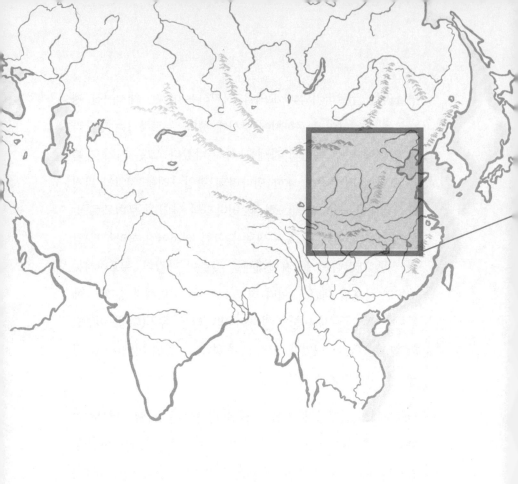

이자성의 봉기___

李自成

이자성군 북경진격로

4로의 장군들 가운데 누르하치를 경시한 두송은 무공武功을 독차지하기 위해 총사령관 양호가 내린 명령을 어기고 약속한 날짜보다 하루 먼저 혼하를 건넜다. 누르하치는 아들 홍타이지와 함께 대군을 휘몰아 심하瀋河 하안河岸의 사르허에서 시커먼 흙비霾를 정면으로 마주한 두송의 군단을 대파했다. 두송이 거느린 명나라군 3만은 전멸 당했다. 사르허 전투는 당시 동아시아의 세력관계를 근본적으로 바꾸어 놓았다. 사르허의 패전 소식을 접한 양호는 이를 이여백과 나머지 3로군 장수들에게 일제히 통지했다. 이는 명나라군의 사기만 떨어뜨렸다. 명나라군은 공포에 떨었다. 마림은 도주하고, 유정은 전사했으며, 이여백은 휘하의 병력이 함몰된 데 책임을 지고 자결했다. 총사령관 양호는 임진왜란에 참전했다가 남원과 울산 전투에서 대패하는 등 그다지 능력이 있는 인물도 아니었다. 그는 패전의 책임을 지고 참형을 당했다. 만주군은 명나라군을 차례차례로 분산, 고립시킨 후 각개 격파했다. 명나라군은 군율 이완에다가 지나치게 분산 배치되어 있어 만주군을 막아낼 수 없었다. 유정 휘하의 조선군은 도원수 강홍립姜弘立의 지휘 아래 일사분란하게 만주군에 투항하였다. 누르하치는 승세를 타고 예헤부도 평정하였다.

이자성과 순

명나라 조정은 만주족의 공세에 대항하여 군사력의 증강을 꾀했다. 군사력을 증강하기 위해서는 추가의 군자금이 필요했으며, 이는 결국 증세增稅로 이어졌다. 여기에다가 왕가윤王嘉胤을 우두머리로 고영상高迎祥, 장헌충張獻忠, 마수례, 나여재 등이 가담한 유민군流民軍 봉기를 진압하기 위해서도 자금이 필요했다.

반란에 대처하기 위해서는 군자금이 필요하고, 군자금을 확보하기 위해서는 증세를 해야 한다. 그런데 증세는 민심 이반을 가져와 봉기군의 세력을 키우는 악순환을 야기한다. 명나라는 헤어날 수 없는 고질병에 걸리고 말았다. 나중 순나라를 세우게 되는 이자성은 섬서성 연안(옌안)延安 출신으로 고영상의 부장이자 처조카이기도 했다. 왕가윤의 농민군은 1630년 섬서성 부곡현을 함락시킴으로써 명나라 조정의 주목을 받았다. 긴장한 명나라 조정은 유능한 것으로 알려진 홍승주와 조문조 등을 파견하여 왕가윤 집단을 진압했으며, 왕가윤은 전사했다. 왕가윤의 전사에도 불구하고, 봉기군의 수는 늘어만 갔다. 1637년 재상 양사창의 전략에 따라 홍승주, 웅문찬, 손전정 등의 명나라 장군들이 섬서와 하남 등에서 고영상과 장헌충 등이 거느리는 유민군단을 공격하여 일패도지一敗塗地시키고, 고영상 등을 생포하는 데 성공했다. 이 무렵 정성공의 아버지 정지룡도 남부의 복건에서 반란을 일으켰으나, 조정으로부터 관작官爵을 받고 항복하였다.

고영상이 처형되자 이자성은 기근이 격심하던 하남으로 이동하여 유민들을 흡수한 끝에 다시 강력한 세력을 갖추게 되었다. 이때 흡수한 우금성牛金星 부자와 이엄李嚴 등 지식인들의 지도로 이자성 집단은 조직력까지 갖추게 되었다. 여기에서 이자성은 새 나라를 세울 구상을 하게 되었다. 장헌충은 정부군에 투항했다가 탈출하여 이자성에게로 도망해 왔으나, 이자성의 냉대를 받자 독립하여 사천으로 들어갔다. 이자성은 무창을 점령하고, 사천으로 이동했다가 다시 하남으로 들어가 1641년 낙양을 함락했다. 이자성은 그곳에서 만력제의 아들 복왕 주상순朱常洵을 생포한 다음 처형했다. 이자성의 부하들은 살해한 주상순을 사슴고기와 함께 삶아 먹었다. 그만큼 명나라 백성들의 명황실明皇室, 특히 부패하기로 이름난 주상순에 대한 증오심은 격렬했던 것이다. 이자성의 낙양 함락에 부응하여 장헌충은 명나라의 서부 군사기지 양양襄陽을 점령했다. 이자성은 1642년 개봉을 점령하고, 양양으로 이동하여 그곳에서 신순국新順國을 세웠다. 이자성이 정권 수립을 공표하자 숭정제는 봉기군 진압 실패에 책임이 있다고 판단되는 신하들을 파면하고, 처형하기도 하는 등 극도로 신경질적인 모습을 보이기 시작했다.

1644년 1월 1일 이자성은 섬서성의 시안에서 즉위식을 갖고 순順나라를 건국했다. 그리고 곧 동정東征을 개시했다. 이자성 군의 주력은 관중→하남→하북로가 아닌 관중→산서→하북로를 택하여 북경을 탈취하기로 했다. 이자성은 먼저 산서성 태원을 점령하여 석탄의 북경 반출을 막았다. 당시 명나라 조정은 식량은 주로 강남에, 석탄은 주로 산서에 의존하고 있었다. 이자성의 태원 점령이 명나라 정부에 미치는 타격은 컸다. 그는 이어 대동, 양화, 선부, 거용 등 산서와 하북의 군사요충지에 주둔하고 있던 명나라 장군들의 항복을 받아 내었다. 이로써 이자성의 순나라군을 막을 군대는 북경 근처 어디에도 없게 되었다. 이자성은 태원에서 대동, 대동에서 선부를 거쳐 북경에 육박하였다.

남경 천도론도 제기되었으나, 이자성의 진격 속도가 너무 빨라 천도는 엄두도 낼 수 없었다. 이자성은 3월 18일 명나라 관료들과 환관들의 환영하에 북경성에 입성했다. 숭정제는 태자 등 어린 세 아들을 황족인 주순신朱純臣에게 맡겨 외가로 도피하게 하고 자신은 목을 매어 자살했다. 주황후周皇后도 황제의 뒤를 따랐다. 많은 관료들이 순국했으나, 주순신과 숭정제의 장인 주규, 대학사 위조덕 등은 이자성에게 항복하여 숭정제에 대한 험담을 늘어놓는 것은 물론, 자기들을 기용해 줄 것을 요청했다. 이자성은 이들의 뻔뻔스러움에 화를 내고 유민집단으로 이루어진 유종민劉宗敏 군단에 넘겨 모두 살해당하게 했다.

이자성이 북경을 함락시키자 지방 곳곳에서도 항복해 왔다.

새 정권이 순조롭게 탄생할 듯이 보였다. 요동 방위사령관 오삼계吳三桂는 영원성의 장병과 주민 50여만 명을 거느리고 북경을 향해 오다가 난주灤州에서 북경성 실함失陷과 숭정제의 자결 소식을 전해 들었다. 순나라와 만주쪽에서 사절이 오고간 끝에 오삼계는 이자성이 아닌 만주를 택했다. 이미 청나라에 투항해있던 그의 외삼촌 조대수가 투항을 권유했다. 오삼계가 만주에 투항한 데는 이자성의 부하 유종민이 그의 아름다운 후실後室 진원陳沅을 탈취했기 때문이라는 설도 있다.

요충지 산해관 주둔 사령관 오삼계가 대군을 이끌고 청나라에 항복함으로써, 청나라의 중국본토 점령은 너무나 쉬워졌다. 홍타이지가 그토록 염원하던 입관入關이 피 한 방울 흘리지 않고 이루어지게 되었던 것이다. 만약 오삼계가 순나라에 항복했더라면 순과 청이 병립하게 되어 중국과 만주는 완전 분리되었을 가능성이 크다. 퇴락하고 있던 명나라와 달리 새로 들어선 순나라는 그리 호락호락하지 않았을 것이었기 때문이다. 그리고 조선과 몽골은 만주의 속국이 되었을 것이다. 세월이 흘러가면서 인구가 적은 만주는 문화수준이 높은 조선을 제대로 제어하지 못했을 것이고, 만주족과 몽골족은 결국 조선에 동화되고 말았을 것이다. 오삼계의 청나라 투항과 청나라의 산해관 돌파가 한국의 운명을 포함, 세계사에 미친 영향은 실로 엄청나다 할 것이다.

홍타이지의 뒤를 이은 새 지도자 도얼곤은 중원을 지향했다. 1644년 4월 23일 도얼곤은 항복한 오삼계로 하여금 산해관山

海關에서 출격하여 이자성군(순나라군)을 공격하게 했다. 사르허에서와 마찬가지로 이때도 흙비霾와 돌풍이 청나라군 쪽에서 순나라군 쪽으로 불어 순군順軍은 극도의 혼란에 빠졌다. 오삼계군의 뒤를 이어 청나라군이 돌격했으며 순나라군은 대패하고, 무질서하게 서쪽으로 패주하였다. 오삼계는 2만 대군을 동원하여 추격에 나섰다. 북경으로 도주한 이자성은 4월 29일 다시 황제 즉위식을 갖고, 금장식들을 녹여 금괴로 만든 후 4월 30일 서쪽으로 도주했다. 청나라군은 5월 1일 북경에 입성했다.

북경에서 철수한 이자성은 하남까지 도망했다. 이자성 집단 내에서 우금성 부자와 이엄 사이에 반목이 발생했다. 이자성의 명을 받은 우금성이 이엄을 살해했다. 이자성은 산서와 섬서, 호북의 양양, 호남의 무창을 거쳐 회하 유역의 구강九江 방향으로 도주하였다. 1645년 이자성은 아지게가 이끄는 청나라군에게 막다른 곳에 몰린 끝에 구강 근처의 지방민들에게 살해당하고 말았다. 유종민도 청나라군에 생포되어 살해당했다. 그러나 순 정권을 기획한 우금성 부자는 청나라에 투항하여 중용되었다. 청나라군의 공격을 받은 사천의 장헌충도 1646년 패망했다. 극단주의적인 측면이 있던 장헌충 군단은 중소지주와 지식인들도 적으로 간주하여 살해했다. 공산주의적 성격을 다분히 갖고 있던 군단이었다. 장헌충은 죽었지만, 살아남은 그의 부하들은 1659년까지 저항을 이어갔다.

웅정필, 원숭환, 사가법

아편쟁이 만력제와 그의 두 손자들인 얼간이 천계제 및 의심 많고 신경질적인 숭정제가 명나라를 멸망으로 이끌었다. 아래에서 명나라가 어떤 길을 거쳐 멸망당하게 되는지 청나라와의 전쟁과 깊이 관계된 주요 인물들을 중심으로 내정內政 측면에서 다시 한 번 살펴보자.

웅정필

양호가 이끄는 명-예혜부-조선 연합군이 사르허에서 대패하자 만력제는 사려 깊은 장수 웅정필을 요동지구 총사령관인 요동경략에 임명했다. 웅정필은 부임하기에 앞서 만력제에게 상소를 올려 언관들이 말을 함부로 하여 자신의 전략을 방해하지 말아줄 것을 요청하였다. 2009년 초 우리나라의 경제상황에 대한 영국의 일간지 파이낸셜 타임스Financial Times의 보도에서도 알 수 있듯이, 속보성을 생명으로 하는 언론은 장기적인 시각보다는 그날그날 일어나는 일에 대한 보도와 논평에 중점을 두는 경향이 있다. 중장기적 시각에서 정책을 세우고 집행해야 하는 관료들은 언론보도에 예민해질 수밖에 없어 업무수행에 큰 지장을 받는다. 황제독재국가인 명나라에서 황제가 지켜 주지 않을 경우 전선에 나가 있는 장수들은 언관들

官에게 휘둘려 전쟁을 제대로 치를 수 없는 상황으로까지 몰리게 되는 것이다.

치소治所인 요양遼陽에 부임한 웅정필은 어렵게 모은 18만 명의 군사를 철저히 훈련시켜 강군을 만들었다. 그는 지키고 싸우지 않는 것을 원칙으로 하였으나, 때때로 누르하치의 소부대小部隊를 습격하고, 농사일을 방해하는 등 만주(후금)를 압박해 나갔다. 누르하치도 웅정필의 포진이 두려워 더 이상 명나라군을 공격하지 못했다. 이러한 상황에서 만력제가 죽고, 불과 29일간 재위한 태창제에 이어 천계제가 즉위하자 언관들은 웅정필이 만주군이 무서워 성 안에만 틀어박혀 있다고 비난하기 시작하였다. 언관들의 비난에 지친 웅정필은 사직하고 말았으며, 후임에는 유능한 관리로 소문난 원응태袁應泰가 임명되었다.

전국시대 진나라가 조趙나라를 공격해 들어가자 조나라 왕은 명장으로 명성이 자자한 염파廉頗를 기용하여 진군秦軍을 막게 하였다. 그런데 염파는 요충지에 진지를 설치하고, 지키기만 할뿐이었다. 염파는 일단 진나라군의 진격을 저지한 다음 장거리 보급선을 갖고 있던 진나라군의 양식이 떨어지기를 기다려 반격할 속셈이었다. 염파가 두려워진 진나라의 장군 백기白起는 간첩을 동원하여 조나라 조정에 염파를 모략했다. 조나라 조정에 진나라군이 진정으로 두려워하는 장수는 염파가 아니라 조괄趙括뿐이라는 소문이 번져나갔다. 조나라 왕은 진나라의 모략에 넘어가 염파를 파면하고, 실전경험이 거의 없던 백면서생白面書生 조괄에게 40만 대군을 주어 진나라군을 대적하게 했다. 백기는 일부러 후퇴하여 조나라군을 후방으로 깊숙이 끌어들인 다음 완전 포위하고, 보급을 차단했다. 결국 조괄은 전사하고, 굶주림에 지친 조나라의 40만 대군은 백기가 지휘하는 진나라군의 포로가 되어 장평에서 생매장당하고 말았다.

원응태의 재직 기간 중 몽골에서 대기근이 발생하여 많은 유민들이 요양과 심양 등지로 흘러들어 왔다. 원응태는 이들을 모두 수용하였는데, 유민들 속에는 만주의 밀정들이 섞여 있었다. 누르하치가 요양과 심양을 공격하자 이들이 내원內援하여 두 성이 쉽게 함락되었다. 누르하치는 수도를 길림성 흥경에서 요녕성 요양으로 천도했다. 그리고 요서로 활동범위를 넓혀 나갔다.

요양과 심양의 함락에 크게 놀란 명나라 조정은 1621년 웅정필을 다시 요동경략으로 기용하였다. 그런데 이번에는 부사령관격인 광녕순무廣寧巡撫에 왕화정王化貞을 기용하여 웅정필을 보좌하게 했다. 왕화정 역시 사르허 싸움의 두송과 같이 이번 전쟁의 성격을 이해하지 못하는 인물이었다. 그는 누르하치를 얕잡아 보았다. 1622년 왕화정은 누르하치에게 투항한 이영방과 황해 가도椵島의 모문룡毛文龍, 몽골군 40만의 지원을 확보했다는 허황된 주장을 하면서 무모하게도 16만 대군을 이끌고 대릉하 서안西岸의 광녕을 공격했다. 웅정필이 아무리 말려도 소용없었다. 왕화정은 대환관 위충현에게 줄을 대고 있었던 것이다. 명나라의 광녕 공격은 대실패로 끝났다. 웅정필과 왕화정 두 사람 모두 체포되어 사형선고를 받았으나, 웅정필에 대해서만 형刑이 집행되었다. 누르하치는 수도를 요양에서 심양으로 옮겼다.

원숭환

누르하치는 요서에서 활동하기 시작했으나, 북경으로 들어가는 관문인 산해관 80㎞ 전방에는 영원성寧遠城이 버티고 있었다. 원숭환이 대학사 손승종의 지원을 받아 참장 조대수祖大壽를 독려하여 건축한 성이었다. 원숭환은 지방의 중하급 관리에서 병부兵部의 고위직으로 승진하였으며, 총병 만계滿桂, 조대수와 함께 영원성을 철저히 수비하였다. 그는 복건에서 들여온 포르투갈제 홍이대포紅夷大砲를 성에 배치하여 밀집대형으로 돌격해 오는 누르하치군을 집중 포격했다. 누르하치는 영원성 전투에서 부상하였으며, 부상이 원인이 되어 1626년 사망했다. 누르하치를 계승한 것은 만주 최고의 명문으로 인정받고 있던 예혜부 출신의 어머니를 둔 홍타이지였다. 후금은 홍타이지를 좌장으로 하는 집단지도체제를 구축했다. 홍타이지는 현명한 지도자라는 뜻의 '누르한'으로 칭해졌다. 홍타이지皇太極, 다이샨, 망구얼타이 등 누르하치의 아들들과 조카 아민 등 4명이 주요 정책을 결정했다. 태종은 범문정范文程을 비롯한 요동 출신 한족漢族 인사들을 중용하여 행정체제를 갖추는 한편 산해관 돌파 의지를 분명히 했다.

사르허 전투에서 강홍립이 지휘하는 조선군이 만주군에 투항한 것을 명나라에 대한 배신으로 간주한 조선의 서인세력은 1623년 3월 쿠데타를 일으켜 광해군을 축출했다. 서인세력은 자기들이 옹립한 인조 이종李倧을 앞세워 친명반청親明反淸을 확고히 하였다. 바로 다음해인 1624년 1월 조정을 장악한 김류 등 서인세력의 숙청 움직임을 감지한 평안병사 이괄李适과 구성부사 한명련韓明璉이 주도한 반란이 일어났다. 임진왜란 때 항복한 왜병降倭들을 선봉으로 삼은 이괄군은 승승장구하여 반란을 일으킨 지 1개월도 채 되지 않아 수도 한양을 함락시키는 등 압도적 군세를 과시했다. 조선왕은 수원, 천안을 거쳐 공주로 몽진蒙塵했다. 이괄은 한양성 근처의 길마재 싸움에서 정부군에 패한 끝에 도주하다가 그해 2월 기익헌 등 부하에게 피살당했다. 이괄과 함께 피살당한 한명련의 아들 한윤은 심양으로 도주하여 만주에 투항했다. 그는 춘추전국시대 초나라의 오자서가 그랬던 것처럼 적군인 후금군을 끌어들여서라도 아버지 한명련의 원수를 갚겠다고 맹세하였다 한다.

조선군과 평안도 철산 앞바다의 모문룡군이 연합하여 배후를 공격할까 두려워하던 홍타이지는 한윤으로부터 조선의 상황을 확인하고, 1627년 1월 아민으로 하여금 강홍립과 한윤, 이영방이 포함된 3만 대군을 통솔하여 조선과 모문룡군을 치게 했다. 이괄이 이끌던 1~2만 명의 정예병이 사라진 압록강─청천강 일대의 조선군 군진軍陣은 극도로 약화되어 있었다. 아민은 철산에서 모문룡군을 격파하고, 의주, 정주, 안주 등 여러 성과 평양을 점령한 다음 대동강을 건너 한양을 향해 진격했다. 조선왕은 신하들과 함께 한양을 떠나 강화도로 피난했다. 장기전을 두려워 한 아민은 후금을 형으로 조선을 동생으로 하는 조약을 맺은 후 철병하였다. 만주로서는 조선을 완전히 멸망시키기보다는 왕조를 그대로 두고 지원을 얻어내는 것이 유리하다고 판단했던 것이다.

한편, 명나라 장수 모문룡은 평안도 철산 앞바다 가도椵島에서 밀수 활동을 하는 한편, 누르하치의 배후에서 소규모 게릴라 활동을 하였다. 그는 압록강 수로를 따라 백두산의 누르하치군 진지를 기습하기도 하였다. 모문룡은 뇌물을 통해 총병에 이어 좌도독으로 승진하였다. 그는 인삼과 직물을 밀거래하는 한편, 명나라와 조선으로부터 군자금도 받았다. 조선의 서인 정권은 그를 위해 특별세인 모세毛稅를 신설하기도 했다.

순무巡撫로 승진한 원숭환은 1629년 가도의 모문룡이 전투가 아니라, 밀수활동을 하고 있다는 것을 알고 그를 유인하여 황제 기망欺罔 등의 죄목으로 목을 잘랐다.

원숭환의 모문룡 처형은 두고두고 문제가 되었다. 1633년 모문룡의 부하 공유덕孔有德과 경중명耿仲明이 수군을 포함한 1만이 넘는 병력과 전함, 30문門의 홍이대포를 가지고 만주(후금)에 투항하였다. 모문룡이 처형된 후 공유덕과 경중명은 1631년 반란을 일으켜 산동성의 등주를 함락시킨 후 그곳에

진을 치고 있었다. 명나라의 총병 조대필祖大弼이 등주를 공격하자 패하여 황해 해안 여기저기를 도망 다니다가 1633년 가도 근처의 장자도獐子島로 들어갔다. 가도의 지배자 심세괴沈世魁와 조선 수군이 협공해 오자 궁지에 몰린 그들은 후금에 투항하고 말았다. 1634년 모문룡의 부하였던 상가희尙可喜도 발해만의 황록도黃鹿島에서 만주에 항복하였다. 만주는 공유덕과 경중명이 가져온 홍이대포를 모방하여 자체적으로 대포를 제작하였다. 청사淸史 전문가 맹삼孟森의 말과 같이 조선인, 일본인과 함께 퉁구스계에 속하는 만주족은 진정으로 영민한 종족이었다. 양질의 수군과 대포를 확보한 후금後金은 중국 전체를 점령할 수 있다는 자신감을 갖게 되었다.

홍타이지는 숭정제가 의심을 잘 한다는 것을 이용하여 반간계로 강적 원숭환을 제거하기로 결심했다. 숭정제는 재위 17년간 병부상서를 비롯한 수십 명의 각료와 총독, 순무 등을 자살로 몰고, 처형했다. 홍타이지는 먼저 숭정제에게 「원숭환이 만주와 내통內通해 왔다.」는 의심을 던져 주었다. 원숭환이 직무상 누르하치의 상喪을 조문하고, 홍타이지의 즉위를 축하한 것을 모두 내통으로 본 것이다. 모문룡으로부터 뇌물을 받아왔던 북경의 고관들은 원숭환에 대한 숭정제의 의심을 부추겼다. 이와 함께 만주군은 열하를 통한 샛길로 하북을 가끔 공격하여 원숭환에 대한 의심을 한층 더 키웠다. 끝내 숭정제는 원숭환을 소환하여 투옥시켰다. 원숭환의 부하들인 조대수와 하가강何可綱 등은 뒷날 기병 1만 5천기騎를 이끌고 만주에 투항했다. 1630년 숭정제는 원숭환을 사지를 찢어 죽이는 책형磔刑에 처했다. 숭정제는 스스로 자기 눈을 찌르고, 국가의 기둥을 뽑아버렸던 것이다. 원숭환의 후임에는 대학사 손승종孫承宗이 임명되었다. 그는 오래 노력한 끝에 산해관 후방의 준화, 영평, 무녕, 난주 등 4성을 겨우 수복했다. 만주로서는 대포가 즐비하게 배치된 산해관의 전방에 위치한 성들을 지켜낼 수 없었던 것이다.

내몽골을 평정한 태종 홍타이지는 1636년 국호를 대청大淸으로 고쳤다. 그는 조선에 인질을 요구하였다. 조선은 불사이군不事二君할 수 없다는 이유로 청나라의 요구를 거부했다. 그해 11월 태종은 10만 대군을 지휘하여 조선을 침공했다. 청군은 쉽게 한성을 점령하고, 조선군을 남한산성에 몰아넣었다. 조선은 명나라에 구원을 요청했으나, 명나라는 역풍으로 인해 원군을 실은 선박을 띄울 수 없었다. 남한산성안의 식량이 고갈되자 조선왕 이종은 한강 남안의 삼전도三田渡까지 나가 태종에게 항복하였다. 700여만 인구의 조선이 미몽迷夢에 사로잡힌 지배층으로 인해 150여만 인구의 만주에 속절없이 무너지고 만 것이다. 조선은 청나라의 속국이 되었다. 중화주의의 미몽에 사로잡혀 현실에 눈감았던 조선 지배층의 어리석음이 조선의 속국화를 가져왔던 것이다. 청나라는 조선의 내정에는 심하게 개입하지 않았다. 조선의 풍습을 존중하여 변발辮髮도 요구하지 않았다.

망국의 수모로 이어진 병자호란 이후에도 권력을 유지한 서인

세력은 중화숭배中華崇拜를 고집했다. 청나라에 대한 철저한 항전을 주장한 것으로 우리에게 잘 알려진 윤집, 오달제, 홍익한 등 삼학사 가운데 특히 윤집尹集은 척화론斥和論으로 유명한데, 그의 척화론은 조선이 아니라 명나라를 위한 것이었다. 그가 생각하는 진정한 조국은 조선이 아니라 명나라였던 것이다. 그는 「명明은 우리나라의 부모이나, 만주는 명의 원수이니 곧 부모의 원수입니다. 신하된 자로서 부모의 원수와 형제가 되어서 부모를 버리겠습니까? 차라리 나라가 없어질지언정 명과의 의리는 버릴 수 없습니다.」라고 주장하였다.

북학파北學派의 대표적 인물이자 열하일기와 허생전 등으로 유명한 박지원(朴趾源, 1737~1805) 조차도 초창기에는 자기 가문인 노론老論의 당론黨論에 따라, 「효종孝宗의 임금은 명나라 천자이며, (노론의 영수) 송시열은 효종에게 하듯이 명나라 천자에게 충성을 다하였고, 우리는 명나라의 유민이다.」라는 요지의 시詩를 지었다. 노론 출신들을 비롯한 조선의 골수 성리학자들은 나라가 망하더라도 명과의 의리는 지켜야 한다고 생각했던 것이다. 그것이 곧 조선의 지배 계층인 성리학자들의 이념이었다.

성리학자들이 중심이 된 조선 지배층은 백성들의 삶을 도외시하는 크나큰 오류를 범했다. 명·청 교체기라는 엄청난 변화 속에서 명나라와의 의리는 국익과 배치되는 이데올로기가 된 지 오래되었는데도 사대부 유학자들은 자신들이 무엇을 해야 나라와 백성을 위하는지 모르고 있었다. 사대事大만이 유일한 외교였던 조선에 만주와 일본이라는 새로운 세력들이 나타났으며, 조선은 그 틈새에서 줄타기를 해야 하는 운명에 처하게 되었다. 임진왜란을 도발하여 「불구대천不俱戴天의 원수」가 된 일본은 정묘호란과 병자호란을 계기로 발 빠른 행보를 보였다. 위기에 처한 조선에 조총과 화약 등 무기를 원조하겠다고 접근하는가 하면 조선의 곤경을 활용하여 최대한 정치·경제적 이익을 얻으려고 했다. 우리나라에 짙은 그늘을 드리운 대륙세력과 해양세력 간 대립구도는 이미 임진왜란을 거쳐 병자호란 때 이미 완성되었다. 임진왜란 시 수군 총사령관 이순신과 의병장 곽재우, 정인홍, 조헌 등의 활약이 없었더라면, 우리나라는 그 때 이미 남쪽은 일본의 영향권으로, 북쪽은 명나라의 영향권으로 분할되고 말았을 것이다.

조선은 이미 100년 전에 멸망하였지만, 우리 사회 일각에는 여전히 중화주의가 살아 숨 쉬고 있는 듯하다. 2,400만 북한 주민들을 도탄에 빠뜨리고 있는 북한의 선군정치先軍政治를 찬양하고, 북한의 입장에서 북한 인권 문제를 보아야 한다는 인사들 역시 미몽에 빠져있기는 마찬가지이다. 조선 중기 이후 지속되어온 중화주의는 우리 민족의 자주·자결의식을 약하게 했으며, 결국 나라를 멸망으로 이끌었다. 중화주의는 결국 대외 의존주의와 다르지 않다. 강대국도 철저히 항전하는 민족과 국가를 존중하지, 처음부터 굴복하고, 살려 줄 것을 애원하는 민족은 노예와 같이 대우한다는 것을 알아야 한다.

청나라는 아지게의 지휘로 벌명전伐明戰도 계속해 나갔다. 청나라군은 북경 북쪽을 돌아 수시로 하북을 공략했다. 1638년 실력자 예친왕 도얼곤(1612~1650)이 지휘하는 청나라군은 산동의 제남을 공략하여 덕왕 주유추朱由樞를 생포하고, 천진의 운하를 이용하여 동북쪽으로 이동했다. 명나라군은 도하하는 청나라군을 바라보기만 할 뿐이었다. 청나라군은 산해관의 존재로 인해 함락한 성을 점령하지는 못했다. 명나라군은 산해관과 관외關外의 금주, 송산, 행산, 탑산 등 4개성 간 네트워크를 구축하는 등 철저히 수비에 임하였던 것이다. 명나라는 손승종의 후임으로 홍승주洪承疇를 계료총독薊遼總督에 임명하고, 산해관을 방어하게 하였다. 홍승주는 방어 중심의 전략을 강구하였으나, 패닉에 빠진 숭정제의 재촉을 받은 병부상서 진신갑陳新甲은 과중한 전비를 우려하여 속전속결을 재촉했다. 진신갑이 파견한 낭중 장약기張若麒는 홍승주로 하여금 산해관을 나아가 관외關外의 송산에 진을 칠 것을 요구했다. 홍승주는 13만 대군을 송산에 집결시켰다. 홍타이지는 이 소식을 듣고, 심양에서 송산까지 수백 km를 코피를 흘려가면서 밤낮으로 진군했다. 송산 전투는 청나라군의 대승으로 끝났다. 명나라의 장군 하승덕夏承德이 성 안에서 내응했다. 산해관 바깥의 4성은 모두 청나라의 차지가 되었다. 산해관은 완전히 고립되었다.

숭정제는 초조해 하다가 대책 없이 화만 내는 최악의 리더십을 보여주고 있었다. 홍승주는 청나라에 항복하였으며, 장약기는 어선에 숨어 북경으로 탈출했다. 그는 후일 이자성의 순

順나라에 투항하여 사신으로 명나라에 파견되었다가 다시 청나라에 투항하기도 하는 등 무절조의 극치를 보여준 인물이다. 홍타이지는 송산 전투에서 돌아온 다음 지병이 악화되어 급서急逝하였다. 그의 동생인 도얼곤은 여섯 살에 불과한 조카 복림福臨을 즉위시키고 실권을 장악하였다. 청나라를 이끌게 된 도얼곤은 산해관 너머의 명나라 본토를 노렸다. 다민족 국가인 청나라는 피통치 민족들을 나누어 지배하는 「분할과 지배divide & rule 전략」을 사용하여 여러 민족들을 통치하였다. 만주족 다음으로 몽골족을 우대하고, 그 다음으로 조선족을 우대하였으며, 제일 수가 많은 한족은 대체로 홀대하였다.

사가법

이자성이 북경을 함락시키고, 황제 숭정제도 자살했지만 회하 이남의 명나라 땅은 그대로 유지되고 있었다. 남경은 부도副都로서 중앙정부와 유사한 체제를 갖추고 있었는데, 여기에서도 동림당과 환관당 간 당파싸움이 계속되고 있었다. 남명南明 정권의 실력자 마사영馬士英과 환관당 소속의 완대성阮大鋮은 사가법史可法과 전겸익錢鎌益 등 동림당 인사들의 반대에도 불구하고, 군사력을 배경으로 이자성에게 살해당한 복왕 주상순의 장남 주유숭朱由崧을 감국監國으로 옹립하였다. 복왕은 놀기만 좋아하는 한량閑良같은 인물로 통치 능력은 없는 인물이었다. 남명 정권 내에서도 동림당과 환관당 간 정쟁이 격화되었다. 정쟁에 패한 사가법은 정권 중심에서 밀려나 양주揚州를 방어하기 위해 양자강을 건너 북상했다. 청나라군이 남경을 향해 진격해 내려오고 있는데도 불구하고, 복왕은 궁녀를 선발하고, 매관매직을 자행하며, 유흥에 몰두하는 등 방탕과 부패를 일삼고 있었다. 도얼곤은 이전의 금나라가 그랬듯이 회하 이북 정도만 차지할 생각이었으나, 남경 정부가 뿌리째 썩은 것을 알아채고, 중국 전체를 장악하는 쪽으로 마음을 바꾸었다. 도얼곤은 친동생 도도를 총사령관으로 하는 남명南明 정벌군을 출발시켰다. 남경 정부는 유택청, 고걸, 유량좌, 황득공 등 강북 4진에 주둔하고 있는 장군들로 하여금 남하하는 청나라군에 대처하게 했다. 그러나 이들도 원나라 말기의 장군들과 같이 상호 세력다툼에만 골몰하고 있었다. 청나라에 항복해 있던 하남 총병 허정국은 고걸을 초대하여 살해했으며, 청나라군은 하남을 쉽게 평정하고 양주로 진격해 들어왔다.

복왕은 고걸이 지휘하던 10만 대군에게 사가법의 지휘하에 들어가도록 명령했으나, 마사영은 사가법의 영향력이 강화되는 것이 두려워 고걸군을 흩어지게 했다. 사가법의 휘하에는 2만의 병력밖에 남아있지 않게 되었다. 1645년 청나라군의 맹공으로 양주는 함락되고, 성민 80만 명이 모두 학살당했다. 이어 남경도 함락되었으며, 복왕과 재상 마사영은 도주하였다. 전겸익은 항복하고, 인근의 무호까지 도망친 복왕은 청나라군에게 사로잡혀 북경으로 압송되었다. 이후 노왕 주이해, 당왕 주율건, 계왕 주유랑朱由榔 등이 명나라 유신들의 지원을 받아 복건, 광동, 광서, 운남 등에서 망명정권을 수립했다. 영력제永歷帝로 등극한 계왕 주유랑은 마길상 및 한 때 장헌충의 휘하에 있었던 이정국 등의 지원을 받아 광동과 광서, 운남을 근거로 저항을 계속해 나갔다.

정삼과 복명운동

정지룡鄭芝龍은 청나라에 항복했으나, 정씨 가문의 세력은 복건성에 잔존하고 있었다. 1650년 복건성 아모이섬의 서남부 대안對岸에 위치한 작은 섬 고랑서鼓浪嶼에 주둔하고 있던 정지룡의 아들 정삼(1624~1662)은 아모이섬을 습격하여 육촌형제 정채와 정련을 죽이고 정가군단鄭家軍團을 장악했다. 정지룡과 일본인 어머니 사이에서 나가사키長岐에서 태어난 정삼(정성공)은 어린 시절을 일본에서 보냈다. 정가군단은 밀무역密貿易을 하던 재벌 겸 군벌로 일본, 류큐(오키나와), 베트남 등과의 교역으로 거대한 세력을 이루었다. 정성공은 아모이섬을 중심으로 8년간 일본, 류큐, 동남아 여러 나라들과의 무역을 통해 세력을 키웠다. 그는 1658년 17만 5천 명의 대군을 이끌고 청나라 정벌에 나섰다.

정가군단은 일본에서 수입한 갑옷과 장비로 무장하고 양자강 하류의 양산羊山까지 진격했으나, 엄청난 풍랑을 만나 온주溫州로 후퇴하여 군사를 재건하였다. 온주의 조선기지에서 충분히 군선을 건조한 다음, 닝뽀寧派를 함락시키고, 북상하여 상해 앞바다의 주산열도舟山列島를 점령했다. 정성공군은 양자강으로 진입했으나, 숭명도崇明島는 버려두고 과주瓜州와 진강鎭江을 점령한 다음 바로 남경을 공략하였다. 청나라군의 상당수가 아직 남중국 각지에서 교전 중이었기 때문에 정성공군은 양자강 하류의 대부분을 쉽게 장악할 수 있었다. 남경 공략은 생각보다 쉽지 않았다. 거기에다가 정가군단의 장병들은 그동안 지나치게 쉽게 전공戰功을 올리곤 하여 무리한 작전을 펴는 경향이 있었다. 임시로 막아 놓았던 남경성의 신책문에서 청나라군이 갑자기 뛰쳐나와 공격해 오고, 숭명도 주둔 청나라군 마저 배후를 공격해 들어오자 정성공군은 대패했다. 그는 양자강을 따라 내려가 아모이섬까지 도주했다. 정성공 군단의 공세에 놀란 청나라 조정은 산동, 강소, 절강, 복건, 광동 등 5개성 주민들을 해안에서 5km 안으로 강제 이주시키는 천계령遷界令을 내렸다.

정성공은 생존을 걱정해야 되는 처지로 내몰렸다. 정성공은 복건의 대안에 위치한 대만臺灣을 점령하여 기지로 만들 결심을 했다. 그때 대만은 네덜란드가 차지하고 있었다. 1661년 3월 정성공은 아들 정경鄭經으로 하여금 근거지인 아모이섬을 지키게 하고, 수백 척隻의 함선에 2만 5천 명의 군사를 태우고, 대만으로 향했으며 그해 4월 네덜란드의 제란디아 요새가 있던 타이난臺南에 상륙했다. 네덜란드군은 정성공군이 진격해 온다는 소식을 접하고, 항구의 입구에 파손된 배를 침몰시켜 정성공군의 상륙을 막으려 했다. 여기에 더하여 초대형 함선 헥토르호를 출전시켰다. 정성공은 60척의 소형 함선으로 헥토르호를 포위하고, 사방에서 포격을 가했다. 헥토르호는 침몰하고, 나머지 함선은 뱃머리를 돌려 도주했다. 해전에서 패전한 네덜란드인들은 인도네시아(자바) 식민지에서 보내온 지원군과 함께 제란디아성에서 농성籠城에 들어갔다. 정성공군은 성 안으로 들어가는 물과 보급물자를 차단하였다. 정성공군의 포위 공격을 이겨내지 못한 네덜란드군은 어쩔 수 없이 항복하고 말았다. 포위 된지 6개월 만이었다. 1662년 2월 네덜란드군 사령관이 정성공의 막사로 찾아와 정식으로 항복했다. 1624년부터 38년간 계속되어 온 네덜란드의 대만 지배가 끝났다. 정성공은 타이난을 중심으로 효율적인 행정조직을 만들고, 휘하의 병사들과 동행한 복건성 주민들을 정착하게 했다. 그는 이후 스페인이 지배하던 필리핀 정복을 계획하기도 했다. 필리핀 정복 계획도 복명復明 노력의 일환이었다. 그는 본토 수복을 위해 고심했으나, 그해 6월 말라리아에 걸려 39세의 아까운 나이에 사망하고 말았다. 정성공은 대만에서는 독립을 추구해 온 민진당에 의해 국조國祖로, 중국에서는 서구 제국주의 침략에 맞서 승리한 영웅으로 평가받고 있다. 그의 아들

정경은 그 후 20여 년 동안 대만을 근거로 하여 반청운동을 벌였다. 정경이 사망한 지 불과 2년 후인 1683년 청의 수군이 대만을 함락하였으며, 명나라 재건의 희망도 사라졌다. 영력제 주유랑은 광동과 광서, 운남 각지를 전전하면서 복명 노력을 계속해 나갔다. 카톨릭에 귀의한 영력제는 로마 교황청에까지 사신을 보내어 원군援軍을 요청했으나 원군은 받지 못하고, 1659년 최후의 근거지인 운남의 쿤밍昆明이 청나라군에게 함락되자 버마로 도주했다. 영력제는 1661년 5월 버마 국왕에게 사로잡혀 오삼계에게 인도되었으며, 정성공이 사망한 1662년 쿤밍에서 처형당하고 말았다.

삼번의 난과
대만 통합

청나라 조정은 입관入關에 큰 공을 세운 상가희를 광동에, 경중명을 복건에, 그리고 오삼계를 운남-귀주에 분봉分封하였다. 평서왕平西王 오삼계는 전쟁에만 능했던 것이 아니라, 티베트와 버마, 라오스 등과의 교역 및 광산개발 등을 통해 영지를 크게 발전시켰다. 그는 화폐를 주조하는 등 독립 태세를 갖추어 나갔다. 광동, 복건, 운남(윈남) 등 삼번三藩은 독자적인 인사권과 군대를 갖고, 국방비 명목으로 북경으로부터 매년 2,000만 냥의 보조금을 받는 등 독립국으로 행세했다. 삼번의 난은 평남왕平南王 상가희가 아들 상지신尚之信과의 불화로 은퇴를 신청한 데서 비롯되었다. 1673년 3월 상가희는 요동 귀향歸鄕을 요청하면서 아들 상지신에게 왕작王爵을 세습시켜 줄 것을 요청했다. 20세의 청년황제 강희제(1654~1722)는 귀향은 허락했지만, 세습은 거부했다. 이에 놀란 오삼계와 경정충도 청나라 조정의 의지를 시험해 보기 위하여 철번撤藩을 신청했다. 청나라 조정은 철번을 받아들이자는 소수 강경파와 철번 신청이 내전으로 이어질 수 있다는 다수 온건파로 나누어졌다. 강희제는 철번 신청을 접수하기로 결정했다.

이에 반발한 오삼계는 1673년 반란을 일으켜 귀주에서 북상하여 사천을 장악하고, 양자강의 남쪽 지류인 상강의 흐름을 타고 북진하여 무창을 함락했다. 오삼계가 중국의 거의 절반을 손아귀에 넣자 광서장군 손연령孫延齡이 투항하고, 섬서제독 왕보신王輔臣은 반란을 일으켰다. 일부 한족 호족들이 오삼계에게 동조했다. 청나라 조정은 상지신과 경정충을 오삼계로부터 떼어놓기 위해 광동과 복건의 철번을 취소했다. 분할과 지배divide & rule 작전을 취한 것이다. 오삼계는 명나라의 후예를 추대하려 했으나, 아무도 응하는 자가 없었다. 그는 영력제 주유랑을 잔인하게 처형한 일로 하여 한족 민중들의 지지를 잃었던 것이다. 1674년 경정충이 오삼계에게 합류했다.

정성공의 아들 정경은 대만해협을 건너와 복건성의 장주를 공략하고, 해징성을 함락한 다음 천주성을 포위했다. 1676년 초 상지신도 오삼계에게 합류했다. 삼번이 모두 합류했으나, 이해 관계의 차이로 합류의 효과는 크지 못하였다. 삼번의 난이 발생하자 조선에서도 북벌 움직임이 일어났다. 1674년(현종 15년) 7월 윤휴는 비밀상소를 올려 「우리나라의 정병精兵과 강한 활솜씨는 천하에 이름이 있으며, 화포를 곁들이면 진격하기에 충분합니다. 북경으로 군대를 보내는 한편, 대만의 정가군단과 힘을 합쳐 청나라의 중심부를 흔들어야 합니다. 그리고 중국 남부와 일본에도 격문을 보내어 함께 떨쳐 일어나게 해야합니다.」라고 주장했다. 그러나 그의 건의는 받아들여지지 않았다. 그의 주장에는 구체성과 현실성 모두 부족했다.

한편, 중국의 민심은 한족인 오삼계가 아니라 청나라 조정을 지지하였다. 명나라에 비하여 청나라의 통치가 훨씬 더 좋았던 것이다. 오삼계는 군사를 운남→사천→섬서로路와 운남→귀주→호남로의 2로路로 나누어 진격하여, 섬서와 절강의 동·서 2개 방면에서 북경을 공략하려 했다. 경제 중심지인 강소, 강서, 절강 등을 장악한 청나라군의 저항은 예상외로 강력했다. 청나라군은 오삼계군의 중심부로 돌입하여 양 날개를 잘라내는 전술로 나아갔다. 중심부를 차단당한 오삼계군의 패색이 짙어졌다. 1676년 말 경정충과 상지신이 청나라에 항복했다. 오삼계는 세勢를 과시하기 위해 1678년 형주에서 황제에 즉위하여 주나라를 세웠다. 그의 마지막 몸부림이었다. 오삼계는 즉위 직후에 죽고, 1681년에는 오삼계를 계승한 손자 오세번도 자결함으로써 삼번의 난은 종식되었다. 상지신은 이전에 이미 북경으로 소환되어 처분되었으며, 경정충도 살해되고 말았다. 1683년 정성공의 손자 정극상도 팽호도澎湖島 해전에서 청나라 해군에 대패하고, 증조부 정지룡의 부하였던 해군제독 시랑施琅에게 항복하였다. 이로써 역사상 최초로 중원 정권이 대만을 차지하게 되었다. 대만은 19세기말 일본에 탈취당하기 전까지 약 200년간 청나라의 지배하에 놓이게 되었다. 정성공의 복명운동과 삼번의 난은 결국 불완전했던 운남의 통합과 대만으로의 영토 확장으로 이어졌던 것이다.

X

서
쪽
에
서
부
는
바
람

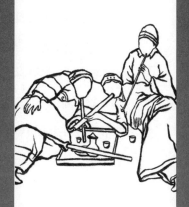

4천년 중국 역사에서 가장 융성했던 시기는 1979년 개방 이
후 현재의 중국과 만주족이 세운 청나라 강희제, 옹정제, 건
륭제의 3대 약 130년간이었다. 이 시기 청나라는 세계산업생
산(WGIP)의 약 33%를 차지하고 있었다. 인류역사상 WGIP
의 33% 이상을 생산한 나라는 현재의 패권국 미국을 제외하
고는 없다. 이 시기 청나라는 삼번의 난을 진압하고, 러시아
의 남진을 막아내었다. 여기에 더하여 사천성 서부, 신강, 대
만, 티베트를 정복하고, 베트남과 버마, 네팔, 태국, 라오스 등
을 부용국附庸國으로 만들었다. 소수민족인 만주족이 여타 소
수민족들을 정복하여 중국의 영토를 크게 넓혀 주었다. 강희
제와 건륭제의 적극적인 대외정책에 힘입어 청나라는 사상 유
례가 없는 1,150만㎢의 영토를 보유하게 되었다. 만주족 황제
들인 강희제와 건륭제가 현재 중국의 영토 약 957만㎢의 상

당 부분을 만들어 준 것이다.

1453년 오스만 터키Ottoman Turkey에 의해 동로마의 수도 콘스탄
티노플이 함락됨에 따라 서유럽 국가들은 다음과 같은 두 가
지 변화를 겪게 되었다. 첫째는 동로마(주로 그리스인) 학자들
과 학문의 유입이었다. 새로운 학문은 서유럽 엘리트들을 각
성시켰다. 이는 결국 학문과 제도의 발전을 가져왔으며, 산업
혁명의 밑거름이 되었다. 둘째는 초강대국 오스만 터키에 의
해 중동과 인도, 중국으로 향하는 육상 통로가 사실상 차단
된 것이었다. 이에 따라, 서유럽인들은 오스만 터키를 우회하
여 인도와 중국으로 갈 수 있는 해로海路를 찾게 되었으며, 이
는 남·북 아메리카의 재발견과 그 곳에서 산출된 재화의 서
유럽 반입을 가져왔다. 재화의 서유럽 반입은 서유럽 국가들
의 국부의 증대와 함께 산업혁명의 동인으로 작용했다. 유럽
인들은 또한 중국에서 전래된 종이 제조법과 인쇄술을 기계
화했으며, 화약을 개량하는 한편, 고성능 대포도 제작했다.
그들은 지식과 노하우know-how를 지속적으로 축적하여 산업
혁명으로 가는 길을 닦았다.

16세기 초반 이후 스페인, 포르투갈, 네덜란드, 영국 등 해양
강국들은 동남아시아의 여러 섬들뿐만 아니라, 그 바깥의 필
리핀과 베트남, 대만, 일본 등으로 활동범위를 넓혀나갔다. 한
편, 북방의 러시아는 시베리아를 가로질러 태평양 연안에 도
달하고, 이어 흑룡강과 지류인 송화강의 흐름을 타고 만주까
지 내려오기 시작했다. 이때까지만 해도 서양세력이 점령한 땅

은 해안과 가깝거나 원시에 가까운 종족들이 거주하던 일부 지역에 불과했다. 그러나 18세기 산업혁명 이후 증기선과 고성능 총포銃砲를 앞세운 유럽의 강대국들과 미국, 그리고 동아시아에서 최초로 근대화에 성공한 일본이 압도적인 군사력을 배경으로 청나라와 인근 국가들로 밀고 들어오기 시작했다.

중국 영토의 확정

러시아의 침입

청나라 정부는 만주 중·남부가 청나라의 발상지이자 만주팔기滿洲八旗의 영지였던 까닭에 신성시하여 본토와 분리하여 특별구역으로 정했다. 흑룡강과 지류인 송화강, 오소리강 등이 흐르는 북만주 일대는 퉁구스-몽골 계통의 여러 종족들이 유목이나 수렵에 종사하고 있었다. 청나라는 그들을 같은 만주족이라 하여 수시로 징발해서 전쟁에 소모된 만주팔기를 충당하는 것 이외에는 자치에 맡겨두고 있었다. 이런 땅에 갑자기 금발벽안金髮碧眼의 러시아인들이 나타나 원주민 사회를 혼란에 빠뜨렸다. 15세기 이후 모스크바 공국이 중앙집권을 강화하고, 주변을 병합해 나가기 시작하자 일부 세력이 이에 반발했다. 「무장한 자유인」을 뜻하는 코사크가 반대세력의 중심을 이루었다. 코사크는 남부 러시아의 킵차크 평원에 거주하던 그리스 정교도正敎徒 슬라브족이 이 지역의 투르크족과 혈연적·문화적으로 융합되면서 형성되었다. 코사크의 지도자로 두각을 나타낸 예르마크Yermak Timofeyevich는 볼가강과 돈강 상류지역에서 약탈을 생업으로 삼고 있다가, 이반 4세의 토벌을 받고 카마강 상류로 도주하여 페르미의 스트로가노프가家의 보호를 받게 되었다. 스트로가노프가는 이후 로마노프 왕가로부터 영지 내에 요새를 구축하고 사병을 소유할 수 있는 권리를 부여받았다. 스트로가노프가는 예르마크에게 시베리아 정복을 맡겼다.

예르마크는 코사크 기병대를 지휘하여 1581년 우랄산맥을 넘어 중앙아시아로 진격하여 북극해로 흘러가는 대하천 오비강의 지류이기도 한 이르티시Irtysh강 중류에 자리 잡은 투르코-몽골계 시비르 한국군汗國軍을 격파했다. 그는 1582년 시비르 한국의 수도 시비르를 점령하여 이반 4세에게 바쳤다. 시베리아라는 말은 바로 이 「시비르」에서 비롯된 것이다. 1584년 8월 가한可汗 쿠춤이 지휘하는 시비르 한국군의 기습을 받아 쫓기던 예르마크가 이르티시강에 익사하는 바람에 러시아의 동진은 잠시 중단될 수밖에 없었다. 그러나 러시아에는 이미 북만주 지역에 금은보화와 모피가 무진장이라는 소문이 나 있었다. 상업자본가로 성장한 스트로가노프가는 북만주를 포기할 수 없었다. 1598년 시비르 한국을 멸망시키는 등 러시아인들은 터키계 및 몽골계 원주민들과 싸움을 계속하면서 원시림으로 뒤덮인 시베리아 동쪽으로 계속 전진해 나갔다. 그들은 1604년 톰스크, 1632년 야쿠츠크, 1638년 오호츠크, 1648년 캄차카를 차례로 건설했다. 이후 러시아인들은 남쪽으로 방향을 바꾸어 퉁구스-몽골계 원주민들을 압박하면서 흑룡강을 따라 남진하여 1666년 청나라 영토인 흑룡강(아무르강) 좌안에 알바진 기지를 건설했다.

강희제는 러시아 정부에 정식으로 항의하고, 즉시 철수할 것을 요구했다. 이에 대해 러시아는 북경에 사절을 보내어 선물을 진상하고, 무역 이외에는 별다른 뜻이 없음을 천명했다. 외교에 대해 잘 모르고 있었던 강희제는 이를 조공으로 이해했다. 러시아인들은 알바진을 기지로 하여 송화강 유역까지 남하해 왔다. 러시아인들의 숫자는 날이 갈수록 늘어만 갔다. 당시 청나라는 서북 몽골과 신강에서 맹위를 떨치고 있던 중가르부가 러시아와 연결되는 것을 두려워했다. 중가르부의 공격을 차단하는 데 성공한 청나라는 1683년 흑룡강 연안의 아이훈愛琿에 성을 쌓고, 흑룡강 장군을 주둔시켰다. 이어 청나라는 1689년 7월 조선군이 포함된 대군을 파견하여 러시아로부터 알바진을 탈취하고, 네르친스크 조약을 체결했다. 네르친스크 조약은 라틴어와 함께 만주어, 러시아어, 몽골어 등 4개 언어로 작성되었는데, 이는 청나라가 한족의 나라가 아니라는 것을 국제적으로 확인한 구체 사례이다. 네르친스크 조약을 통해 청·러 간 국경이 외흥안령(야블로노이와 스타노보이) 산맥으로 확정되었으며, 러시아의 남하는 저지되었다. 당시 러시아는 제위 쟁탈전에서 승리한 피오트르 1세가 집권한 지 얼마 되지 않은 시점으로 국내외 정세가 매우 불안하였기 때문에 청나라의 요구를 대부분 수용해 줄 수밖에 없었다.

중가르 정벌

강희제 시기 외몽골에는 다얀 가한 계통의 할하족이 자리를 잡고 있었고, 서북 몽골에는 할하족에게 밀려난 에센 계통의 오이라트족이 흩어져 살고 있었다. 오이라트족 초로스 부족의 카라쿠라가 오이라트족을 통일하여 몽골어로 '왼쪽'이라는 뜻의 중가르로 묶어 내었다. 그의 손자인 갈단은 몽골제국을 수립할 꿈을 갖고, 오이라트족의 수장인 장인丈人을 죽이고 가한可汗의 지위를 빼앗았다. 그는 1682년 그는 타림분지의 위구르 부족을 복속시켰다. 1688년에는 알타이 산맥을 넘어 동진하여 외몽골의 할하부와 충돌했다. 중가르부에 밀린 할하부는 청나라에 의지하고자 전 부족이 내몽골로 피난해 왔다. 강희제는 할하부의 왕공들을 친견親見했으며, 1690년 요하 상류의 적봉赤峰 회전會戰에서 중가르군을 물리치고 외몽골을 청나라에 복속시켰다.

1696년 갈단 가한이 다시 외몽골을 침공해오자 강희제는 친정하여 외몽골의 차오모도에서 중가르군을 격파하였다. 몽골 통일의 꿈을 상실한 갈단은 반란세력에게 쫓기다가 1697년 알타이 산중에서 독약을 마시고 자살하였다. 갈단이 자살한 뒤 할하부는 외몽골로 돌아갔으며, 청나라는 외몽골을 이번원理 藩院의 관할하에 두었다. 재기한 중가르부는 1717년 쿤룬산맥을 넘어 티베트를 점령하였다. 이듬해인 1718년 청나라군이 티베트를 침공하여, 티베트로부터 중가르군을 몰아내고자 하였으나 실패했다. 2년 뒤인 1720년 청나라군은 청해와 사천의 2로路로 티베트를 침공하여 중가르군을 몰아내는 데 성공하였다.

강희제는 명나라 시절 10만 명이나 되었던 환관과 궁녀의 숫자를 4백 명 이하로 대폭 줄였으며, 매우 검소하게 생활했다. 지주의 착취로부터 소작인을 보호하기 위해 토지와 소작인을 묶어 매매賣買하지 못하도록 했으며, 흉년기에는 소작료를 감면해 주도록 했다. 이리하여 경제가 급속히 회복되었으며, 사회는 안정되었다. 강희제는 군비 지출이 가장 많았던 삼번의 난 기간 중에도 매년 300~400만 냥의 감세조치를 취했다. 세금징수를 위한 장정의 수를 고정시키고, 증가한 인구를 별도로 등록시켜 이들에게는 인두세를 부과하지 않았다. 강희제는 한족들에게 오랑캐가 아니라 구세주였다. 민심이 따른 것은 말할 것도 없었다. 옹정제는 내치를 한층 단단히 하여 다음 건륭제가 적극적인 외치를 할 수 있는 터전을 마련해 주었다.

건륭제는 강희제와 옹정제가 남긴 막대한 흑자재정을 갖고 통치에 임했다. 건륭제는 재위 중 중가르(1755~1758년), 위구르

(1758~1759년), 대금천(1747~1749년), 대·소금천(1771~1776
년), 버마(1762~1769년), 베트남(1788년), 대만(1788년), 네팔
(1791~1792년) 등 인근국가들에 총 10회나 원정했다. 그는 그
의 원정기록을 십전기十全記라는 이름으로 비석에 새겨, 티베
트의 수도 라싸의 포탈라궁 언덕에 있는 강희제의 평정서장비
平定西藏碑 옆에 나란히 세웠다. 건륭제의 첫 번째 원정은 1747
년 대금천 토벌로부터 시작되었다. 청나라는 사천 서부에 위
치한 작은 땅을 얻기 위해, 3년간 당시 국고 수입의 2년 치에
해당하는 무려 7천만 냥의 거금을 썼다. 대금천 지역을 완전
히 정복하기까지는 무려 30년의 세월이 더 소요되었으며, 수
많은 장졸들의 목숨도 바쳐야 했다. 투자에 비해서 소득이 형
편없는 밑진 장사였다. 버마 원정과 베트남 원정은 군사적으
로는 완전히 실패한 전쟁이었다. 다행히 국내외 문제를 갖고
있던 상대편이 먼저 화평和平을 요구하여 겨우 체면을 세울 수
있었다. 특히, 베트남 전쟁은 대패로 끝났다. 북베트남의 홍하
紅河 전투에서 청나라 20만 대군이 완문혜阮文惠가 지휘하는
베트남군 10만에게 섬멸당하고 말았던 것이다.

천산 북쪽에는 중가르 초원지대가 있고 보다 서쪽에는 이리분
지伊犁盆地가 있다. 이곳에는 제2의 몽골 제국을 염원했던 갈
단의 후손들이 세력을 떨쳤으나, 강희제-옹정제 시기에 청나
라의 공격을 받고 현저히 약화되어 있었다. 건륭제는 1755년
과 1756년 두 차례의 출병으로 이곳을 쉽게 장악했다. 조혜兆
惠가 지휘한 제2차 중가르 원정 시 청나라군은 이리지방에 거

주하던 중가르 부족민 60만 명 모두를 학살했다. 그만큼 중가르는 청나라에게 공포의 대상이었던 것이다. 천산 북쪽이 중가르의 세계라면, 천산 남쪽은 위구르의 세계였다. 이곳에는 일찍이 정착농경으로 바꾼 이슬람교도 위구르족이 종족 단위로 오아시스 성곽국가를 이루고 있었다. 청나라군은 중가르 정복의 여세를 몰아 1758년 다시 출병, 산재해 있던 오아시스 도시국가들을 모두 점령했다. 남북 신강 모두 청나라의 판도안에 들어왔다. 소수민족인 만주족이 다른 소수민족들을 정복하여 다수민족인 한족에게 갖다 바친 예는 전무후무前無後無하다. 건륭제는 천산남북天山南北의 영토를 새로 얻은 땅이라하여 신강이라고 이름 붙였다.

티베트 침공

파미르 고원과 더불어 세계의 지붕이라 불리는 티베트 고원의 대부분은 해발 4,000m가 넘는다. 티베트는 북위 27도에서 37도 사이에 걸쳐 있는데, 고도에 따른 기온차가 매우 심하다. 앞에서도 설명했듯이 7세기 초 중앙 티베트를 중심으로 송찬이라는 영웅이 등장하여 티베트 전역을 통일하였다. 그때까지 티베트는 정령精靈을 숭배하는 주술신앙呪術信仰이 성하였으며, 이것을 본교(Bon)라 한다. 티베트의 전성기를 이룩한 송찬 간포우두머리라는 뜻의 티베트어 시대에 중국과 인도를 통해 들어온 불교가 본교와 경쟁하면서 밀교密敎로 발전하였다. 신비적인 요소가 다분히 내포된 밀교가 티베트인들에게 친근했기 때문이다. 9세기 탄압을 받아 쇠퇴한 티베트 불교는 11세기 인도 출신 승려 아티샤의 쇄신운동으로 부흥하게 되었다. 이후 아티샤 직계 제자들을 카담파라 하였으며, 기존 불교계열을 닝마(홍모)파라 했다. 카담파, 홍모파 외에 카규파와 샤카파라는 종파가 새로 생겨나 4개로 갈라졌는데, 신흥종파들은 닝마파의 성격을 유지하면서 밀교의 성격을 혼합한 교리를 발전시켰다.

샤카파는 13세기 몽골의 지원을 받아 정교일치政敎—致 정권을 수립했으며, 몽골족은 중국으로 팽창하여 원나라를 세웠다. 원나라와 티베트 사이에 책봉조공 관계 외에 「최왼(법주–시주)」 관계가 나타났다. 티베트 고승과 원나라 황제 사이에 종교적 지지와 군사적 원조를 교환하는 「최왼」 관계가 맺어진 것이다. 최왼 관계를 통해 몽골은 티베트를 몽골제국에 편입시켰으며, 샤카파는 티베트의 정권을 잡을 수 있었다. 최왼 관계는 쿠빌라이와 파스파 사이에도 맺어졌다. 한편, 현재 가장 교세가 강한 겔룩(황모)파는 카담파의 정신을 이어 받아 14세기 후반에 새로 생긴 종파이다.

1578년 몽골의 알탄 가한은 청해靑海로 티베트 불교 제3대 고승高僧 쇼남 갸초를 초청하여 달라이 라마로 존칭하였는데, 「달라이」는 바다라는 뜻의 티베트어 「갸초Gyacho」를 몽골어로 번역한 것이다. 이후 달라이 라마는 티베트의 정政·교敎 일치의 통치자(법황)가 되었다. 달라이 라마의 계승은 전생활불轉生活佛이라는 특이한 방법을 채택하고 있다. 이를 테면 중생을 가르치기 위해 부처가 사람의 몸을 빌려 세상에 내려오는데, 달라이 라마는 관음보살의 화신이고, 판첸 라마는 아미타불의 화신이라는 것이며, 이들의 육신이 사라지면 다른 사람의 육신으로 영혼이 옮겨 간다는 것이다. 17세기 달라이 라마의 계승법繼承法을 두고 닝마(홍모)파와 겔룩(황모)파 간 분쟁이 생겼다. 황모파는 중가르의 무력을 배경으로 새로 계율을 정하고 홍모파를 몰아내었다. 청나라는 달라이 라마를 최고 지배자로, 판첸 라마를 그 다음의 지배자로 인정했다. 그리고 이들 2대 활불活佛에게 종교와 세속을 모두 지배하게 하였다. 말하자면 달라이 라마는 법왕, 판첸 라마는 부법왕이 되었던 것이다. 달라이 라마가 북방민족 국가들의 정신적 지주가 되자 중가르를 포함한 많은 나라들이 이를 이용하여 대제국 건설의 꿈을 키웠고, 그때마다 청나라는 집요하게 방해하였다.

옹정제는 오늘날로 말하자면 대사大使라 할 수 있는 티베트 주재 고위관리駐藏大臣로 하여금 달라이 라마를 감시하게 하였다. 건륭제 시대에 제5대 달라이 라마가 사망하자 후계자 문제를 두고 내분이 일어났다. 달라이 라마 후보가 세 명이나 등장한 것이다. 네팔의 구르카족까지 개입되어 혼란이 가중되었다. 네팔은 1788년, 1791년 2차에 걸쳐 판첸 라마가 주재하는 티베트 제2의 도시인 시가체에 소재한 타시룬포 사원을 침공하는 등 티베트 내정에 간섭하기 시작했다. 1790년 청나라 군대는 라싸에 진입했으며, 2년 후에는 히말라야 산맥을 넘어 네팔의 수도 카트만두에 육박했다. 네팔은 평화조약 체결을 간청했다. 건륭제는 내정 불간섭 정책이 오히려 분쟁을 조장한다고 생각하여 주장대신으로 하여금 티베트의 행정·군사권을 실질적으로 장악하게 했다. 이에 따라 티베트는 주권을 상실하고, 청나라의 지배하에 들어가게 되었다. 티베트가 종속됨으로써, 청나라는 1,150만㎢의 방대한 영토를 소유하게 되었다. 소수민족인 만주족 정권이 몽골, 티베트, 버마, 베트남 등 같은 다른 소수민족을 멸절, 약화시키는 데 앞장섰던 것이다. 이후 티베트는 150년간 청나라의 지배를 받다가 1840년 영국과 청나라간 아편전쟁 이후에야 일시적으로 독립을 달성했다.

청나라의 황혼

건륭기는 문화의 난숙기였다. 강소성과 절강성 등 양자강 하류 지역이 청나라의 경제와 문화를 이끌었다. 양저우는 소금으로, 쑤저우는 견직물로, 항저우는 일반 직물로 청나라의 경제를 이끌어 나갔다. 청나라 시대를 통 털어서 총 120회 실시된 과거시험의 장원狀元은 강소성 출신이 49명, 절강성 출신이 20명이었다. 우리나라의 명문대 입시나 고등고시에서도 확인할 수 있는 것처럼, 학업성적과 경제력은 밀접한 관련이 있다.

총 120명의 장원 합격자 중에서 강소성과 절강성 출신을 합친 숫자가 62%에 달했다는 것은 이 두 개의 성省의 경제력이 여타 성들을 압도했었다는 것을 말해준다.

프롤로그에서도 말했듯이 2009년 9월 APEC 회의 참석차 상하이와 쑤저우를 방문한 적이 있다. 그때 만난 APEC 기술 이전센터의 쑤저우 책임자인 육선생陸先生에 의하면, 강소성과 절강성의 1인당 소득은 상하이, 베이징, 텐진 등 특별시를 제외한 성省 단위 가운데 광동성에 이어 각각 제2위와 제3위를 달리고 있다고 한다. 주강 델타를 끼고 있는 광동성의 경우, 홍콩과 마카오를 거점으로 발전해 왔기 때문에 예외로 쳐야 한다. 지금으로부터 무려 1,300년 전인 수·당 시절부터 지금까지 강소성과 절강성은 중국에서 가장 부유한 성省이라는 지위를 한 번도 잃어버리지 않았던 것이다. 청나라 시대의 뛰어난 예술가와 문학가들은 거의 다 강소성과 절강성 출신들이라는 점에서 두 성이 중국에서 차지하는 비중을 잘 알 수 있다. 이러한 번영을 바탕으로 건륭 말기 청나라 인구는 3억 이상에 달했다. 아래 시를 통해 강소를 비롯한 당시 강남지방이 얼마나 풍요로웠는지를 잘 알 수 있다.

翠繞珠圍楚楚
비취를 두르고 옥을 감고 있지만, 애처로울 정도로 허리가 가늘어

伴娘扶腋不胜娇
들러리가 신부의 겨드랑이를 부축해보니 신부가 너무 호리호리하네

新人底事容消瘦
무슨 이유로 신부가 이렇게 야위었는가?

問道停餐已數朝
물어보니, 며칠이나 굶었다고 하네

대만이 평정된 지 100여년 후인 1786년 청나라의 쇠퇴기에
발생한 대만 토호 임상문林爽文의 난은 삼합회三合會라고도 부
르는 천지회와 밀접하게 관련되어 있다. 임상문의 난은 만주
팔기가 아니라 채대기와 손사의가 지휘하는 한족 녹영 군대
의 힘을 빌려 2년 만에야 겨우 진압할 수 있었다. 만주족 군
대는 여러 가지 특혜로 이미 망가져 있었다. 임상문의 난을
토벌하는 과정에서 절민(절강성·복건성)에 주둔하던 만주팔
기 8천명은 무기력의 극치를 보여주었다. 여기에다가 한족인
채대기는 큰 공을 세우고도 만주인 귀족들의 중상모략으로
사형에 처해졌다. 한족 관료들의 민족감정이 들끓어 올랐다.
만주족은 산해관 입관入關후 각종 특권에 젖어 약화되어 왔
다. 만주팔기의 전력 약화는 이미 삼번의 난때 명백히 드러났
었다. 백련교도의 반란을 토벌한 것도 만주팔기가 아니라, 향
용鄕勇을 앞세운 한족 위주의 녹영綠營이었다. 만주족의 나라
가 한족이 없으면 유지되지 못하는 시대가 된 것이다. 북경의
궁전에는 한어漢語만 들리고, 만주족 황제가 한시漢詩를 능숙
하게 짓는 시대가 되었다. 만주족은 스스로를 해체시키고 있
었던 것이다. 앞에서 설명한바와 같이 1789년 건륭제는 서산

당西山黨 완씨阮氏 형제들의 도전에 직면한 베트남 여씨黎氏 왕
조로부터 지원 요청을 받고, 양광총독兩廣總督 손사의孫士毅가
지휘하는 20만 대군을 파견하였다. 청나라군은 완문혜의 치
고 빠지기식 게릴라 전술에 휘말린 끝에 홍하 유역의 하노이
에서 베트남군에게 섬멸당하고 말았다. 완벽한 패전이었음에
도 불구하고, 건륭제는 승리한 전쟁이라고 억지를 부렸다. 청
나라의 군사력은 이미 한계를 드러내고 있었다.

아편전쟁과 태평천국

유럽의 도전

아편opium은 명나라 말기인 만력제 이후 사회의 안정을 해칠
정도로 심각한 문제로 대두되었다. 만력제 자신이 아편 상습
자였다. 청나라 옹정제雍正帝는 아편의 해악을 깊이 인식하고,
아편 판매자와 사용자 모두를 가혹하게 징벌하는 등 아편의
확산을 막기 위해 노력했다. 큐슈의 나가사키長岐만 개항했던
일본의 토쿠카와德川 막부와 마찬가지로 청나라도 광동의 꽝
조우廣州만 개항하고 있었다. 외국인은 호부戶部에 소속된 월해
관粤海關이 관할하는 이관夷館에서만 체류를 허용했다. 관리들

은 외국인과 일체 접촉하지 않았으며, 외국인과의 접촉은 무역 허가를 받은 민간조직인 행行이 전담했다. 당시 광주에는 13행이 있었다. 즉, 외국인-행-월해관을 연결하는 구조였으며, 행은 민民-관官 사이의 완충장치였다. 현대식으로 말하면 삼성, 현대, 대우 인터내셔널과 같은 상사商社가 외국인을 상대하여 결과를 관세청 부산지청에 보고하고, 부산지청의 지시를 외국인에게 통보하는 형태로 무역업무가 진행되었던 것이다. 당시 청나라는 자국과 다른 나라 사이에는 상하 관계를 의미하는 조공만 있을 뿐, 대등한 관계의 통상은 결코 있을 수 없다는 생각을 하고 있었던 것이다.

산업혁명으로 국력이 급격히 증강된 영국은 인도에 이어 청나라로 진출하고자 했다. 조지 3세는 1793년 청나라에 파견한 매카트니로 하여금 건륭제를 예방하게 했다. 매카트니는 북경 북방의 열하에서 피서를 하고 있던 건륭제를 찾아가 무릎을 꿇고 조지 3세의 친서를 바쳤다. 영국은 △상관 설치, △상해 앞바다의 주산열도舟山列島와 천진에 상선을 정박시킬 수 있는 권리, △기독교 포교 등의 권리를 요구하였으나, 모두 거부당하고 말았다. 마카오에 먼저 진출해 있던 포르투갈도 영국의 청나라 진출을 방해했다.

건륭제를 이은 가경제는 1796년 아편 수입을 금지시켰다. 아편 수입량에 비례하여 은의 유출이 극심해지자 청나라 경제의 근간을 이루던 은본위제銀本位制가 붕괴할 조짐을 보이기 시작했기 때문이다. 차茶와 도자기 수출로 유입된 은이 아편 수입 때문에 거의 다 유출되었다. 단기간에 은가銀價가 두 배나 상승함에 따라 동전의 가격이 급락했으며, 은을 지불하고 국가 전매품인 소금을 사서 동전을 받고 팔던 소금상인들이 파산하기 시작했다. 다시 농민반란의 기운이 감돌았다. 강희제, 옹정제, 건륭제의 3대 130년간의 선치善治로 4억까지 불어난 백성들 가운데 상당수는 먹고 살길이 없게 되자 백련교 등 비밀종교단체에 가입하여 반란의 불길을 당겼다.

1796년 1월 호북성에서 최초로 백련교도의 반란이 일어났으며, 곧 인근의 섬서성과 사천성으로 파급되었다. 청나라 정부는 무력화된 팔기나 녹영이 아닌 의용병인 향용鄕勇을 앞장세워 반란 발생 10년 만인 1805년에야 반란을 완전히 진압할 수 있었다. 백련교도의 반란은 청나라의 군사적 무능을 재차 폭로하고, 재정적 혼란을 가중시켰다. 소금을 밀거래하던 사염私鹽 상인들이 아편도 거래하기 시작했다. 국가에서 엄금하는 아편을 목숨을 걸고 거래하게 된 이들은 악명 높은 갱조직인 삼합회三合會의 전신인 천지회天地會와 연결되었다.

해적의 대두

1778년 베트남에서 서산당西山黨 정권을 수립한 완문혜와 그의 아들 완광찬阮光纘은 영국의 엘리자베스 1세와 같이 해도입국海盜立國의 기치 아래 해적을 적극 지원했다. 베트남 해적들은 가까운 광동뿐만 아니라, 복건과 절강 연안에까지 출현하여 노략질을 자행했다. 이를 전기前期 정도艇盜라 하는데, 베트남의 국가사업으로 운영된 만큼 대형 선박에다가 탑재한 대포도 많아 청나라 해군은 대처에 많은 어려움을 겪었다. 베트남 정도는 메콩 델타(사이공 부근)를 중심으로 세력을 뻗어온 프랑스의 지원을 등에 업은 완복영阮福映이 1802년 완광찬을 죽여 서산당 정권을 멸하고, 베트남 최후의 완왕조阮王朝를 수립함에 따라 끝났다. 완복영이 정권의 안정을 위해 청나라에 조공하는 길을 택했기 때문이다.

후기 정도艇盜는 복건 출신의 채견蔡牽이 중심이 되어 발생했다. 채견이 단순한 해적에 불과했는지 아니면, 반만주주의자反滿洲主義者였는지 확실하지 않다. 복건수사제독 이장경李長庚은 1803년 동지나해의 정해定海 해전에서 채견을 격파했다. 채견은 그러나 복건에서 선단을 재건하여 대만과 복건 해안을 습격하는 등 맹위를 떨쳤다. 그는 1804년 온주溫州 해전에서 청나라 해군을 대파했다. 채견이 대만을 근거지로 하여 복건 등 연안을 습격해 오자 이장경은 대만까지 채견을 추적했다. 이장경은 1807년 채견과의 해전에서 격전 끝에 전사하고, 채견 역시 1809년 동지나해의 어산漁山 해전에서 전사하여 정비艇匪의 난은 막을 내렸다. 육지에서의 백련교도의 난과 함께 정비의 난은 다가올 서양의 침공과 청나라의 몰락을 예견하는 봄비와 같은 사건이었다.

아편전쟁___

阿片

→ 영국군의 진격로

러시아

북경
천진
태원
대련
조선
등주

청

개봉
서안

소주
상해
정해

영파(닝뽀)

무창
남창

하문
대남

남녕
광주
망하
홍콩

베트남

아편전쟁Opium War의 처음과 끝

가경제嘉慶帝 이후 아편 문제는 한층 더 심각하여 졌으며, 도광제道光帝 이후 아편수입이 계속 증가하여 아편중독으로 인한 사회문제와 함께 은의 누출로 인한 경제위기는 국가의 안위를 걱정해야 할 정도로 심화되었다. 도광제 자신이 아편에 중독된 적이 있을 정도로 아편문제는 지위의 고하를 가리지 않았다. 아편문제를 해결하는 방안으로 온건론과 강경론 두 가지 방안이 제시되었다. 광동 안찰사로 근무하기도 한 허내제許乃濟의 이금론弛禁論과 황작자黃爵滋의 엄금론嚴禁論이 바로 그것이다. 호광총독 임칙서林則徐 역시 강경론을 주장했다. 이금론은 강경책만으로는 아편의 확산을 막는 것이 불가능하며, 금지할수록 아편 밀수가 늘어나고 관리의 부패도 심해지므로 수입세를 부과하는 한편, 수입량을 줄이기 위해 양귀비 재배 금지도 해제하자는 주장이었다. 오늘날 네덜란드는 비교적 순한 마약인 대마초의 흡연은 허용하고 있다. 독일의 경우도 마약 중독자가 주사기를 여러 번 사용함으로써, AIDS와 간염 등 치명적인 질병에 감염되는 것을 방지하기 위하여 철저한 통제하에 1회용 주사기 등을 제공하고 있다 한다. 네덜란드와 독일이 오죽하면 이렇게까지 할까 싶을 정도로 마약이 사회에 미치는 악영향은 실로 큰 것이다.

아편에 중독되었다가 스스로 극복한 경험이 있는 도광제는 강경론에 기울었다. 도광제는 임칙서를 흠차대신欽差大臣으로 임명하여 아편문제에 대처하게 했다. 임칙서는 동생이 아편중독으로 사망한 일로 인해서 누구보다 아편의 해악을 잘 알고 있었으며, 이론만 아니라 실무에도 능한 인물이었다. 그러나 이때 군기대신 목창아穆彰阿 등 일부 관료들은 영국과의 관계를 악화시킬 것을 우려하여 임칙서의 강경론에 반대했다. 당시 영국 동인도회사는 꽝조우에 주재하면서 아편 수출을 비롯한 무역에 종사하고 있었다. 아편을 수출하는 업체들은 동인도회사 외에도 여럿이 있었다. 임칙서는 1838년 광주에 부임하였으며, 1839년 영국 상인들이 보유하고 있던 아편 1,425t을 몰수하여 바닷물을 끌어들여 만든 인공호수에서 소석회와 섞어 용해시켰다. 임칙서는 압수한 아편에 대해서는 차엽茶葉으로 보상했다. 임칙서는 아편은 엄금했으나, 무역의 필요성은 인정하고 있었으며, 국제법도 잘 알고 있었다. 그는 스위스의 저명한 국제법학자인 바텔(de Vattel)의 「국제법」을 중국어로 번역하게 하는 등 법률적인 논쟁에도 대비하고 있었다.

아편 상인들은 갖가지 방법으로 청나라 정부의 조치들을 악의적으로 보고했다. 1840년 영국의 자유당 내각은 청나라 원정을 결정했다. 아편무역의 비도덕성에 대한 비난과 과연 군사적으로 청나라를 굴복시킬 수 있을까 하는 우려에도 불구하고, 의회는 자유당 내각이 제출한 군비지출안을 찬성 271표, 반대 262표로 통과시켰다. 영국 역사상 처칠Winston Churchill과 함께 가장 위대한 수상 가운데 하나로 기억되고 있는 글래드스턴(William Gladstone, 1809~1898)은 열정적으로 반대 토론을 했다. "그 원인이 이렇게도 부정한 전쟁, 이렇게도 불

명예가 되는 전쟁을 나는 여태까지 알지 못했다. 꽝조우 앞바다에 펄럭이는 유니온잭Union Jack은 악명 높은 금지품의 밀수를 보호하기 위해 펄럭이고 있는 것이다." 전쟁은 영국의 당초 예상과는 달리 일방적으로 진행되었다. 대형 함선과 함포를 앞세운 영국군은 너무나 쉽게 상해 앞바다의 주산열도舟山列島를 점령하고, 동지나해와 황해를 거슬러 올라가 천진 앞바다까지 진격했다.

청나라 조정은 영국의 위세에 겁을 먹고 임칙서를 파면하는 한편, 수도 북경 부근을 관할하는 직례총독인 기선琦善으로 하여금 영국과 교섭하게 했다. 홍콩섬 할양 문제로 교섭이 지지부진하게 되자 영국의 포틴저 제독은 1841년 꽝조우를 공격하는 한편, 1842년에는 일단 포기하였던 주산열도를 다시 공격하고 주산열도의 대안에 위치한 닝뽀寧波와 진해 등을 함락했다. 이어 양자강과 강북의 운하로 이어지는 목구멍과 같은 요충지인 진강鎭江을 7천 명의 병력으로 공격하여 점령하였다. 영국군은 전쟁 과정에서 살인, 방화, 강간 등 온갖 잔악한 만행은 다 저질렀다. 이어 영국군은 양자강을 거슬러 올라가 남경에 육박할 기세를 보였다. 청나라는 영국군의 압도적 공세에 굴복하였으며, 1842년 8월 영국 군함 콘윌리스호 함상에서 남경조약에 조인했다. 청나라는 전비戰費와 아편몰수 대금을 배상해야 했으며, 홍콩섬을 할양하고, 꽝조우와 아모이, 푸조우, 닝뽀, 상하이 등 5개 항구도 개항해야 했다. 아편전쟁은 청나라의 무기력을 세계만방에 드러낸 사건이었다.

태평천국의 흥망

건륭제乾隆帝 중기 이후 청나라는 도처에서 말기의 조짐을 드러내고 있었다. 관료와 군대의 부패, 토지제도의 붕괴로 인해 농촌사회의 위기는 극단으로 치닫고 있었다. 관직 경력자와 지망생으로 구성된 토호인 신사紳士, 대지주大地主, 부상富商 등이 토지를 집적한 결과, 4억 인구의 2/3가 한 뼘의 토지도 가지지 못한 소작농으로 전락했다. 일반 농민은 전체 농경지 가운데 겨우 30%만 차지하고 있었으며, 생산한 곡물의 50% 이상을 지대地代로 납부해야 했다. 인구의 절대 다수를 차지하는 농민의 몰락은 사회 불안의 근원이 되었다. 청나라 농촌사회가 심각한 위기에 빠지게 된 근본 원인 가운데 하나는 강희康熙, 옹정雍正, 건륭乾隆 3대의 성세盛世를 배경으로 급격히 늘어난 인구였다. 조세 경감, 농업기술의 발달과 함께 신대륙으로부터 감자와 옥수수가 도입되어 벼 또는 밀농사가 불가능했던 땅에도 농사를 지을 수 있게 된 것도 인구 증가의 한 가지 원인이었다. 18세기 중엽 1억 8천만이던 인구가 19세기 중엽 즉, 100년 만에 4억으로 늘어난데 비해, 경작지는 단 5% 증가하는 데 그쳤다. 앞에서도 말했듯이 19세기 초반 이후 아편의 급격한 유입에 따른 은의 해외유출로 인해 은의 가치가 급상승했다. 이에 따라, 납세수단으로 사용되던 은과 일반 거래수단으로 사용되는 동전의 교환가치가 1:2에서 1:3으로 상승했다. 주로 동전을 취급하던 중소상인을 중심으로 피해자가 속출하였으며, 이들은 반체제적이 되었다.

태평천국의 봉기가 왜 남부의 오지奧地인 광서廣西에서 발생했는지 알아보기로 하자. 광서에는 다양한 민족들이 섞여 살고 있었다. 이에 따라 민족 간 대립이 생겨났다. 첫째, 토착 한족세력과 중원에서 이주해 온 객가客家=Hakka가 대립했다. 둘째, 한족에 의해 산악지역으로 밀려난 장족壯族=僮族과 요족瑤族 등 소수민족들은 한족의 입장을 일방적으로 지지하는 지방통치자들에게 극도로 분노하고 있었다. 태평천국의 주모자 중 하나인 석달개石達開의 어머니는 장족 출신이었다. 그만큼 소수민족들의 청나라 정부에 대한 불만은 하늘을 찌르고 있었다. 유럽에서 쇠로 만든 제품들이 대량 수입됨에 따라 철광석을 캐는 광부와 숯구이 등이 실직하게 되었다. 상당한 무력을 갖고 있던 이들의 불만은 혼란에 기름을 끼얹는 꼴이었다. 그리고 아편전쟁 이후 해산된 향용鄕勇이 농촌 각지에 방치되어 있었다.

천지회는 주강 델타의 해적들과도 연계되어 있었다. 1840년대 영국 해군에게 광동과 광서의 내륙으로 축출당한 해적들은 천지회의 지도하에 광서의 하천과 운하에서 정비艇匪가 됨으로써 사회불안을 가중시켰다. 반청복명反淸復明을 목표로 하는 천지회의 반란으로 광서의 혼란은 한층 더 심화되어 갔다. 1836년 요족 출신 백련교도 남정준의 난과 1847년 역시 요족 출신으로 백련교 및 천지회와 연계된 뇌재호의 난이 호남, 광서, 귀주 등지를 휩쓸었다. 여기에다가 아편전쟁의 패배로 상하이와 닝뽀 등 5개 항구가 개항됨에 따라 무역중심이 꽝조우에서 상하이로 옮겨갔다. 무역을 독점하던 꽝조우는 불황에 빠지게 되었으며, 그 여파는 광서에까지 미쳤다.

종교는 민중을 모으고, 거기에 하나의 정신적 유대감을 주어 반정부 운동에 필요한 정열과 에너지를 제공한다. 홍인곤洪仁坤이 본명인 태평천국의 지도자 홍수전洪秀全은 1814년 광동성 광주시廣州市 화현花懸의 객가客家에서 출생하였다. 그는 조선 순조 시기 반란을 일으킨 홍경래洪景來와 같이 과거 낙방생 출신이었다. 1840년대에 홍수전은 고종사촌이자 친구인 풍운산馮雲山과 함께 광서성 계평현에서 기독교에 바탕을 둔 배상제회拜上帝會를 창시하고, 은광銀鑛의 광부들을 대상으로 포교에 나섰다. 숯장이 양수청楊秀淸, 빈농 소조귀蕭朝貴, 지주 위창휘韋昌輝, 부농이자 선비인 석달개 등 태평군의 핵심간부가 된 인물들이 모두 이 시기에 배상제회에 가입했다. 홍수전이 토호 세력에 의해 체포된 풍운산을 구출하기 위해 근거지를 떠나 있던 동안 배상제회에 중요한 변화가 일어났다.

양수청이 여호와의 말을 전하는 천부하범天父下凡의 권력을 장악하고, 소조귀가 예수의 말을 전하는 천형하범天兄下凡의 권력을 장악했던 것이다. 행동가형인 양수청의 영향력이 강화되어 감에 따라 배상제회는 반란의 색채를 진하게 띠게 되었다. 배상제회는 양광兩廣 : 광동과 광서에서 세력을 강화해 나가던 천지회와의 결합으로 파괴력을 배가했다. 천하가 소요로 들끓어 올랐다. 천지회 회원들의 배상제회 유입이 촉진되었다. 광서성 계평현 금전촌을 중심으로 반란의 불길이 사방으로 번져나가기 시작했다. 청나라 조정에서도 이러한 움직임을 감지했다.

청나라 조정은 1850년 초 임칙서를 다시 흠차대신欽差大臣에 임명하여 배상제회 진압을 명령했다. 그러나 임칙서는 광서에 도착하기도 전인 1850년 10월 사망하고 말았다. 임칙서의 후임으로 임명된 양광총독 이성원李星沅도 곧 사망하고, 그 후임에는 대학사 새상아賽尙阿가 임명되었다. 1850년 12월 배상제회를 중심으로 봉기한 태평천국군은 1851년 9월 광서의 영안주성永安州城을 점령했다. 태평군은 여기에서 통치제도를 갖추어 나갔다. 홍수전은 천왕天王이라고 칭하였으며, 그의 아래 5명의 왕이 봉해졌다. 동왕東王에 양수청, 서왕西王에 소조귀, 남왕南王에 풍운산, 북왕北王에 위창휘, 익왕翼王에 석달개가 임명되었다. △성고聖庫라는 공동소유제, △엄격한 군율과 금욕주의, △여성차별과 전족纏足을 비롯한 악습의 폐지 등 경제·사회적 개혁도 추진되었다.

천지회 출신의 정비艇匪가 가담한 태평군은 1852년 4월 포위당한 영안주성에서 출격하여 4명의 총병(사단장)을 전사시킬 정도로 청나라군을 대파했다. 태평군은 동북으로 방향을 틀어 호남성湖南省으로 향했다. 태평군은 호남성과의 경계에 있는 전주성全州城을 점령하여 남녀노소를 불문하고 성 안 사람들을 모두 죽였다. 태평군은 상강의 흐름을 따라 북진하다가 호남성의 사의도蓑衣渡에서 매복해있던 강충원이 지휘하는 의용병 집단인 초용楚勇에게 크게 패했다. 전주성 공격 도중 중상을 당했던 풍운산이 사의도에서 사망했다. 큰 손실을 입은 태평군은 방향을 바꾸어 호남성의 남부로 들어가 은광 광부들을 포함한 4~5만 명의 병력을 확보했다.

태평군은 서왕 소조귀를 사령관으로 하여 호남성의 성도省都 장사長沙를 공격했으나, 호남순무湖南巡撫 낙병장駱秉章과 강충원의 선전으로 공성攻城에 실패했다. 엎친 데 덮친 격으로 소조귀도 포탄을 맞아 전사하고 말았다. 태평군은 장사를 포기하고, 서쪽으로 향하여 익양益陽을 점령하고, 악주鄂州를 향해 진군했다. 장사와 익양, 악주는 모두 삼국시대 유비, 관우의 촉한과 손권, 노숙의 오나라가 영유권을 놓고 격렬히 다투던 남부 형주이다. 악주를 무혈점령한 태평군은 5,000여 척의 배와 함께 평서왕 오삼계가 180년 전에 남겨놓은 대포와 탄약 등 다량의 무기를 확보했다. 태평군은 여세를 몰아 1853년 1월 한수가 양자강에 합류하는 지점에 자리한 요충지 무창을 공략했으며, 청나라군에게 압승을 거두었다. 여기에서 태평군은 봉천토호격奉天討胡檄을 발표하여 배청排淸 의지를 분명히 하였다.

무창에서 크게 강화된 태평군은 그해 2월 5,000여 척의 배에다 무장한 100만 이상의 병력을 태우고 무창을 출발하여 양자강을 따라 내려가 3월 남경을 함락시켰다. 일부 부대는 양자강의 흐름을 따라 남경까지 행군해 나갔다. 천경(예루살렘)으로 호칭하게 되는 남경 입성 직후 북벌 감행파와 남경 할거파가 대립하였는데, 일단 세력을 확대한 다음 북경을 치자는 양수청 중심의 할거파가 승리했다. 100여만 태평군은 거의 대부분 강남 출신으로 이루어져 있었다. 당시 북중국인들은 밀가루를 식재료로 한 만두를 주식으로 하고, 남중국인들은 쌀로 만든 밥을 주로 먹는 등 고립된 생활을 하고 있었으므로 그들 간 교류는 거의 없었다. 추위를 모르는 남중국인들을 이끌고 북벌을 감행하는 것은 무리라는 생각이 지배적이었던 것이다. 홍수전의 고종사촌이자 친구인 풍운산과 처남인 소조귀가 전사한 다음부터 양수청의 권력은 크게 강화되었다. 홍수전과 양수청간 내분의 싹이 자라나고 있었다. 홍수전은 천왕부에 틀어박혀 있고, 양수청이 주로 활동하는 상황이 되었다. 어쨌든 100여만 명으로 불어난 태평군은 전성기를 맞이했다.

이런 상황에서 오늘날의 차관次官과 같은 직급인 시랑侍郎 출신의 증국번曾國藩이 동생 증국전曾國荃과 함께 상용湘勇을 조직하여 태평군 토벌에 나섰다. 만주팔기나 한족으로 구성된 녹영綠營 등 관군이 모두 부패하여 전투력을 상실한 상태에서 청나라 정부는 의용군인 향용에 크게 의존할 수밖에 없었다. 증국번은 태평군이 토지균분과 남녀평등, 사당의 파괴를 비롯한 당시 중국의 기본질서에 어긋나는 주장을 하고 있다는 점을 적극 부각시켰다. 증국번은 이를 통해 신사紳士를 비롯한 기득권층의 협력을 이끌어 내었다. 한족 호족들은 태평천국의 이단적 요소에 놀라 청조淸朝를 지지하였던 것이다.

태평군의 가장 큰 약점은 면面은 제대로 점령하지 못하고, 점點과 선線만 확보한 것이었다. 이러한 약점을 잘 알고 있던 동왕 양수청은 1853년 5월 이개방, 임봉상, 길문원 등이 지휘하는 북벌군 5만 명을 출정시켜 북경을 직공直攻하게 했다. 북벌군은 5월 안휘성의 봉양을 점령하고, 6월에는 하남성의 개봉을 점령했으며, 7월에는 황하를 건너 하북평원에 들어섰다. 여기까지는 매우 순조로웠다. 그러나 청나라 조정의 반격도 매서웠다. 태평군은 그해 10월 천진天津을 공략했으나, 몽골 기병을 중심으로 한 청나라군에게 격파당했다. 북벌군은 1855년 4월 길문원, 임봉상, 이개방의 순으로 차례로 함몰당하고 말았다. 북벌군과 거의 같은 시기에 출발한 서정군西征軍의 작전은 성공적이었다. 증국번의 상용으로부터 무창을 탈환하고, 초용을 이끌던 강충원을 전사시켰다. 대패한 증국번이 자결을 생각할 정도였다. 석달개의 활약으로 안경과 구강 등 여타 핵심 요충지도 점령하는데 성공했다.

태평군 내부에서는 홍수전과 양수청 간 갈등이 더욱 더 심해지고 있었다. 행동가형인 양수청이 노골적으로 홍수전을 밀어내려 한 것이다. 이러한 상황에서도 석달개가 지휘하는 태평군은 1856년 6월 청나라군이 천경(남경) 공격을 위해 설치한 강남대영과 강북대영을 괴멸시켰다. 흠차대신 상영向榮은 패주했다가 사망했다. 양수청의 도전에 위협을 느낀 천왕 홍수전은 북왕 위창휘를 사주하여 양수청을 처치하게 했다. 양수청을 살해하는 데 성공한 위창휘는 세력을 강화하기 위해 익왕 석달개마저 숙청하려 했다. 석달개는 도피하는 데 성공했으나, 그의 아내와 어린 아들을 비롯 휘하의 간부 2-3만 명이

학살당했다. 양수청의 잔당이 석달개군에 합류하였다. 위창 휘는 제1인자가 되기 위해 1856년 11월 홍수전이 머물던 천왕부를 공격했으나, 홍수전과 양수청 지지 세력의 반격을 받고 포로가 되어 차례로 사지를 잘라 죽이는 지해支解라는 극형을 당하고 말았다. 이제 홍수전에게는 석달개밖에 남아있지 않았다. 남경에 모여들어 있던 사람들은 양수청에게 휘둘리고, 위창휘의 폭정을 막지 못한 홍수전에 대한 신뢰를 거두기 시작했다.

부하들의 배신에 지친 홍수전은 홍인발洪仁發과 홍인달洪仁達 등 친형을 기용했다. 1856년 12월 무창이 함락되었다. 무창 함락의 책임을 추궁당하고, 홍인발과 홍인달에게 견제를 받던 석달개는 홍수전에게 크게 실망하여 20만 명의 대군을 이끌고 남경성을 나가버렸다. 태평군에 위기가 찾아왔다. 청군은 다시 강남대영을 설치했다. 태평군은 이제 충왕 이수성과 영왕 진옥성에게 의존하게 되었다. 홍인발과 홍인달이 뇌물을 받는 등 온갖 문제를 일으키자 홍수전은 그들을 해임했다. 1859년 홍수전의 일가친척인 홍인간洪仁玕이 홍콩으로부터 건너와 홍수전을 보좌했다. 그는 홍수전의 형들과는 달리 유능한 인물이었다. 애로우호 사건이 발생한 1860년 태평군은 이수성과 진옥성의 분전으로 강소성의 쑤저우蘇州와 절강성의 항저우杭州를 점령할 수 있었다. 1861년 남경(천경) 부근의 안경安慶이 청나라군에게 함락되자 홍수전은 이수성과 진옥성을 해임하고 홍인발과 홍인달을 다시 기용하였다. 태평군은 다시 난맥상을 보이기 시작했다. 1862년 1월 태평군은 상하이 공격에 나섰다. 외세는 상승군을 조직하여 청나라군을 지원했다. 상하이가 태평군의 손에 떨어지려는 상황에서 남경이 청나라군에게 포위당했다. 홍수전의 재촉을 받은 이수성은 상하이 공격을 그만두고 쑤저우와 남경을 오가면서 남경의 포위를 해소하기 위해 애쓸 수밖에 없었다. 태평군은 1863년 12월 쑤저우를 잃고, 1864년 초에는 항저우까지 상실했다. 1864년 7월 끝내 남경도 함락되었다. 홍수전은 남경 함락 1개월 전 음독자살했다. 홍수전의 어린 아들 홍천귀복과 홍인발, 홍인달, 홍인간 등 일가는 모두 살해당했다. 남경에 입성한 상군湘軍은 대학살을 자행하고, 민간으로부터 물자를 대거 약탈했다.

한편, 자립태세를 갖춘 석달개는 1859년 독자적인 관제와 예제를 제정했다. 이 때문에 석달개를 따르던 많은 사람들이 그에게서 떨어져 나갔다. 석달개는 1861년 양자강의 대도하大渡河 도하에 실패하고, 부하들의 생명을 구하고자 스스로 청나라군의 포로가 되었다가 1863년 청두에서 책형에 처해졌다. 홍인간이 편찬한 『자정신편資政新篇』은 기독교 교리에 기초하여 중앙집권과 함께 은행설립, 철도와 우편제도의 도입 등 서양문물의 적극적인 수용을 주장했다. 그만큼 태평천국은 혁신적인 측면이 있었다. 태평천국과 동학봉기가 자주 비교되나, 동학군이 근왕勤王과 함께 기존질서를 인정하는 등 보수적 색채를 띠었다는 점에서 양자는 큰 차이가 난다. 태평군 진압에 결정적인 역할을 한 증국번, 좌종당, 이홍장 등 한족 출신 정치가들은 나중에 무력을 배경으로 청나라 말기의 권력구조를 결정적으로 변화시켰다.

해방파海防派와 새방파塞防派

태평천국전쟁이 한창이던 1856년 10월 제2차 아편전쟁이라고도 불리는 애로우호 사건이 일어났다. 청나라 침략을 노리고 있던 영·불 두 나라는 연합군을 구성하여 1857년 12월 꽝조우廣州를 공격했다. 두 나라는 청나라 관헌에 의해 청나라인 소유의 영국 선박 애로우호의 중국인 승무원들이 체포되고, 영국 국기가 바다에 내던져진 것을 핑계로 청나라를 공격했던 것이다. 양광兩廣 총독 섭명침葉名琛은 전쟁에 패하고 연합군의 포로가 되어 인도로 압송되었다. 아무리 꽝조우를 공격해도 청나라 조정이 반응을 보이지 않자 영·불 연합군은 1958년 4월 천진 앞바다까지 진출했다. 도중에 러시아 함선 1척도 합류했다. 애로우호 사건은 외교사절의 북경주재까지 허용하는 등 청나라가 대폭 양보하는 것으로 결말이 났다. 그러나 조약 비준문제로 천진의 외항外港에서 청나라군과 영국군 사이에 포격전이 벌어져 영국군이 패하는 바람에 다시 전쟁이 벌어졌다. 1860년 영국은 프랑스와 함께 군함 100여척 병력 1만 5천으로 구성된 원정군을 파견하였다. 영·불 연합군은 1860년 주산열도와 천진을 거쳐 북경을 점령하였다. 연합군은 그해 10월 자금성의 이궁離宮인 원명원圓明園에 난입하였다. 병사들은 지휘관의 허락을 받고 경주하듯이 보물을 약탈했다. 공병들은 도끼로 가구를 부수고, 보석을 떼어냈다. 약탈된 보물들은 1,000여 대의 마차에 실려 나갔다. 대영박물관과 루브르 박물관의 많은 전시실들이 이때 약탈한 보물들로 채워져 있다. 황제 함풍제는 이미 9월 북경 북방의 열하熱河로 도주하고 없었다. 이에 앞선 1858년 5월 러시아는 청나라에게 아이훈愛琿 조약을 강요하여 흑룡강의 왼쪽에 위치한 연해주를 빼앗아 갔다.

태평천국의 난이 평정된 1864년 7월 당시 청나라 최강의 무력 집단인 상용湘勇을 장악하고 있던 증국번은 동생 증국전과 팽옥린, 왕개운 등 일부 추종 인사들로부터 청나라를 대신하여 새 나라를 세우라는 권유를 받았으나, 고민 끝에 결국 거절했다. 그는 오래 전쟁을 치르는 동안 상군湘軍도 부패하여 전투력이 많이 약화되었으며, 좌종당과 이홍장(1823-1901) 등 부하들의 마음도 상황에 따라 언제든지 변할 수 있다는 것을 잘 알고 있었기 때문이다. 그는 남경을 함락한 직후 상용을 해산하고 일부 우수한 간부만 이홍장에게 넘겨주었다. 이홍장은 증국번의 유산을 기초로 회용淮勇을 만들었다. 이홍장은 회용을 배경으로 직례총독을 여러 차례 역임하는 등 청나라 말기의 최대 실력자로 군림했다. 이홍장 이후 하북, 하남, 산동, 산서 4개성을 관할하는 직례총독이 황제의 측근인 군기대신을 대신하여 청나라 최대의 실력자가 되었다. 증국번은 상용이 군벌화 될까 우려하여 상용을 친동생 증국전이나 제자 좌종당에게 물려주지 않았다 한다.

애로우호 사건을 통해 청나라 지도부 인사들은 영·불·미·러 등 제국주의 세력이 청나라의 영토를 노리고 있다는 것을 뼈저리게 느끼게 되었다. 이들은 침략을 방어하는 방법과 관련 임칙서와 좌종당을 중심으로 하는 새방파塞防派와 이홍장李鴻章을 중심으로 하는 해방파海防派로 나뉘어 갔다. 아편전쟁 발생의 책임을 추궁당하여 신강으로 좌천당한 임칙서는 그곳에서 러시아의 움직임을 지켜보면서 영국과 미국은 영토의 할양이 아니라 통상의 이익을 원하는 정도인 반면, 러시아는 영토 점령을 시도하고 있다는 것을 알아챘다. 그는 장차 러시아가 심복지환心腹之患이 될 것으로 예상했다. 태평군으로부터 절강을 탈환하는 데 공을 세운 좌종당左宗棠이 임칙서의 사상을 이어 받았다. 새방파는 러시아를 경계하고 있었으므로 친미, 친영적인 색채를 띠게 된 반면, 해방파가 친러적인 색채를 갖게 된 것은 자연스러운 일이었다.

신강 유지

러시아의 실크 로드 침투가 가시화된 1866년 청나라 정부는 복건과 절강을 관할하는 민절총독閩浙總督이던 좌종당을 섬서와 감숙을 관할하는 섬감총독陝甘總督으로 전임시켰다. 러시아는 1868년 사마르칸드와 부하라 등을 영토로 한 부하라 한국

汗國을, 1873년에는 아무 다리야 하류를 중심으로 한 히바 한 국汗國을, 1876년에는 페르가나와 타쉬켄트를 중심으로 세워진 코칸드 한국을 합병했다. 코칸드 한국의 장군이던 야쿠브 벡은 러시아의 침략이 가시화되자 신강으로 이주하여 새 나라를 세우고자 했다.

영국은 러시아의 동진을 막기 위해 야쿠브벡을 지원했다. 신강 침투를 노리던 러시아도 군사고문단을 파견하여 야쿠브벡을 도왔다. 1875년 좌종당은 흠차대신欽差大臣의 자격으로 정예부대를 이끌고 야쿠브벡군에 맞섰다. 이홍장은 야쿠브벡군과의 전쟁이 임박했음에도 불구하고 프랑스와 일본 등 해양세력과의 싸움에 대비하여, 증원군을 보내주지 않았다. 해방파인 이홍장이 보기에 신강은 중국의 지엽말단에 불과한 땅이었다. 이에 대해, 새방파인 좌종당은 신강은 몽골을 지키기 위해 필요하고, 몽골을 유지하는 것은 북경을 방어하기 위해 필요하다는 논리로 맞섰다. 좌종당은 중국번이 군수물자를 충분히 지원해준데 힘입어 1877년 야쿠브벡군을 격파했다. 갈 곳이 없어진 야쿠브벡은 자살하고, 그의 잔당은 러시아령으로 도주하였으며, 신강은 완전히 평정되었다. 남신강南新疆의 카슈가르, 야르칸드, 호탄 등을 보호령으로 만들려고 시도하던 영국이나, 북신강北新疆의 이리 전역을 점령하고 있던 러시아도 삼켰던 이권利權의 대부분을 토해놓지 않을 수 없게 되었다. 이것은 모두 좌종당이 야쿠브벡군을 힘으로 몰아내었기 때문이었다.

청나라 역시 중국 중심의 동아시아 질서를 추구하고 있었다. 청나라 중심의 국제질서는 청나라의 힘이 강하게 미치는 순으로부터 ①각 성省과 만주, ②소수민족 통치지역인 번부藩部와 토사지역土司地域, ③조선, 베트남, 류큐(오키나와) 등 조공국, ④일본, 중앙아시아, 동남아시아 등 반半조공국, ⑤중동과 유럽 등 외연으로 구성되어 있었다. 1840년 아편전쟁을 통해 청나라가 무기력을 드러내자 청나라가 추구해오던 국제질서는 여지없이 무너지기 시작하였다. 유럽과 일본 등은 적대 세력이 되어 청나라 중심의 조공질서를 해체시켜 나갔다.

프랑스의
베트남 점령

19세기 중엽 프랑스의 도전으로 베트남이 가장 먼저 청나라의 조공국 대열에서 이탈해 나갔다. 식민지 개척에 적극적이었던 나폴레옹 3세 치하의 프랑스는 선교사 살해를 구실로 1858년 스페인과 함께 베트남에 출병하여 중부의 항구도시 다낭을 점령했다. 이후 프랑스군은 4년간의 공방전 끝에 코친차이나(메콩 델타)도 점령했으며, 1차 사이공 조약을 통해 베트남으로부터 코친차이나의 3개성을 할양받았다. 프랑스는 신흥강국 프로이센과의 전쟁에 패한 지 불과 2년밖에 지나지 않은 1873년 홍하통항권紅河通航權 확보를 위해 하노이를 포함한 통킹(홍하 델타)을 점령하고, 베트남 정부에게 제2차 사이공 조약 체결을 강요하였다. 이는 코친차이나 총독 뒤쁘레Dupre 제독과 가르니에Garnier 대위가 본국과 상의 없이 단독으로 수행한 작전이었다. 프랑스는 제2차 사이공 조약을 통해 베트남의 주권과 독립을 인정한 대신 베트남으로부터 홍하통항권은 물론, 코친차이나의 3개 성을 추가로 할양받았다. 이로써, 코친차이나는 프랑스의 식민지가 되었으며, 베트남은 프랑스의 보호령이 되었다. 청나라도 베트남에 대한 프랑스의 권리를 인정했다.

프랑스는 프로이센과의 전쟁이 끝난 지 10년이 지나 국내외

상황이 안정되자 베트남 전역의 식민지화를 시도했다. 베트남 총독 빌레de Vilers는 통킹 점령을 위해 군대를 북쪽으로 이동시켰다. 1882년 4월 프랑스는 통킹이 군벌들과 태평천국군의 일파인 유영복의 흑기군黑旗軍에 의해 장악되어 홍하통항권을 제대로 행사할 수 없다는 것을 이유로 리비에르Riviere 대령이 지휘하는 600명의 군사로 하여금 하노이를 점령하게 했다. 리비에르는 중부에 위치한 후에順化의 베트남 조정에 통킹의 할양을 요구했다. 이에 대해, 베트남은 종주국인 청나라에 구원을 요청했다. 청나라는 프랑스군이 북진해 올 것을 우려하여, 장지동張之洞을 사령관으로 하여 베트남과의 국경에 대규모 부대를 파견하였다. 청나라의 강경한 태도에 당황한 프랑스는 홍하를 경계로 프랑스와 청나라의 세력권을 분할할 것을 제안했다. 그러나 1883년 2월 집권한 식민지주의자 페리Ferry 총리는 동 제안을 취소하고 말았다. 이에 공세를 개시한 청나라군과 흑기군은 하노이를 함락시켰으며, 프랑스군 사령관 리비에르는 전사했다. 이에 대해, 프랑스는 1884년 초 육군과 해군으로 구성된 16,500명의 병력을 증파하는 것으로 응수했다. 증강된 프랑스군은 통킹에 주둔하고 있던 청나라군과 흑기군을 격파하여 베트남 영외로 퇴각시켰다. 이어 베트남의 수도 후에를 향해 진격했다. 프랑스는 베트남군을 항복시킨 다음 베트남의 외교권을 빼앗고, 보호국으로 만들었다. 이홍장은 1884년 5월 프랑스와 텐진(천진)조약을 체결하여 베트남에 대한 프랑스의 권리를 인정했다.

1884년 6월 프랑스군은 철군을 지체한다는 이유로 통킹 주둔 청나라군을 공격했으며, 이에 따라 다시 전쟁이 벌어졌다. 프랑스 함대는 복건 앞바다에 나타났다. 선정대신船政大臣 하여장何如璋은 외교문제로 비화할 것을 우려하여 복건을 지키던 청나라군에게 프랑스 함대에 저항하지 말 것을 명령했다. 프랑스 함대는 무저항 상태의 복건 마미군항馬尾軍港을 공격하여 양무파洋務派가 힘들여 건설한 조선소를 파괴하여 버렸다. 마미조선소 파괴는 양무파의 붕괴를 상징하는 사건이었다. 마미군항이 파괴되었다는 소식에 접한 청나라는 프랑스에 대해 선전포고를 했다. 쿠르베 제독은 함대를 지휘하여 양자강 하구와 대만을 봉쇄하고, 팽호열도澎湖列島를 점령했으나, 절강을 공격하다가 청나라군의 포격으로 전사하고 말았다. 1885년 3월 청나라군─흑기군 연합군은 통킹의 랑썬에서 프랑스군을 대파했다. 랑썬 패전으로 페리 내각이 붕괴했다. 이후 프랑스군은 소극적인 작전을 취하지 않을 수 없게 되었다. 청나라로서도 팽호열도를 잃고, 대만에 대한 통제력도 상실한 상태에서 전쟁을 계속해 나가는 것은 무리였다. 청나라는 1885년 파리 조약을 통해 베트남에 대한 프랑스의 권리를 확인했다. 이홍장이 이에 응한 것은 전쟁이 지속될 경우 북양해군을 파병하는 것이 불가피하게 되고, 북양해군이 손실을 입을 경우, 자신의 권력기반도 약화될 것으로 보았기 때문이었다. 물론, 해방파海防派인 이홍장이 프랑스보다 더 위험한 일본과의 전쟁에 대비하여, 북양해군을 아껴두어야 한다고 생각한 측면도 있었음을 부정할 수는 없다.

일본의
류큐 합병

류큐는 일본 큐슈섬 남부에서 대만까지 활모양으로 점점이 퍼져있는 총 면적 2,712㎢의 열도列島이다. 류큐는 중국과 일본, 조선과 교류하면서 발전하여 1429년에는 지금의 오키나와 섬을 중심으로 통일왕국을 세웠으며, 16세기에는 명나라와 일본 간 중계무역을 통해 전성기를 이룩했다. 임진왜란이 끝난 지 얼마 후인 1609년 큐슈의 사쓰마번薩摩藩이 3천 명의 군대를 동원하여 류큐를 점령했다. 사쓰마번은 동북부의 아마미奄美 제도는 직접 지배하는 대신 류큐의 독립은 유지시켜 주었다. 이후 류큐는 청나라와 일본 두 나라 모두에 조공을 바치는 양속국兩屬國이 되었다. 청나라만 이를 모르고 있을 뿐이었다. 서세동점西勢東漸의 물결이 류큐에도 밀려왔다. 류큐는 1847년 영국과 프랑스에 개항하게 되었으며, 1847년 미국과 수호조약을 체결했다. 일본은 명치유신 이후 동아시아 정세를 유심히 관찰하다가 청나라의 국력이 소진될 기미를 보이던 1879년 류큐를 병합했다. 영국, 러시아, 프랑스 등 외세 및 국내 반란세력과의 싸움에 정신이 없던 청나라는 일본의 류큐 합병을 지켜보고만 있을 수밖에 없었다. 청나라 중심의 동아시아 조공체제에 금이 갔다.

조선에 대한 종주권 상실

갑신정변

청·불전쟁의 여파는 조선에도 미쳤다. 1884년 12월 일본은 베트남에서 프랑스와 전쟁을 하고 있던 청나라의 허를 찔러 김옥균, 홍영식, 서광범, 서재필 등 소장小壯 개화파와 손잡고 갑신정변을 일으켰다. 일본의 예상과는 달리 이홍장은 조선에 주둔하던 청나라군을 빼내가지 않았다. 청나라군 1,500명은 1882년에 발생한 임오군란을 진압한 뒤에도 조선에 주둔하고 있었다. 24세의 청년 장군 원세개袁世凱는 한양 주둔 청나라군을 동원하여 갑신정변 발생 3일 만에 개화파 세력을 간단히 제압했다. 조선에서의 청나라의 우위가 확립되었다. 청나라는 일본과 천진조약을 체결하여, 조선으로부터의 군대 철수와 파병시 사전 통보를 의무화하기로 합의했다. 일본이 일단 조선으로부터 철군하기로 한 것은 당시 일본의 군사력이 청나라에 비해 약했기 때문이다. 특히 정원定遠과 진원鎭遠이라는 당시 기준으로는 초대형 철갑선을 보유하고 있던 청나라 해군은 일본 해군을 압도하고 있었다. 일본은 천진조약을 체결한 후 청나라 정복 계획淸國征討策案을 수립하는 등 군비증강에 전력을 다했다. 이에 비해 청나라는 북양함대 증강에 사용할 예산을 서태후西太后의 환갑 축하를 위한 이화원의 공사비로 돌려놓았다. 일본이 신형 함정을 발주하는 등 해군력을 증강하는 동안에 청나라는 10년간 단 1척의 함정도 추가로 확보하지 못하는 상태가 되었다.

청·일 전쟁

1894년 3월 상하이에서 벌어진 자객 홍종우의 김옥균金玉均 암살과 청나라가 그의 시신을 조선으로 보낸 사건은 일본 국민들로 하여금 청나라에 대한 적개심을 갖게 하는 계기가 되었다. 조선 정부가 야만스럽게도 김옥균의 시체에서 목을 떼어 내어 한강가의 양화진에 효수梟首했던 것이다. 이러한 상황에서 조선정부의 학정에 항거한 동학군이 1894년 1월 호남지방의 고부에서 봉기하여 5월 중심지인 전주를 함락했다. 이에 놀란 조선은 종주국인 청나라에 원병을 요청했다. 집권세력인 중전 민씨 일파는 동학군이 흥선대원군과 연결되어 정권을 위협할 가능성이 커지자 정권 상실을 우려한 나머지 원병을 요청했던 것이다. 이홍장은 북양군을 출병시킬지 여부를 고심했다. 이에 비해 만반의 준비를 갖추고 있던 일본은 청나라군이 출동하여 동학군을 진압해 줄 것을 희망하고 있는 것처럼 선전했다. 한양에 주둔하고 있던 원세개는 상황을 오판하여 일본은 거류민의 보호를 원하고 있을 뿐이라고 보고했으며, 결국 이홍장은 6월 4일 출병을 명령했다.

일본은 임전태세를 갖추고 대본영大本營을 설치했다. 무츠陸奧

宗光 외무장관과 가와카미川上操六 참모차장 등 개전파가 기선을 제압했다. 일본은 청나라에서 인천까지가 훨씬 더 가깝다는 것을 고려하여, 청나라가 정식 출병통지를 하기 이틀 전 이미 오토리大鳥圭介 공사의 인솔하에 1개 대대를 출발시켰다. 청나라 태원총병太原總兵 섭사성聶士成은 선발대 800명을 거느리고, 6월 8일 아산만에 상륙했다. 일본군도 6월 9일 인천에 상륙하여 한양으로 이동했다. 조선은 전쟁터가 될 것을 우려하여 6월 11일 동학교도들과 전주화약全州和約을 체결했다. 외국군이 조선에 계속 주둔할 명분이 없어지게 된 것이다. 오토리 공사는 계속 주둔할 명분을 찾아야 했다. 그는 지나치게 많은 병력을 조선에 상륙시키게 되면 청나라와의 군사 충돌로 이어질 것이라고 보고, 필수 병력이외에는 일단 대마도로 철수시켜야 할 것이라고 보고했다. 그러나 무츠 외무장관과 가와카미 중장 등은 무조건 전쟁으로 밀고 나가려 했다. 일본은 전쟁의 구실을 만들기 위해 일·청 공동으로 조선의 정치개혁을 추진할 것을 제의했다. 청나라는 6월 21일 일본의 제안을 거부했다. 이에 일본은 한양 주둔군을 동원하여 왕궁과 4대문을 장악하는 한편, 조선 정부에 청나라와의 국교를 단절할 것을 강요하였다. 일본은 6월 22일 전쟁을 결정했다.

1급 해양대국 영국의 1차 관심사는 대륙강국 러시아의 남진을 막는 것이었다. 러시아의 남진을 막는 데 도움이 되는 나라가 청이 되든 일본이 되든 상관이 없었다. 영국의 2차 관심사는 경제적 이익이 집중된 상하이 등 양자강 유역으로 전쟁이 확대되는 것을 막는 것이었다. 7월 14일 영·일 조약이 개정되었다. 7월 18일 킴벌리John Kimberly 영국 외상外相은 청나라와 일본에게 서울을 경계로 조선반도의 북쪽은 청나라가, 남쪽은 일본이 점령할 것을 제의했다. 영국은 러시아의 남하를 경계하는 한편, 청나라내의 상업적 이익에도 관심이 컸기 때문에 청·일 양국에 의한 조선반도의 분할을 제의했던 것이다. 청나라의 군사력이 일본에 비해 열세라는 것을 누구보다 잘 알고 있던 이홍장은 킴벌리 외상의 제안을 환영했다. 그러나 일본은 이 제안을 거부했다. 한편, 일본은 러시아에 대해서는 크게 걱정하지 않았다. 시베리아 철도가 개설되지 않고 있어 러시아가 대군을 파병하는 것은 불가능하다는 것을 잘 알고 있었기 때문이다. 광서제는 주전론을 고수하고 있었다. 호광총독 장지동과 호부상서 옹동화翁同龢 등 이홍장 반대파들도 마찬가지였다. 북양함대는 청이라는 나라가 아니라, 북양대신 이홍장의 사병처럼 운용되고 있었다. 그런데 북양함대는 최근 10여 년간 신형 함정을 한 척도 구입하지 않아 일본해군에 비해 열세에 처해 있었다. 여기에다가 청나라 해군은 각 성에 소속되어 있어 군령의 일원화도 이루어지지 않고 있었다. 이홍장은 7월 29일 황제에 대한 상주문上奏文에서 청나라와 일본의 해군력을 비교하고, 승산이 없음을 밝혔다. 이홍장은 끝까지 일본과의 전쟁에 끌려 들어가지 않으려 했다.

일본은 조선에게 경부전신 가설권과 조朝·청淸 조약 폐기 등 최후통첩을 발하는 한편, 한양주재 청나라 총리공서를 공격하는 등 한양을 군사 점령하였다. 고종은 7월 24일 대원군에게 전권을 위임했다. 일본은 대원군에게 청나라군 격퇴를 요청한다는 요지의 국서國書를 보내 줄 것을 강요했으나, 대원군은 계속 주저했다. 그로서는 청나라와 일본, 어느 쪽이 승리할지 판단이 서지 않았던 것이다. 8월 1일 청나라와 일본은 각기 상대국에게 선전을 포고했다. 이토伊藤博文 총리는 무츠 외무장관에게 아산 공격을 중지할 것을 지시했으나, 무츠는 일본이 이미 호랑이의 등에 올라탄 기호지세騎虎之勢의 상황이라고 판단하여 전쟁으로 밀고 나갔다. 이홍장의 작전은 평양에 청군淸軍을 집결시켜 한양의 일본군 8,000명에 맞서는 것이었다. 이홍장은 섭지초葉志超가 지휘하는 2,000명의 아산 주둔 청나라군을 평양으로 이동시키려 했다. 그러나 섭지초는 이홍장의 명령을 거부하고, 평양의 청나라군을 증강하는 한편, 아산의 청나라군도 증강시켜 한양의 일본군을 남·북에서 포위, 공격할 것을 주장했다. 이에 따라, 이홍장은 지원 병력을 임차한 영국 선박에 태워 아산으로 보냈다. 일본 해군은 7월 25일 아산의 풍도 인근에서 청나라 해군을 공격했다. 일본 해군의 기습공격으로 청나라 해군은 큰 피해를 입었다. 임차한 영국 선박에 타고 있던 청나라군 1,200명이 몽땅 익사했다. 청나라군의 사기가 크게 저하되었다. 청나라군은 7월 29일 벌어진 천안 북방의 성환成歡 전투에서 일본군에 대패했다. 9월 13일 일본은 대본영을 히로시마로 이동시켰다. 섭지초는 성환 전투에서 승리했다고 허위 보고를 하고는 충주와 춘천으로 우회하여 평양으로 도주했다.

이홍장은 평양의 청나라군 지휘관들이 불화하고 있다는 보고를 받고 아산에서 승리했다는 섭지초를 총사령관에 임명했다. 평양의 청나라군 지휘부는 이홍장의 조치에 크게 실망했다. 섭지초는 압록강까지 후퇴하여 일본군의 보급로가 길어진 틈을 타서 공격할 것을 주장했으나, 다른 장군들은 그의 주장을 받아들이지 않았다. 9월 15일 노즈野津道貫 중장이 지휘하는 1만 7천 명의 일본군이 평양성에서 농성하던 1만 4천 명의 청나라군을 포위했다. 평양성은 쉽게 떨어지지 않았다. 일본군이 탄약이 떨어져 후퇴하려는 순간 성 안의 청나라군이 섭지초의 명령에 따라 백기를 내걸었다. 백기를 내건 청나라군은 무질서하게 압록강 방향으로 도주하였다. 평양 전투에서 일본군은 불과 180명이 전사한 반면, 청나라군은 2,000명이나 전사했다.

평양의 상황을 제대로 파악하지 못하고 있던 청나라는 요동반도의 여순항旅順港에서 증원군을 태워 압록강 하구에 상륙시켰다. 청나라 함대는 9월 17일 일본 함대와 조우했으며, 5시간에 걸친 해전은 일본 해군의 완승으로 끝났다. 패배한 청나라의 북양함대는 대련만大連灣으로 귀환했다. 일본군 제1군은 10월 압록강을 건너 봉황성을 점령했으며, 제2군은 11월 뤼순(여순)을 점령했다. 여순의 북양함대는 이미 산동반도의 군항軍港 웨이하이웨이威海衛로 도주하고 없었다. 이 시점에서 제1군 사령관 야마가타山縣有朋 장군은 북경 진공을 주장했다. 야마가타의 폭주를 우려한 대본영은 야마가타를 노즈野津로 교체했다. 야마가타는 해임되기 전 선양瀋陽 인근의 군사요충지 해성海城 점령을 명령하였으며, 일본군은 12월 해성을 함락했다. 남방에서는 일본 해군이 대만의 부속도서인 팽호열도澎湖列島를 점령하였다. 전선이 확대됨에 따라 일본의 군사력은 바닥이 나고 있었다. 일본은 근위사단과 북해도의 둔전병까지 전쟁에 동원했다. 본토를 지킬 병력이 거의 없는 상태가 되었다. 외부의 간섭에 취약해진 일본으로서는 적절한 시점에 전쟁을 종결해야 했다. 곤궁해지기는 청나라도 마찬가지였다. 청나라는 청나라 영토에 대한 이해관계가 비교적 적은 미국에게 종전협상 주선 의사를 타진했다.

일본은 군사력이 바닥나고 있었음에도 불구하고, 웨이하이웨이로 도주한 북양함대를 전멸시킨 다음 압도적인 상황에서 전쟁을 끝내고자 했다. 이토伊東祐亨 해군 사령관은 정여창丁汝昌 북양함대 사령관에게 항복을 권고했으나, 정여창은 이를 받아들이지 않았다. 일본 해군은 이듬해(1895년) 2월 웨이하이웨이를 점령하고, 웨이하이웨이 앞바다의 유공도劉公島에서 북양함대를 전멸시켰다. 정여창은 음독자살했다. 일본의 이토伊藤와 청나라의 이홍장은 미국의 주선으로 시모노세키下關에서 정전을 교섭했다. 독일은 일본이 영토 할양을 요구할 경우, 간섭할 의사가 있음을 표명했다. 독일은 영국에게 청·일 간 정전협상에 간섭할 것을 제의했다. 그러나 영국은 러시아의 남진을 저지하기 위해서는 일본이 보다 더 강력해지는 것이 필요하다고 보고, 독일의 제안을 거부했다.

이홍장은 이러한 열강의 움직임을 제대로 파악하지 못하고 있었다. 일본은 청나라에 천진과 산해관 등의 할양을 요구했으며, 여순에 청나라 정복 도독부征淸大都督部를 설치할 의사를 표명하는 등 시종 강압적으로 나갔다. 이 무렵 러시아의 움직임이 심상치 않다는 보고가 들어왔다. 러시아군 3만 명이 북만주 방향으로 이동 중이라는 첩보가 들어오자 정전을 반대하던 일본 군부도 마침내 입장을 바꾸었다. 일본은 청나라에게 조선의 완전한 독립, 요동반도와 대만 및 팽호열도의 할양, 배상금 3억 냥 지불 등을 요구했다. 협상 끝에 요구조건이 다소 줄어든 시모노세키下關 조약이 4월 17일 마침내 조인되었다.

독일, 프랑스, 러시아 3국은 4월 23일 일제히 일본의 요동 영유에 반대하고 나섰다. 3국의 주일본 공사는 일본 외무부에 요동반도의 영유를 반대한다는 본국 정부의 뜻을 전달했다. 일본은 히로시마의 대본영에서 ①3국 간섭 거부, ②열국회의列國會議 개최, ③3국 간섭 수락 등 3가지 방안을 놓고 논의한 끝에 ②안으로 결론을 내었다. 그때 무츠 외무장관은 신병으로 요양 중이었다. 그는 문병을 위해 방문한 이토 총리에게 열국회의가 개최되면, 강대국들의 간섭으로 시모노세키 조약의 틀 자체가 깨질 가능성이 크다고 설명하면서 열국회의를 개최하는 것에 단호히 반대하였다.

북한 핵 등 한반도 문제를 다루는 6자회담 역시 열국회의의 한 종류이다. 6자회담은 결국 한반도 평화체제와 통일문제를 다루는 회담이 될 가능성이 크다. 그리고 참가국 숫자가 많을 수록 한반도 문제에 대한 간섭의 폭도 커지게 된다. 이러한 관점에서 중장기적으로는 6자회담보다는 핵심 당사국들인 남·북·미·중 4자만이 참가하는 4자회담을 개최하는 것이 바람직하다고 생각한다.

무츠는 러시아를 상대할 힘이 없으면 3국 간섭을 받아들일 수밖에 없다고 단호하게 말했다. 4월 29일 일본 국왕도 참가한 최고위급 회의가 개최되어 요동반도 반환이 결정되었다.

러시아가 주동이 된 3국 간섭은 러·일 전쟁으로 향하는 서곡이 되었다. 조선의 중전 민씨 일파는 3국 간섭에 성공한 러시아의 힘을 과신한 나머지 친러정책을 밀고 나갔다. 러시아 세력의 조선 침투에 초조해진 일본은 1895년 10월 미우라三浦梧樓 주조駐朝 공사로 하여금 일본 낭인浪人들과 친일장교 이주회, 우범선 등을 사주하여 중전 민씨를 살해하게 했다. 중전 민씨가 살해당한 것은 △일본의 모험주의, △일본과 러시아 간 세력경쟁, △조선 내 친일파와 친러파 사이의 갈등 및 △중전 민씨 일파를 포함한 조선 지도부가 민심을 상실했던 것이 주요 원인이었다. 이 사건의 여파로 인해 조선에 대한 일본의 영향력은 다소 위축되었다. 그러나 일본은 10여년간 절치부심切齒腐心의 준비를 한 끝에 동해와 만주에서 러시아를 격파하고, 1905년 조선을 보호국으로 만들었다. 이에 앞서, 일본에 대항하기 위해서는 러시아의 협력이 필요하다는 것을 자각하게 된 이홍장은 1896년 니콜라이 2세의 대관식에 참석하여 유효기간 15년의 청·러 비밀군사동맹조약을 체결했다. 일본이 청나라, 조선 또는 러시아를 침략할 경우, 상호 지원한다는 것이 요지였다.

최후의 몸부림

변법자강 운동

청·일 전쟁에 패배한 청나라는 충격에 휩싸였다. 광서제를 포함한 국가 지도부는 물론, 일반 사대부들도 패전 소식에 분격했다. 과거를 보기 위해 북경에 모였던 강유위康有為와 양계초梁啓超 등 유생들은 공동상소를 통해 개혁을 청원했다. 청나라가 이대로 가서는 희망이 없다는데 조야의 의견이 일치했다. 망국멸종亡國滅種의 위기가 눈앞에 닥친 것이다. 이러한 상황에서 두 가지 방향의 개혁 움직임이 일어났다. 하나는 황제가 중심이 된 위로부터의 개혁운동이었다. 다른 하나는 청조淸朝를 뒤엎자는 밑으로부터의 개혁운동이었다. 밑으로부터의 개혁운동은 손문과 육호동陸皓東 등 광동성 출신들이 주도했다. 흥중회興中會를 구성한 이들은 1895년 9월 광주 무장봉기를 시도했으나, 계획이 사전 누설되어 실패하고 말았다. 체제 자체의 위기를 감지한 광서제는 1898년 6월 강유위, 양계초, 담사동譚嗣同 등을 기용하여 정치개혁, 산업진흥, 군제개혁, 학교설립을 중심으로 일대 개혁을 시도했다. 그러나 개혁에 호의적인 인물은 호남순무 진보잠陳寶箴과 공부상서 손가내孫家鼐 등 몇 사람에 불과했다. 변법은 진보잠의 후원을 받은 호남성을 제외하고는 거의 성과를 내지 못했다.

보수파이자 실권자인 서태후는 권력을 상실할까 두려워 개혁을 반대했다. 서태후는 군대를 통제하는 직례총독 자리에 조카 영록榮祿을 임명했다. 이때 청·일 전쟁 시 보급을 담당했던 원세개는 새로 신건육군新建陸軍을 편성하여 훈련시키고 있었다. 개혁을 제대로 추진하기 위해서는 무력이 필수적임에도 불구하고, 강유위와 담사동 등 개혁파들은 군부를 장악하지 못하고 있었다. 광서제가 개혁파 인물들을 군기대신 장경(보좌관)에 임명하자 기다리고 있던 서태후가 마침내 행동을 개시했다. 서태후는 자파自派 장군들에게 병력을 황궁 부근으로 이동시킬 것을 명령했다. 위기를 감지한 담사동은 신건육군이라는 최강의 무력을 보유하고 있던 원세개와 담판을 지었다. 그는 원세개에게 휘하의 군대를 동원하여 서태후가 거주하고 있던 이화원을 포위해 줄 것을 요청했다. 며칠을 고민한 원세개는 변법파의 요청을 거부하기로 결정했다. 그는 직례총독 영록에게 담사동의 일을 밀고했다. 이러한 사실을 모르는 광서제는 원세개의 힘을 빌리고자 9월 16일 그를 시랑侍郞에 임명했다. 상황 전개를 주시하던 서태후는 9월 17일 친위 쿠데타(무술정변)를 일으켰으며, 9월 20일 광서제를 유폐(감금)시켰다. 담사동과 강광인康廣仁 등 변법파들은 처형되고, 강유위와 양계초는 일본으로 망명했다. 이로써 위로부터의 개혁은 실패로 끝나고 말았다.

의화단의 반동

1897년 독일은 산동성에서 자국 출신 카톨릭 신부神父 두 명이 살해된 것을 기화機化로 청나라에 요구하여 산동의 교주만膠州灣에 대한 조차권과 함께 철도부설권을 획득했다. 독일 교회는 무력을 배경으로 산동성 지역에 포교하여 많은 중국인 신자들을 확보했다. 이러한 상황에서 교안敎案이라고 하는 반기독교 민중운동이 빈번히 일어났다. 이러한 환경에서 배외단체인 의화단은 부청멸양扶淸滅洋을 구호로 내걸고 외국인들을 습격하기 시작했다. 배외적 인물인 만주족 육현毓賢에 이어 산동순무山東巡撫로 부임한 원세개는 외세의 호의를 얻기 위해 철도나 학교 등 서양과 관련된 모든 것을 파괴하던 의화단을 탄압했다. 원세개에 의해 산동에서 쫓겨난 의화단은 인접한 하북으로 들어갔다.

서태후는 의화단을 이용하여 서양세력을 몰아내기로 결심했다. 1900년 6월 청나라 정부의 호응 하에 의화단원 20만 명이 북경에 입성했다. 서태후는 무술정변 시 광서제를 유폐하는 일에 동원되기도 했던 반외세적 인물인 동복상董福祥의 감군甘軍도 불러들였다. 의화단과 감군은 배외운동을 실행에 옮겨 북경에 거주하는 외국 공관원들과 그들의 가족 등 외국인들을 닥치는 대로 살해하기 시작하였다. 청나라는 각국에 선전포고를 하고, 지방장관들에게는 의화단과 함께 외세를 공격할 것을 명령했다. 거의 대부분의 지방관들은 조정의 명령을 따르지 않았다.

의화단이 북경의 외국인 거주지인 동교민항東交民巷을 집중공격하기 시작하자 일본, 영국, 미국, 러시아, 독일, 프랑스, 이탈리아, 오스트리아 등으로 구성된 8개국 연합군이 북경으로 진격했다. 총병력은 2만 명이었으며, 일본군이 다수를 차지했다. 러시아의 반대에도 불구하고, 영국과 미국은 일본이 대군을 파견하는 것을 지지했다. 일본 외에 공사가 살해당한 독일이 파병에 가장 열성을 보였다. 연합군은 8월 14일 북경에 입성했으며, 서태후는 북경이 함락되기 직전 광서제를 강요하여, 그와 함께 시안으로 도주했다. 1901년 9월 강화조약이 체결되었다. 러시아는 의화단의 난을 이용하여 만주에 대군을 진주시켰다.

XII

중 화 인 민 공 화 국 으 로

가 는 길

위로부터의 개혁은 실패로 끝났다. 이제 아래로부터의 혁명만
이 남게 되었다. 손문(孫文, 1866-1925)은 1900년 광동성 혜
주惠州 봉기로 인해 널리 알려지게 되었다. 장병린章炳麟과 추용
鄒容 등 한족 민족주의자들은 증국번, 좌종당, 이홍장 등 한
족 출신 권세가들을 동족을 만주족에 팔아넘긴 한간漢奸이라
고 비난했다. 밑으로부터의 혁명은 한족 민족주의의 색채를
띠었다. 이러한 때 일본은 한반도와 만주에 대한 이권을 놓고
감행한 러시아와의 전쟁(1904-1905)에서 승리했다. 청나라는
러시아와 비밀 상호원조 조약을 체결했음에도 불구하고, 러·
일 전쟁 기간 중 러시아를 지원하지 않았다. 동맹국이라고 하
는 러시아가 의화단의 난 기간 동안 만주의 상당부분을 점령
했기 때문이었다. 1905년 손문, 황흥, 장병린, 송교인, 왕조명
등은 일본의 수도 동경에서 중국동맹회를 조직했다. 혁명을

중국_ 외교관의 눈으로 보다

향한 불꽃이 점화되었다.

신해혁명

당시 청나라 조정은 황족내각皇族內閣을 조직하는 등 말기 증상을 보이고 있었다. 1902년 직례총독이 된 원세개는 신건육군과 북양군을 통합하여 북양상비군으로 개편했다. 그는 부하들인 단기서段祺瑞, 조곤曹錕, 풍국장馮國璋 등으로 하여금 북양상비군을 이끌게 했다. 원세개가 군부를 장악함에 따라 만주족 중신들은 원세개에게 위협을 느끼기 시작했다. 당시 원세개가 가장 두려워 한 것은 서태후가 일찍 사망하는 것이었다. 서태후가 사망하고 나면, 복권될 광서제가 배신한 그를 처형하려 들 것임은 너무나 분명했기 때문이었다. 서태후는 1908년 광서제와 거의 동시에 사망했다. 광서제의 뒤를 이어 광서제의 동생인 순친왕 애신각라(아이신고로) 재풍載灃의 아들 부의溥儀가 즉위했다. 부의는 만 3세의 어린아이였으므로 재풍이 섭정을 했다. 재풍은 만주족 지상주의자至上主義者였다. 집권한 그는 형인 광서제의 원한도 있고 하여 원세개를 처형하려 했다. 재풍은 원세개를 죽이면 내전이 벌어질 수도 있다는 장지동의 충고를 받아들여 원세개를 처형하지 않는 대신

궁중의 암살전문가를 시켜 그를 암살하게 했다. 원세개는 미리 눈치를 채고 도피하여 생명을 구했다.

새로운 세상을 꿈꾸는 자들이 도처에서 폭동을 일으켰다. 황흥黃興이 주도한 장사長沙 봉기, 유도일劉道一이 주도한 제2차 호남사건, 여계성余繼成이 주도한 황강봉기黃岡蜂起, 광동성 흠주欽州와 염주廉州 대중봉기 등 폭동은 끝이 없었다. 범전갑范傳甲이 주도한 1908년 10월의 안휘 신군사건新軍事件은 군대마저 청나라에 등을 돌리고 있다는 것을 보여준 대표적 사건이었다. 안휘사건 이후 신군 지휘관의 상당수가 혁명에 동조하게 되었다. 1911년 황족내각 조각은 한족 지도자들로 하여금 청나라를 포기하게 만드는 데 결정적으로 기여했다. 마침내 1911년 10월 10일 무창의 군부대에서 일어난 총성은 대규모 혁명으로 이어졌다. 혁명의 불길이 사천과 호북, 호남, 강서 등으로 번져 나갔다. 혁명군은 사회질서를 유지하기 위해 여단장인 여원홍黎元洪을 붙잡아 억지로 도독에 취임시켰다. 각 성은 독립을 선언했다. 유감스럽게도 혁명파는 무창기의 이후 상황을 통제하지 못하였다. 청나라가 쪼개져 나갈 상황에 처하게 되었다. 이러한 상황에서 손문이 귀국하여, 혁명정부의 대총통에 추대되었다. 마침내 1912년 1월 1일 남경을 수도로 아시아 최초의 공화국인 중화민국이 수립되었다.

계속되는 축록전

청나라 멸망

무창기의(신해혁명)가 전국으로 파급된 데에는 철도국유화 반대운동이라는 경제·사회적 배경이 있었다. 애신각라 재풍을 지도자로 하는 청나라 조정은 외국에서 차관借款을 들여와 철도를 부설하고, 철도에서 나오는 수익으로 국민들을 무마하는 방식으로 혁명을 진압할 생각이었다. 이는 장지동張之洞의 아이디어로 그가 죽은 다음에는 성선회盛宣懷가 철도사업을 이어받았다. 이러한 청나라 정부의 방침은 각 지방 유력자들의 이해관계와 배치되는 것이었다. 1911년 6월 우전부郵傳部 장관 성선회가 전국 간선철도의 국유화를 선언하자 맨 먼저 사천의 유력자들이 정부의 조치에 반대하고 나섰다. 사천폭동은 다이너마이트 심지에 불이 붙듯이 인접한 호북으로 번져나갔다. 사천폭동이 신해혁명의 부싯돌 역할을 한 것이다.

무창기의 직후 각 성이 독립을 선언하는 등 사태가 통제불능으로 치닫자 청나라 조정은 원세개를 총리로 기용하였다. 섭정왕 애신각라 재풍의 「자기를 벌하는 조서」도 나왔다. 이는 청나라 왕조의 종말을 알리는 조종이었다. 이제 청나라 정부가 기댈 곳은 북양상비군을 장악하고 있는 원세개밖에 없었다.

원세개는 재풍에 대한 반감도 있고 하여 곧바로 북경으로 들

국민혁명기 정세___

國民革命期

친혁명군
반혁명군

장작림

오원　대동　북경　산해관
염석산　천진
풍옥상　　　　　청도
제남
해주
서주
서안　낙양
구강　남경
무호
항주　영파
손전방
오패부
남창　복주
악양
당생지
계림　광주
국민혁명군 출발 지점

어가지 않고, 오히려 부하인 당소의를 시켜 혁명파와 거래하게 했다. 협상은 잘 이루어지지 않았다. 원세개는 청나라 조정이 몸이 달아오르기를 기다린 끝에 그해 11월이 되어서야 북경에 들어가 총리에 취임했다. 원세개는 혁명군과의 타협이 이루어지지 않자 단기서와 조곤 등 부하 장군들로 하여금 혁명군을 공격하게 했다. 손문을 지지하는 혁명군과 원세개를 지지하는 군벌 사이에 대규모 내전이 발생할 가능성이 커졌다. 여기에다가 소수민족이 집중적으로 거주하는 티베트, 몽골, 신강 등이 독립할 움직임을 보이면서, 나라 전체가 와해될지도 모른다는 우려가 커져갔다. 손문은 원세개와 타협할 수밖에 없었다. 원세계의 강요로 1912년 2월 선통제 부의가 퇴위했다. 1618년 누르하치가 세운 청나라가 멸망했다. 청나라 멸망에 항의하여 수백 명의 만주족과 몽골족, 한족 관료들이 순사殉死했다. 조선 멸망 때와는 비교조차 할 수 없을 정도였다. 새 나라의 수도는 남경으로 정해졌으며, 손문의 양보로 원세개가 대총통에 취임했다.

군웅 할거

원세개는 의회를 무시하고 독재를 강화해 나갔다. 동맹회를 전신前身으로 창당한 국민당은 위기를 돌파하고자 세력확장에 나섰다. 원세개는 당세를 키우기 위해 동분서주하던 국민당 당수黨首 송교인宋敎仁을 암살하고, 군사력을 보유하고 있던 강서도독 이열균李烈鈞, 광동도독 호한민胡漢民, 안휘도독 백문울柏文蔚을 다른 성省으로 전임시켰다. 원세개의 전임 조치에 반발하여 이열균이 강서성의 호구湖口에서 독립을 선언했다. 남경의 황흥黃興과 잠춘훤岑春煊, 광동의 진형명陳炯明도 반원운동反袁運動에 동조했다. 원세개는 기다리고 있었다는 듯이 군대를 동원하여 일거에 저항운동을 진압했다. 원세개가 다시 군주제로 돌아갈 움직임을 보이자 손문은 1914년 7월 도쿄에서 비밀정당인 중화혁명당을 창당했다.

1914년 제1차 세계대전이 발발하자 영·일 동맹을 근거로 연합국 측에 가담한 일본은 산동반도의 독일 조차지租借地를 점령했다. 그리고 1915년 1월 만주와 산동반도 등에 대한 일본의 이권을 반영구화하는 것을 요지로 하는 21개조의 요구조건Twenty-one Demands을 원세개 정부에 제시했다. 일본은 그해 5월 7일 원세개 정부에 최후통첩을 발하였으며, 원세개 정부는 5월 9일 이를 수락하고 말았다. 중국 전역에서 배일운동이 번져나갔다. 21개조 문제는 북양상비군의 제2인자인 단기서와의 갈등으로 인해 영향력을 잃어가고 있던 원세개에게 악재로 작용했다. 원세개와 단기서段棋瑞 사이의 갈등으로 북양상비군도 약화되어갔다. 외우내환外憂內患 가운데서도 원세개는 군주제 도입을 시도했으며, 마침내 그는 1915년 12월 12일 황제로 즉위했다. 이에 저항하여 제3차 혁명이 일어났다. 채악蔡鍔과 그의 부하 주덕朱德이 운남(윈난)을 근거로 원세개에 반대하는 토원군討袁軍을 일으켰다. 반원운동反袁運動은 귀주, 사천, 강서,

호남, 호북, 광동, 광서, 섬서, 절강, 섬서, 신강 등 대부분의 지역으로 번져나갔다. 원세개는 황제위를 포기할 수밖에 없었다. 그는 실의 속에서 1915년 6월 사망했다. 다시 군웅할거의 각축전이 시작되었다. 원세개가 죽고 북경이 무주공산이 되자 단기서, 풍국장馮國璋, 풍옥상馮玉祥, 장작림張作霖 등 북방 군벌들이 패권을 노렸다.

공산혁명으로

1917년 손문은 망명지인 도쿄에서 돌아와 꽝조우를 수도로 하는 광동 군정부軍政府를 수립했다. 광동과 북경 간 대립이 시작되었다. 손문은 광동 군정부가 수립된 지 얼마 지나지 않아 광서파 군벌인 육영정의 반대 공작으로 상하이로 쫓겨나고 말았다. 이때 발생한 러시아 혁명의 성공은 중국에 큰 영향을 미쳤다. 1919년 1월에 개최된 파리 강화회의가 21개조에 대한 중국의 입장을 무시하자 학생, 노동자, 상인 등은 그해 5월 4일 전국의 주요 도시에서 항의시위를 벌였다. 「5.4 운동」에서 노동자들이 수행한 역할에 주목한 이대교李大釗와 모택동 등 13명의 지식인들이 1921년 7월 상해에서 중국공산당을 창당했다. 이에 앞선 5월 손문은 광동에서 중화민국 정식정부의 총통에 취임했다. 군벌 육영정이 북경 정부와 모의하여 광동 정부를 붕괴시키려 하였으나, 손문은 사전에 정보를 입수하여 쿠데타를 저지할 수 있었다. 이후 손문은 광서성 계림으로 참모본부를 전진시키는 등 북벌을 준비해 나갔다. 그러나 꽝조우에 남아 보급을 담당키로 했던 진형명이 쿠데타를 일으켰다. 손문은 간발의 차이로 반란군의 손에서 벗어나 도쿄로 망명했다.

러시아 혁명이 제대로 궤도를 찾아가자 손문은 마르크스주의에 관심을 갖기 시작했으며, 소련 지도자 레닌이 파견한 네덜란드인 공산주의자 마링Hendricus Josephus Maring을 만나 혁명 수행 방법에 대해 의견을 나누었다. 이에 영향을 받은 손문은 공산당원의 개별 입당을 허용하는 등 국민당을 대중 정당으로 변화시켜 나갔다. 세포조직이 만들어지고, 당은 전투 집단이 되었다. 이대교와 모택동(毛澤東, 1893-1976) 등은 국민당 간부로 선출되었다. 손문은 장개석(蔣介石, 1887-1975)을 모스크바에 파견하여 공산군의 조직과 훈련을 배우게 하고, 요 중개로 하여금 꽝조우 교외에 황포사관학교를 세우게 했다. 프랑스에서 막 귀국한 주은래가 황포사관학교의 주임대리에 취임했으며, 섭검영葉劍英은 교관으로 부임했다. 손문은 연소용공聯蘇容共을 통한 북벌을 지향했던 것이다. 국민당이 좌경화함에 따라 좌·우 분열이 시작되었다. 국민당의 좌경화에 위기를 느낀 부상富商들이 독자 무장집단인 자위대를 설립하려 했으나, 손문은 이를 용인하지 않았다. 손문은 북경 군벌들과 회담을 위해 북경을 방문하던 중 1924년 3월 간암肝癌으로 서거했다. 그는 「성공할 때까지 혁명을 계속하라」는 유언을 남겼다.

손문은 혁명가이자 현대 중국의 아버지이다. 손문은 1879년 13세 때 하와이의 호놀룰루로 건너갔다. 그는 하와이의 화교 자본가였던 큰형 손미孫眉의 도움으로 호놀룰루, 광주, 홍콩 등지를 오가며 체계적으로 서양식 근대교육을 받을 수 있었다. 1883–1885년간 계속된 청불전쟁은 청소년인 손문의 애국심을 불러 일으켰다. 그는 청나라 정부의 부패와 무능을 목도하면서 반청사상反淸思想과 함께 중국을 개혁하겠다는 생각을 확고히 갖게 되었다. 그는 1892년 홍콩 서의서원西醫書院을 졸업한 후, 마카오와 꽝조우 등지에서 의사생활을 하다가 동지들과 함께 혁명단체 창설을 준비하였다. 1894년 손문은 청나라 조정의 실력자 이홍장李鴻章에게 편지를 보내 "사람은 그 재능을 다할 수 있어야 하고, 토지는 그 이익을 다할 수 있어야 하며, 물건은 그 쓰임을 다할 수 있어야 하고, 재화는 그 흐름이 통할 수 있어야 한다"는 개혁적인 주장을 펼쳤지만 받아들여지지 않았다. 1894년 손문은 다시 호놀룰루로 가서 「만주족 축출, 중화 회복, 연합정부 건설」을 강령으로 하는 흥중회興中會를 조직했다. 1895년 10월 흥중회는 꽝조우에서 폭동을 모의하였으나, 사전에 계획이 누설되어 실패로 돌아갔다. 손문은 일본으로 망명할 수밖에 없었다. 그는 1896년 영국 런던에서 청나라 공사관 직원에 의해 체포되었으나 영국인 스승의 도움으로 위기를 모면하였다. 손문은 유럽과 미국의 진보적 인사들과 접촉하면서 삼민주의三民主義 사상의 기초를 만들어 나갔다. 1897년 손문은 일본으로 가서 조야朝野 인사들과 교분을 맺었다.

그는 1905년 필리핀, 독일, 프랑스 등지의 유학생들을 끌어들여 혁명단체를 조직하는 한편, 국내혁명단체와도 연계를 맺었다. 그는 1905년 황흥黃興 등과 함께 흥중회, 화흥회華興會 등의 혁명단체를 기반으로 일본 동경에서 동맹회同盟會를 창설하였다. 손문은 총리에 추대되었으며, 그가 제기한 「만주족 축출, 중화 회복, 공화국 창립, 토지 개혁」이 동맹회의 강령으로 채택되었다. 손문은 동맹회의 기관지인 민보民報 발간사를 통해 「민족民族, 민권民權, 민생民生」이라는 삼민주의를 발표하였다. 동맹회의 창설은 혁명운동의 전국화를 가져왔다. 그는 국내외 각지에 혁명을 선전하였으며, 스스로 모금활동을 벌였다. 손문이 주도한 개량파 비판은 신해혁명辛亥革命의 사상적 기초가 되었다.

동맹회는 1906–1911년간 양자강 이남에서 여러 차례 무장봉기를 일으켰다. 손문은 투쟁 전략을 제시하는 한편, 모금활동을 벌였다. 이들 봉기는 대중적 기반이 부족하고 조직도 치밀하지 못하여 대부분 실패로 끝나고 말았지만, 혁명의 열기가 확산되는 계기를 마련함으로써 청나라 정부에 큰 타격을 가했다. 특히 1911년 4월에 발생한 황화강黃花岡 사건은 중국 전역을 뒤흔들었다. 1911년 10월 10일, 무창기의(신해혁명)를 기점으로 전국 각지에서 잇달아 봉기가 일어났다. 손문은 미국에서 이 소식을 접한 후 12월 하순에 중국으로 돌아와 17개 성 대표들에 의해 임시 대총통으로 추대되었다. 1912년 1월 1일 남경南京에서 대총통에 취임하고 중화민국 임시정부를 구성하였다. 그해 2월 12일, 청나라의 최후의 황제 선통제宣統帝 부의溥儀가 퇴위하였다.

손문은 서유럽과 일본, 러시아, 미국 등 제국주의 세력 및 국내 보수세력의 압력과 혁명당 내부의 갈등으로 인해 1912년 2월 13일 대총통직을 원세개에게 양보할 수밖에 없었다. 1912년 8월 손문은 동맹회의 이사장으로 추대되었다. 그는 1913년 원세개 일당이 국민당 대표 송교인宋敎仁을 암살하자, 원세개 타도를 주장하였다. 손문은 그해 7월 2차 혁명을 일으켰으나 실패하고, 다시 일본으로 도피하였다. 손문은 1914년 도쿄에서 중화혁명당中華革命黨을 조직하였으며, 1915년 10월 일본에서 49세의 나이로 송경령宋慶齡과 결혼하였다. 1917년 단기서段祺瑞의 북양 군벌北洋軍閥이 국회를 해산시키고 헌법(임시약법)을 폐기하자, 육영정 등 서남군벌西南軍閥과 연합하여 광조우에 군사정부를 세웠다. 그는 9월 대원수에 추대되어 임시약법을 수호하기 위 한 투쟁을 전개하였다. 그러나 군사정부 내에서 군벌과 여타 정치인들의 배척을 받아 1918년 대원수직을 사임하고 일본을 거쳐 상해로 갔다.

손문은 1918년 여름 레닌과 소련 정부에 축전을 보냈다. 1919년에 일어난 5·4운동은 그를 크 게 고무시켰다. 손문은 1920년부터 소련 인사들과 접촉하기 시작했으며, 1921년 12월 광서성 계림桂林에서 레닌이 파견한 코민테른 대표 마링Maring를 접견하였다. 그는 1919년 10월 중화 혁명당을 중국국민당으로 개편하였다. 손문은 1921년 5월 광조우에서 비상국회의 추대로 비상 대총통에 취임하였다. 그는 군벌 육영정의 세력을 소멸시킨 다음, 광동과 광서를 근거지로 하 여 북벌을 준비하였다. 그러나 1922년 6월 광동군의 지휘권을 장악한 진형명이 반란을 일으켰 다. 손문은 위기에서 벗어난 후 해군을 이끌고 반격을 개시하였지만, 다른 부대의 지원을 받지 못하여 하는 수 없이 상하이로 도피하였다. 손문은 코민테른과 중국공산당의 도움을 받기로 결 심하고, 이대교와 모택동 등 공산당 인사들을 개인 자격으로 국민당에 가입하도록 조치했다.

그는 1923년 1월 소련 대표 요페(Adolf Joffe)와 손문-요페 선언을 발표하여 소련과의 연합을 위 한 정책적 기초를 다지고, 요중개廖仲凱를 일본에 파견하여 요페와 협상을 진행하도록 하였다. 1923년 2월 손문은 상하이에서 광조우로 돌아가 다시 육·해군 최고사령부를 창설하고, 대원 수의 이름으로 정무를 총괄하였다. 이와 동시에 중국국민당 개편 준비 작업에 박차를 가하였다. 그해 8월 장개석이 이끄는 대표단을 소련에 파견하여 정치와 당무, 군사 업무를 배우게 하였다. 1924년 1월 손문의 주관으로 중국국민당 제1차 전국대표대회가 광조우에서 개최되었다. 여기 에서 새로운 당의 강령과 헌장을 제정하여, △소련과의 연합, △공산당과의 연합, △노동자· 농민에 대한 원조라는 3대 정책을 확립하고, 공산당원이 참여하는 중앙 통치 기구를 구성하였 다. 중국국민당 제1차 전국대표대회 선언에서 손문은 삼민주의에 반제·반봉건적 내용을 추가 하였다. 중국국민당 제1차 전국대표대회의 소집은 손문의 혁명사업이 새로운 단계로 발전하였 다는 것을 의미한다. 이러한 일련의 투쟁을 통해 손문은 제국주의 타도만이 중국의 독립과 부 강을 보장해 줄 수 있다고 생각하게 되었다. 1923년 12월 광동 혁명정부가 세관에 대한 주권 회복 등을 요구하자 서구 열강은 대규모 함대를 광조우 앞바다에 집결시켜 위협을 가했다. 이 로써 손문의 반제국주의적 사상과 태도는 한층 더 공고해졌다. 그는 1924년 10월 극우파인 광 주 상인단체가 일으킨 무장반란을 진압하였다. 1924년 10월 만주군벌 장작림과 북양상비군계 장성 풍옥상이 연합하여 조곤을 대표로 하는 군벌 정부를 전복시켰다. 이후 풍옥상, 단기서, 장 작림이 손문에게 전문을 보내어 국정을 함께 논의할 것을 요청하였다. 손문은 이 요청을 받아 들여 11월 광주를 떠나 북경으로 향했다. 그는 12월 말 간암을 무릅쓰고 북경에 도착하였으나, 상태가 악화되어 1925년 3월 12일 북경에서 세상을 떠났다. 손문은 현대 중국의 아버지로 불굴 의 혁명투사이자 중국을 봉건제도에서 해방시킨 영웅이다.

공산당의 굴기

좌·우 갈등 속에서 군사력을 장악한 장개석이 급속하게 권력의 핵심으로 부상했다. 그는 1926년 7월 국민혁명군에게 북벌을 명령하였다. 국민혁명군은 예상 외로 단 9개월 만에 양자강 이남의 9개 성을 석권하는 데 성공하였다. 북벌 과정에서 공산당이 지도하고, 노동자·농민이 참가한 대중운동이 폭발하였다. 이들은 토호의 타도와 토지의 분배를 요구하였다. 공산당이 중심이 된 세력이 한구漢口 조계의 강제 회수를 시도하자 열강의 국민당에 대한 압력은 강화되었다. 이러한 상황에서 장개석은 1927년 4월 반공 쿠데타를 일으켜 공산당원들을 대거 살해했다. 이로써 1차 국공합작은 실패로 돌아갔다. 1927년 8월 국민당에서 축출된 공산당 지도자 주은래, 모택동, 하룡 등은 코민테른의 지시에 따라 강서성 남창南昌에서 추수폭동을 일으켰으나 실패하고 말았다.

공산당을 축출한 장개석은 1928년 제2차 북벌을 감행하였다. 군벌군은 민족주의로 의식화된 국민당군의 상대가 되지 못했다. 만주 군벌 장작림의 아들인 장학량張學良은 스스로 북벌군에 항복했으며, 이에 따라 만주에도 청천백일기가 나부끼게 되었다. 1928년 정식으로 발족한 국민 정부는 입법·사법·행정·고시·감찰 등 오원제五院制 정부를 구성하고, 경제개발을 추진했다. 정치는 군사력을 장악한 장개석 중심의 독재로 흘러갔다. 국민정부는 1931년 5월 약법約法을 공포하여, 민중운동을 제한하고, 국민당을 제외한 다른 모든 정당의 정치행위를 금지했다. 부패한 군벌이 정권에 합류하고, 군벌 추종자들이 고위직을 차지함에 따라 국민당은 혁명성을 상실하였으며, 부정부패는 일상화 되었다. 장개석을 맹목적으로 추종하는 백색 테러조직인 남의사藍衣社에 의한 반대파 암살과 납치, 고문도 자행되었다. 군벌이 주축이 된 지방정부가 토지세를 거두게 됨에 따라, 국민정부는 대도시에서 나오는 상공업세나 관세에만 의존하게 되었다. 군벌의 농촌 장악과 농민 착취는 공산당의 세력을 키워주는 온상 역할을 했다.

경제 분야에서는 다소 성과를 거두었다. 철도나 도로 등 사회기간시설이 확충되었다. 10년간의 경제개발에도 불구하고, 농업분야는 여전히 GDP의 65%를 차지했으며, 제조업이 차지하는 비중은 2.2%에 불과했다. 일본 등의 외침外侵과 공산당에 대비해야 했기 때문에 국가예산은 대부분 국방비로 지출되었다. 이러한 상황에서 일어난 세계경제공황으로 인해 농촌경제는 붕괴 일보 직전으로 내몰렸다.

만주 군벌의 지도자로 열렬한 한족 민족주의자이기도 한 장학량은 만주의 이권을 독점하고 있던 일본에 저항하여 새로운 만주철도 부설계획을 수립하였다. 그의 계획을 좌절시키기 위해 일본은 1931년 9월 심양 부근의 철도를 폭파시킨 유조호柳條湖 사건을 만들어 내어 만주사변을 일으켰다. 일본군은 쉽게 만주 전역을 장악하고, 선통제 부의를 내세워 일본의 괴뢰국傀儡國인 만주국을 세웠다.

연안장정 ___

延安

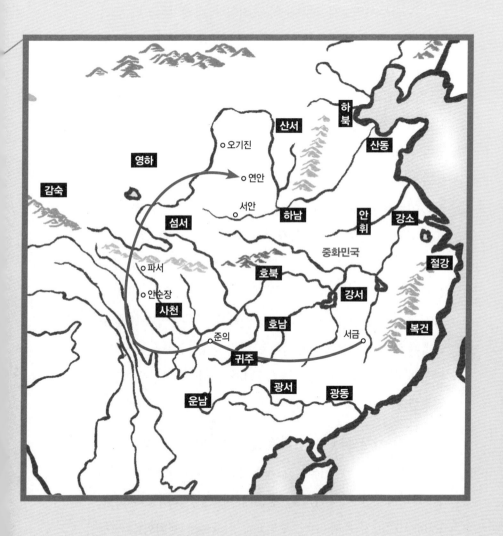

공산당은 강서성 루이진瑞金과 강서성과 호남성의 경계에 위치
한 정강산井岡山 등을 기지로 하여 세력을 확장해 나갔다. 공
산당은 만주사변으로 국부군의 공격이 약화된 틈을 타 급격
히 세력을 확장할 수 있었다. 공산당은 점령지에서 토지개혁
을 실시하여, 농민들의 지지를 얻었다. 1930년경 공산군(홍
군)은 15개 소비에트, 6만 병력으로 성장했다. 국부군은 여러
차례에 걸쳐 홍군을 공격했으나, 대부분의 작전이 실패로 끝
났다. 이러한 상황에서 1931년 11월 모택동을 지도자로 하는
중화소비에트 임시중앙정부가 루이진에 수립되고, 당 중앙도
상하이로부터 옮겨왔다. 위기를 느낀 국부군은 1933년부터
70만 대군을 동원하여 루이진 소비에트를 물 샐 틈 없이 포위
해 들어갔다. 장기간에 걸친 국부군의 압박으로 점점 더 생필
품과 의약품 부족으로 고통을 받게 되자, 공산당 지도부는
마침내 루이진을 떠나 서북부에 위치한 섬서성 연안(옌안)延
安에 새로운 근거지를 마련하기로 결정했다. 국부군은 전력을
기울여 루이진을 공격했으며, 1934년 10월 마침내 루이진을
점령했다.

포위망이 가장 약한 서남쪽을 돌파한 8만 6천 명의 홍군
은 추격해 오는 국부군과 각 지방의 적대적인 군벌들의 공격
을 물리치면서 서북쪽으로 행군해 나갔다. 모택동(毛澤東,
1893-1976), 주은래周恩來, 주덕朱德, 임표林彪, 팽덕회彭德懷 등
이 이끄는 홍군은 귀주성 준의遵義를 경유하여, 양자강의 대

도하大渡河를 건너 1935년 10월 최종 목적지인 섬서성의 옌안에 도착했다. 홍군이 행군한 거리는 무려 9,600㎞나 되었으며, 목적지에 도착한 인원은 출발할 때의 1/10에도 못 미치는 7,000명에 불과했다. 모택동은 준의에서 공산당에 대한 지배권을 확립했다. 부농 출신의 지식인 모택동은 독서가이자 역사가이기도 했다. 정치가이자 문인이기도 했다는 점에서 곧잘 조조에 비견된다. 모택동이 사마광의 『자치통감』을 손에서 놓지 않은 것은 유명한 이야기이다. 모택동이 1925년 32세에 처음으로 지은 「심원춘, 장사에서」라는 제목의 사詞를 소개한다. 그의 감성感性과 웅지雄志가 함께 느껴지는 작품이다.

獨立寒秋	스산한 가을
湘江北去	상강이 북으로 흐르는
橘子洲頭	귤밭 어귀에 홀로 섰노라
看萬山紅遍	바라보니 모든 산을 덮은 단풍
層林盡染	우거진 숲까지 물들였구나
漫江碧透	유유히 흐르는 푸르른 강물엔
百舸爭流	오가는 배에 부딪친 물결만 출렁이네
鷹擊長空	솔개가 하늘 높이 날아가 버린 뒤엔
魚翔淺底	물고기 떼 한가롭게 노니나니
萬類霜天競自由	만물이 이토록 다 자유로운가
悵廖廓	내 가슴에는 슬픔만 복받쳐 오르네
問蒼茫大地	이 창망한 대지에 묻노라
誰主沈浮	과연 누가 흥망을 주재하느냐고

携來百侶曾游	친구들과 손잡고 여기 와 놀던
憶往昔峥嵘歲月稠	그 시절 힘들었지만 보람찬 한때였지
恰同學少年	그 때를 함께했던 글벗들
風華正茂	재기가 뛰어났고
書生意氣	학생으로서의 의기가
揮斥方遒	하늘을 찔렀네
指點江山	강산을 향해
激揚文字	격문이라도 읊조릴 때엔
糞土當年萬戶候	당대의 권세가마저 보잘 것 없어 보였지
曾記否	벗이여 잊지 않고 있겠지
到中流擊水	격랑을 헤치고 강 한복판으로 들어가
浪遏飛舟	힘차게 배 저어가던 그때의 모습을

제2차 국·공합작

1936년 말 국부군은 20개 사단의 병력을 동원하여 옌안의 홍군을 공격했다. 장개석이 추진한 「배일排日과 반공反共 동시 수행 정책」은 민족주의자들로부터 많은 비판을 받았다. 섬서성의 실력자로 한족 민족주의자인 양호성楊虎城 장군은 홍군 토벌에 소극적이었다. 만주를 일본군에게 빼앗기고, 부사령관으로 부임해온 장학량도 항일 우선을 주장하는 홍군에게 동정적이었다. 양호성과 장학량은 1936년 12월 12일 독전督戰을 위해 시안을 순시한 장개석을 체포하여 구금하고, 항일과 내전종식을 강권했다. 홍군의 모택동과 주은래, 장개석의 부인인 송미령까지 협상에 참여한 결과, 장개석은 석방되고, 양호성과 장학량의 요구는 관철되었다. 1937년 9월 제2차 국공합작이 성립되었다. 홍군 3만은 국민혁명군 8로군八路軍으로, 중·남부 지역 유격대는 신사군新四軍으로 개편되었다. 1937년 7월 일본은 북경 부근의 노구교蘆溝橋에서 일어난 국부군과의 충돌을 이유로 중국 본토를 공격하기 시작했다.

일본은 전쟁 초기에는 파죽지세를 과시했으나, 연안지역을 중심으로 대도시와 주요 도로만 점령하는 데 성공하였을 뿐 시간이 지나면서 힘의 한계를 드러내기 시작하였다. 1941년 12월 하와이의 진주만을 공격한 이후 미국과의 전쟁이 시작되자 일본군의 열세는 시간이 갈수록 확연해져 갔다. 중·일 전쟁의 와중에도 국부군과 홍군 사이의 충돌이 중단된 것은 아니었다. 일본이라는 외적外敵과 싸우면서도 만주족이 잃어버린 중원의 사슴을 잡기 위한 경쟁은 계속되고 있었다. 홍군 유격대는 일본군에 밀려 국부군이 후퇴한 농촌지역에 침투하여 권력의 공백을 메워갔다. 1936년 초반 1만 명 수준이던 홍군은 1945년에는 근 100만 명을 헤아리게 되었으며, 당원 역시 4만에서 120만 명으로 늘어나 있었다. 지배지역은 100만㎢, 인구는 1억 명을 넘어서고 있었다.

축록전의 끝

일본의 패배가 결정적인 것으로 보이기 시작하면서 내전이 재개될 조짐도 명확해지기 시작했다. 일본군이 항복한 1945년

8월 국민의 여망을 등에 업고 장개석과 모택동은 국민당 임시정부가 있던 중경重慶에서 화평교섭회담을 개최하였다. 이 회담 결과, 그해 10월 10일 「어떤 일이 있더라도 내전을 피하고, 독립·자유·부강의 새로운 중국을 건설한다.」는 합의가 이루어졌다. 중경시대 국민당 정부는 관료의 부패 이외에도 장蔣, 안安, 공孔, 진陳 4대 가문으로 이루어진 국민당 정권 핵심세력의 전시치부戰時致富로 악명을 떨쳤다. 화폐남발로 인한 초超인플레이션으로 인해 국민들의 불만이 높아갔다. 국부군은 미국의 원조와 소련의 중립적인 태도에 힘입어 홍군에 대해 4대 1이라는 압도적 군사력을 배경으로 「10월 10일 협정」을 파기했다. 1946년 6월 26일 장개석이 홍군 점령지역에 대한 공격을 명령함으로써, 국부군과 홍군은 전면적인 내전에 돌입하게 되었다. 홍군은 각개各個 격파 작전을 실시하였으며, 세력권 내에서 토지개혁을 적극 추진하여 정치·군사적 기반을 확대해 나갔다. 또한 「인민민주통일전선」을 결성하여 국부군을 고립시키는 전략·전술을 전개하였다. 국민당은 국민들의 지지를 상실하였다. 1947년 말부터는 국민당과 공산당의 세력관계가 역전되기 시작하였다. 1948년 홍군(인민해방군)은 전국에 걸쳐 반격을 시작했다. 인민해방군은 국부군을 격파하여 장개석과 추종자들을 타이완臺灣으로 축출하고, 대륙의 패권을 장악하는 데 성공했다. 만주족이 놓친 사슴이 마침내 모택동을 수령으로 하는 인민해방군(PLA)의 품속으로 들어갔다. 모택동은 1949년 10월

1일 북경의 천안문 광장에서 중화인민공화국의 수립을 선포
하였다.

모택동은 중국 호남성 상탄湘潭의 부유한 농가에서 모순생毛順生의 셋째 아들로 태어났다. 그
는 부모가 정해준 여자와 강제로 결혼시키려고 하자 집을 나와 창사長沙에 있는 중학교에 입
학했으며, 1911년 신해혁명이 일어나자 혁명군에 가담했다. 1918년 신민학회를 창립했으며, 그
해 사범학교 졸업 후, 스승이자 장인이 되는 양창지와 함께 베이징으로 갔다. 1919년 양창지는
베이징 대학 교수가 되었는데, 그의 추천으로 도서관의 사서로 일할 수 있었다. 모택동은 이때
진독수, 호적과 같은 사상가들의 강의를 듣고 수많은 책들을 읽을 수 있었다.

그는 1920년 고향으로 돌아와 잡지 「상강평론」을 창간했지만, 성정부省政府에 의해 폐간되었
다. 이후 공산주의자인 진독수, 이대교와 교류하면서 교육의 중요성을 깨닫고, 학교 창립을 주
도하여 장사 사범학교 부속 초등학교 교장이 되었다. 각종 사업은 성공적이었으며, 아버지의
유산까지 물려받아 생활이 안정되자, 양창지의 딸이자 동급생이었던 양개혜楊開慧와 결혼했다.
그는 공산주의에 심취하기 시작했고, 1921년 8월 상하이에서 열린 공산당 제1차 전당대회에 참
석하였다. 모택동은 이 대회에서 서기를 맡았다. 그해 10월 공산당 호남성 지부를 창립하고 서
기로 취임하였다. 그는 1923년 개최된 제3차 전당대회에서 5명의 책임비서 중 한명으로 선출
되었다. 국공합작이 성립된 1924년에는 중국국민당 중앙후보집행위원으로 선출되었다. 이 무
렵 그는 호남성 농민운동의 동향을 면밀히 관찰했다. 공산혁명의 동력으로 농민을 주목한 모
택동 사상은 여기에서 비롯된 것이다.

장개석의 쿠데타로 국민당에서 축출된 모택동은 1927년 창사에서 추수봉기를 이끌었다. 그는
중국공농혁명군이라는 무장병력을 이끌었지만, 토벌군에게 진압되어 강서성의 산간지역으로
도주했다. 여기에서 병력을 재편성했다. 모택동의 군대에 토비土匪와, 주덕의 군대가 합류하여
중국공농홍군(홍군) 제4방면군이 구성되었다. 1931년에서 1934년까지 홍군은 영향력을 넓혀
중화소비에트공화국을 건설했으며, 그는 중국공산당 중앙집회위원회 주석을 맡았다. 추수봉기
이후 떨어져 살아온 아내 양개혜가 1930년 국부군에 잡혀 처형되었다. 모택동은 전문적인 군
사교육을 받은 주덕의 도움을 받아 효율적인 부대를 조직하였으며, 특히 민폐를 끼치지 못하
게 하는 엄정한 군율로 농민을 지원세력으로 삼아 농촌을 근거지로 하는 게릴라전으로 국부군
의 토벌전을 분쇄하였다.

장개석은 소비에트를 분쇄하기 위해 4차례의 토벌전을 벌였으나, 계속 홍군에 패배했으며 국
부군이 버리고 도주한 군사물자는 오히려 홍군의 성장을 도와주었다. 1932년 6월 홍군은 45만

명의 정규병력과 20만 명의 민병대를 보유하게 되었다. 국공합작이 결렬된 이후 불법화된 공산당원들이 국민당의 체포와 탄압을 피해 강서성의 루이진 소비에트로 몰려들기 시작했다. 루이진 소비에트로 피란 온 중국공산당 고위급들이 많아지면서 모택동의 지도력은 흔들리기 시작하였다. 특히 소련에서 정통 마르크스-레닌주의를 공부하고 돌아온 박고(진방헌), 왕명(진소우), 양상곤 등 「28인의 볼셰비키 그룹」은 코민테른의 지지를 받아 당권을 장악하였으며, 그들은 유격전 중심의 모택동의 전략을 폐기하고 정규전을 감행하기로 결정했다.

한편 국부군은 100만 명의 병력을 동원해 제5차 토벌전을 개시하였다. 국부군은 독일군사고문단의 조언으로 진지와 토치카를 구축하면서 서서히 진격했다. 1931년부터 모택동을 대신하여 군사지휘권을 장악한 「28인의 볼셰비키 그룹」은 정규전으로 대응하다가 커다란 인명손실을 내었다. 또한 게릴라전을 수행하는 데 절대적으로 필요한 배후의 촌락이 모두 국부군의 손에 넘어가 소비에트가 붕괴하기 시작했다. 1934년 10월 공산당 지도부는 루이진 소비에트를 포기하고 산서성으로 근거지를 옮기기로 결정했다. 모택동을 비롯한 공산당 지도부는 결국 산서성 연안에 도착하였다. 대장정 도중 1935년 1월 개최된 귀주성 준의 회의에서 모택동은 양상곤 등 일부 전향한 「28인의 볼셰비키 그룹」 인사의 지원으로 다시 권력을 장악했다. 1936년 국부군의 토벌전을 피해 각자 이동한 나머지 부대들도 연안에 합류하였다.

제2차 국공합작 이후 홍군은 국부군 제8로군과 신사군으로 개편되어 형식상 국부군에 소속되었지만, 실제로는 독립적으로 존재했다. 이후 공산당은 일본군이 점령한 중원지역을 중심으로 세력을 확장하였다. 1942년부터 모택동은 공산당의 본부가 있던 연안에서 정풍운동을 개시하였다. 이는 모택동의 당에 대한 지도권을 재확인하고, 반대파들을 약화시키기 위한 것이었다. 보안조직을 이끌었던 측근 강생(장숙평)에 의해 국민당의 스파이나 트로츠키주의자로 낙인찍힌 인사들은 처형당하기도 했다. 모택동은 1937년 강생의 중매로 배우 출신 강청과 재혼하였다.

1945년 일본의 항복 이후, 국민당과 공산당 은 미국의 중재로 공동정부를 구성하기 위한 협상을 했으나 실패했으며, 이어 본격적인 내전을 개시하였다. 국부군은 병력 수에 있어서 홍군에 우세했고, 미국 무기로 무장하고 있어서 유리한 국면을 선점하였다. 1947년에는 20만의 국부군이 중국공산당의 본부가 있던 연안을 점령하기도 했다. 그러나 무리하게 점령지를 늘린 국부군은 병력이 분산되는 전략적 오류를 범하게 되었다. 여기에다가 국민당 정부의 총체적 부패와 인플레이션으로 인한 경제 붕괴, 이반한 민심이 어우러져 1948년부터 내전이 홍군에게 유리하게 전개되었다.

1948년 가을 임표가 지휘하는 동북인민해방군이 만주에서 국부군을 격파한 것을 시작으로 전세가 역전되어 1949년 2월에는 베이징을 함락하였으며, 이어 4월에는 양자강을 건너 국민당 정부의 수도인 남경을 함락하였다. 이어 5월에는 최대도시 상하이를 탈취하였으며, 10월에는 국민당에 남아있던 최후의 대도시인 성도마저 함락했다. 이에 따라, 장개석과 국민당 정부는 대만으로 도피하였다. 1949년 10월 1일 모택동은 베이징에서 중화인민공화국정부의 수립을 선포하고 국가주석에 취임하였다.

모택동은 건국 직후 소련을 방문하여 원조를 요청하는 한편, 광범위한 토지개혁을 실시하였다. 이 과정에서 수많은 지주들이 처형되거나 강제노역을 당하였다. 한국전쟁에 참전하여 막대한 전비로 인해 경제 건설이 잠시 지체되었지만, 1953년부터 소련의 차관과 기술 원조를 받아 소련을 본뜬 제1차 5개년 계획을 실시하였으며, 특히 농업생산에서 커다란 진전을 보였다. 공업발전을 위한 기초산업도 건설하였다. 이에 고무된 모택동은 제2차 5개년 계획을 발표하였으며, 농업을 집단화하기 시작했다. 인민공사가 마을마다 구성되어 농민들은 여기에 수용되었다. 또한 체제가 어느 정도 안정된 1956년에는 사상과 언론의 자유를 보장하는 백화제방, 백가쟁명 방침을 내놓았다. 이후 사태가 통제 불능이 되자 돌연 방침을 바꾸어 1957년에는 반우파운동을 전개하여 반체제 인사 숙청에 나섰다.

그는 제2차 5개년 계획을 시작하면서 단기간에 농업국가에서 공업국가로 탈바꿈시키고, 이의 지표라고 할 수 있는 철생산량을 획기적으로 늘리겠다는 대약진운동을 개시하였다. 그러나 흙벽돌로 만든 전근대식 제철소 건설 등 기술의 미비와 농업의 경시, 여기에다가 기후이상으로 인한 흉작으로 말미암아 대기근이 일어나 수 천만 명이 아사하였다. 1958년 그가 참새를 가리키면서 "저 새는 해로운 새다"라고 말했는데 이 때문에 참새잡이 광풍이 불어 1959년까지 참새의 씨가 말랐다. 그 결과 각종 해충이 창궐했다. 1959년에 열린 공산당회의에서 국방부장관 팽덕회는 대약진운동을 전개한 모택동을 비판했으나, 자신이 숙청당하고 말았다. 모택동의 뒤를 이어 국가주석에 취임한 유소기는 대약진운동을 강력하게 비판하였고, 등소평과 함께 경제개혁을 주도하게 되었다.

흐루시초프가 서방과의 관계를 개선하자, 모택동은 이를 규탄하여 중·소 관계 균열이 일어나게 되었다. 뿐만 아니라 1962년에는 티베트를 둘러싸고 인도와 국경분쟁을 벌이기도 했다. 안보위협이 증가하자 핵무기 개발을 시도하여 1964년 핵 실험에 성공하였다. 유소기와 등소평은 각각 국가주석과 당서기를 맡아 파멸적 결과를 초래한 대약진운동의 뒷수습을 하면서 점점 모택동을 제치고 실권자로 떠오르게 되었다. 상징적인 위치로 몰린 모택동은 1966년 문화혁명을 일으켜 실권 장악을 시도하였다. 전국에서 그를 맹목적으로 따르는 홍위병들이 일어났으며, 이들은 공산주의의 적을 제거한다는 구실로 사회 원로와 종교인 등에게 무자비한 폭력을 자행했다. 이러한 혼란하에서 모택동의 의도대로 유소기와 등소평은 실각하였으며, 그는 다시 권력의 전면에 나섰다.

문화혁명시기에 모택동을 지원한 임표가 후계자 자리를 굳히는 듯 했으나, 모택동은 임표를 신뢰하지 않았으며, 오히려 그를 제거할 준비를 하고 있었다. 그는 1971년 남중국을 시찰하면서 갑자기 임표를 비난했고, 임표는 이를 자신을 제거하기 위한 신호로 보고 쿠데타를 시도했다. 그러나 이는 실패로 끝났으며, 임표는 소련으로 망명하던 중 비행기 추락으로 사망하였다. 임표가 사망한 이후, 강청과 요문원, 장춘교, 왕홍문 등 사인방四人幇과 강생이 권력을 장악하여 임표와 공자를 비난하는 비공비림非孔非林 운동을 전개했다. 모택동은 중병을 앓고 있던 까닭에 거의 활동을 못했다. 그는 1976년 사망했으며, "유해는 화장하라"는 유언에도 불구하고 보존 처리되어 베이징의 모택동 주석기념관에 안치되었다. 그가 문화혁명과 대약진운동 등을 통해 중국 인민들에게 크나 큰 고통을 준 점은 부인할 수 없지만, 탁월한 전략으로 현대 중국의 기초를 만들었다는 점에서 손문과 함께 현대 중국의 아버지라 할 수 있다. 하지만, 우리는 6.25 전쟁에 개입하여 민족분단의 지속이라는 엄청난 상처를 준 그를 결코 좋게 평가할 수 없다.

에

필

로

그

중화인민공화국(중국)은 1949년 하반기 무력을 동원하여 신 강으로 진출한데 이어 1950년에는 티베트에도 진주進駐했다. 그해 겨울에는 국·공내전 시 국부군으로부터 빼앗은 미제 무기로 무장한 대군을 한반도에 파견하여 미군과 한국군의 북진을 저지하는 데 성공함으로써, 한반도의 분열을 지속시켰다. 그리고 베트남 전쟁 중이던 1974년에는 파라셀 군도西沙群島로부터 남베트남군을 몰아내었으며, 1979년에는 베트남 북부로 군대를 보냈다. 남지나해의 스프라트리 군도南沙群島의 영유권을 놓고는 베트남, 필리핀, 말레이시아, 브루나이 등과 갈등하고 있기도 하다. 19세기 말 20세기 초 서양과 일본제국주의의 위협으로 인해 망국멸종亡國滅種의 위기에 처하기도 했던 중국이 이제는 거꾸로 「정세의 안정과 평화 유지」라는 이름 아래 인근국가들들로 하여금 국가 안위를 걱정하게 하고 있는 것이다.

중국 문명은 기본적으로 수용적受容的인 동시에 내향적內向的이다. 서한의 무제와 선제, 동한東漢의 장제, 명明의 영락제를 제외하고는 한족 국가들이 공격적인 대외정책을 취한 적이 거의 없다. 한漢의 흉노 공격, 명明의 타타르 공격도 기본적으로 방어정책의 일환이었다.

수세적이었던 중국도 북방민족北方民族이 지배하던 시대에는 끊임없이 외부로 팽창해 나갔다. 북위는 몽골고원의 유연柔然을 정벌하기 위해 수십 차례나 출격했으며, 수나라와 당나라는 고구려와 돌궐 침공 정책을 줄기차게 밀고 나갔다. 원나라와 청나라에 이르러서는 더 말할 것도 없다. 원나라는 인도네시아(자바)와 일본 등 해양으로까지 손을 뻗쳤으며, 청나라는 히말라야 산맥을 넘어 네팔까지 세력을 확장했다.

이민족들에게 정복당한 중국이 오히려 이들을 흡수하여 팽창에 팽창을 거듭했다. 황하 상류의 작은 부족인 주周의 문화가 마을로부터 고을로, 고을로부터 나라로, 나라로부터 세계로 끊임없이 확대되어 왔던 것이다.

중국은 1911년 신해혁명 이래 약 30년 단위로 모습을 바꾸어 왔다. 1949년 10월 20여 년간의 내전 끝에 중화인민공화국이 건국되었다. 중국은 대약진운동과 문화혁명이라는 재난을 모두 이겨낸 1979년에는 대외개방을 했으며, 그로부터 30년 뒤인 2009년에는 세계 제2의 경제대국인 일본에 필적할 정도의 경제력을 갖추었다. 2010년에는 일본을 제치고 세계 제2의 경제대국이 될 것이 확실하다. 앞으로 30년 뒤인 2039년 중국이 어떤 모습을 하고 있을지는 어느 누구도 모른다.

『100년 후 The Next 100 Years : A Forecast for The 21st Century』의 저자 프리드먼George Friedman이 지적했듯이 중국은 앞으로 △경제성장률의 하락, △연안과 내륙 간 경제 수준의 차이, △민주화 요구, △소수민족 문제 등으로 인해 큰 시련을 겪게 될 것이다. 그러나 수많은 역사적 사례에 비추어 볼 때 이것 역시 지나가는 폭풍우에 그칠 가능성이 크다. 중국은 수백만 명이 굶어죽은 대기근, 수십만 명이 살해당한 전쟁, 대약진운동과 문화혁명을 비롯한 각종 재앙을 모두 극복하고, 오늘날도 몸집을 불려 나가고 있기 때문이다.

4,000년의 오랜 역사가 증명하듯이 중국은 분열되든, 외부세력에 의해 정복되든 내부에서 융합한 스스로의 에너지를 갖고 분열을 치유하고, 정복상태를 끝낼 수 있는 무한한 잠재력을 갖고 있다.

2009년 우리나라의 중국에 대한 무역의존도는 20.5%에 달했다. 그만큼 우리나라의 중국에 대한 경제 의존도가 급속히 증가하고 있다. 산업혁명의 진전단계를 분석해 볼 때 중국의 부상은 필연적이다. 중국 경제의 발전 속도가 우리나라 경제의 발전 속도를 따라잡을 때 두 나라 산업구조에 역전이 일어나게 되며, 그 결과 우리 경제는 중국 경제의 한 부분처럼 운용될 가능성이 크다.

천하의 명마 오추마鳥騅馬를 탄 기개세氣蓋世의 항적이 아무리 몸부림을 쳐도 한신이 수십만 대군을 동원하여 수십−수백 리에 걸쳐 촘촘히 쳐 놓은 그물을 빠져나갈 수 없었던 것이나 마찬가지의 이치이다. 조선일보는 2010년 1월 14일자 사설에서 "미국, 독일, 일본이 앞서 그랬듯이 중국이 최근 보여준 우주항공과 군수 분야의 기술은 머지않아 민수용 제품의 성능 향상을 가속화시켜 세계시장에서 우리 기업과 제품의 입지를 약화시킬 것이다." 라고 전망했다.

프랑스의 학자 오세나(Erik Orsenna)가 쓴 『물의 미래』에는 세계적인 에너지 공급업체인 알스톰Alstom사의 엔지니어가 오세나에게 다음과 같이 말한 것으로 나온다. "알스톰의 해외 사업부는 100년의 역사를 갖고 있는 반면, 근대 중국의 역사야 아직 30년밖에 되지 않았지. 하지만 중국은 무서운 속도로 우리를 따라잡고 있네. 우리가 앞으로 얼마 동안이야 그간 축적한 경험으로 버티겠지만, 그것도 잠시 뿐일 걸세……."

우리는 종이, 인쇄술, 나침반, 화약 등 인류 문명의 발전에 크게 이바지한 문명의 이기利器 가운데 상당수가 중국에서 발명되었다는 것을 잊어서는 안 된다.

여기에서 오랫동안 계속되어 온 중국 여행을 끝내고자 한다. 이 책을 읽기 전에 생각했던 대로 독자여러분들 모두가 중국 전문가가 되어 있기를 기대한다.

중국의 부상에 대한 대책

『강대국의 흥망 *Rise and Fall of The Great Powers*』의 저자 케네디Paul Kennedy는 강대국의 흥망성쇠는 경제력과 군사력의 변화에 좌우되어 왔으며, 급속한 경제발전을 이룩한 중국을 포함한 동아시아 국가들이 대거 부상할 것으로 예측한 바 있다.

현재의 중국은 경제적·군사적으로는 세계적 강국으로 부상했으나 △민주주의와 인권, △언론의 자유, △시장경제와 같은 인류 공통의 가치체계를 갖고 있지는 못하다. 그러나 과거 유교가 그랬듯이, 중국이 여타 동아시아 국가들이 받아들일 수 있는 가치체계를 가진 나라로 스스로를 변모시켜 나갈 경우, 우리나라를 포함한 인근국가들에 대한 영향력은 한층 더 커지게 될 것이다.

대규모의 전쟁만이 한 나라의 운명에 영향을 미치는 것이 아니다. 중국의 흡인력은 반드시 물리적 위협만을 뜻하지 않는다. 물리적 점령은 단기간에 끝날 수 있으나, 인종적 요소를 포함한 경제·문화적 침투는 저항할 수단이 거의 없는 예방 불가능한 도전이다.

실험실 비커 속의 개구리는 수온이 서서히 높아져 자기 몸이 익어 가는 것도 모르고 있다가 갑자기 죽고 만다. 이와 같은 일이 우리나라에도 일어날 수 있다. 중국의 은근한 흡인력을 느끼지 못하고 있다가 어느 날 죽음을 눈앞에 두고 급히 숨을 몰아쉬고 있는 자신을 발견하고 소스라치게 놀라는 날이 오지 않도록 철저히 대비해야 할 것이다.

아래에서 우리가 살아남기 위해서는 어떠한 정책을 취해야 하는지 알아보자.

한반도의 지정학적 중요성

중국은 명나라 3대 영락제가 1421년 난징에서 베이징으로 수도를 옮긴 이후부터 만주와 한반도를 포함한 동북지방의 정세변화에 극도로 민감하게 되었다. 중국에 적대적인 국가가 한반도를 통일하고, 군사강국 러시아도 반중국反中國으로 돌아설 경우, 만주의 안전은 담보될 수 없으며, 이 경우 중국 전체의 안정이 뿌리째 흔들릴 가능성이 있다고 보고 있다. 이른바 "입술이 없으면 이가 시리다"는 순망치한론脣亡齒寒論이다. 이 때문에 중국은 자국이 내란상태에 처해있던 1592년 임진왜란, 1894년 청·일 전쟁, 1950년 6·25전쟁 시에도 한반도에 대군을 파견했다.

중국은 한반도에 강력한 통일국가가 수립되는 것을 결코 바라지 않고 있다. 이는 동북아의 안정을 근본적으로 흔들게 될 것으로 보고 있기 때문이다.

만주와 한반도 지역에 위치했던 모용선비, 고구려, 거란, 금, 청을 비롯한 몽골 또는 퉁구스계 국가들은 지금의 중국 영토의 일부 또는 전부를 정복한 바 있으며, 중국 지도부도 이를 잘 알고 있다. 중국 지도부는 통일베트남과 전쟁까지 치러야 했던 사실도 선명하게 기억하고 있다.

여기에다가 중국과 한국 간에는 △간도, 백두산, 압록강 도서 등 육지경계는 물론, △황해, 동지나해(이어도 암초)의 배타적 경제수역(EEZ) 등 해상경계 문제도 잠재되어 있다. 1971년 10월

키신저-주은래 회담 시 주은래가 확인하려 했던 바와 같이 중국은 미국이나 일본 등 잠재적 적대국과 밀접한 관계를 갖고 있는 한국의 군대가 북한으로 진공하는 것을 결코 좌시하려 들지 않을 것이다.

민족생존을 위한 통일

중국의 부상에 따른 세계적인 세력관계의 변화에 대처하고, 민족 정체성national identity을 유지해 나가기 위해서는 한반도 통일이 필수적이다. 인구 5천만 명, 면적 10만㎢의 한국만으로는 중국 우위하의 미·중 양극체제의 대두라는 멀지않은 미래에 닥쳐올 격랑을 헤쳐 나갈 수 없다. 앞에서 말한 바와 같이, 한반도의 현상유지가 지속될 경우, 우리나라는 중국에 대한 반종속 상태를 뜻하는 핀란드화Finlandization를 피할 수 없게 될 것이다.

단적인 예로 우리나라의 중국에 대한 경제 의존은 해마다 심화되고 있다. 지난해 우리나라의 총 무역액은 약 6,900억 달러에 달했다. 그리고 중국에 대한 무역의존도(20.5%)는 미국(9.7%)과 일본(10.4%)을 합친 의존도(20.1%)를 넘어섰다. 한·중 간 지리적 인접성과 상호 보완적인 산업구조 등에 비추어 우리나라의 중국에 대한 경제의존도는 앞으로 계속 증가할 것이다.

중국이 민주화될 경우, 한반도의 통일을 지지할 것이라는 생각은 망상에 가깝다. 레닌 치하의 소련은 한때 제정 러시아가 획득한 극동지역에 대한 이권을 포기하기로 했으나, 곧 제정 러시아의 대외정책이 소련의 국익과 일치한다는 사실을 깨닫고 당초의 대외정책을 수정한 적이 있다. 중국이 경제성장을 계속하고, 민주주의의 길로 나아가든 경제성장의 정체로 격심한 정치·사회적 혼란 끝에 국수주의國粹主義를 선택하든 어느 것이나 우리에게는 극도의 위기로 다가올 뿐이다. 우리는 인접한 대국 중국의 움직임을 보다 객관적으로 관찰하고, 대응책을 모색해 나가야 한다.

통일을 달성하기 위해서는 무엇보다 한반도의 통일 이후에 대해 의심과 두려움을 함께 갖고 있는 중국, 일본, 러시아 등 인근국가들에게 통일 후 한국이 어떠한 정책을 취할지를 명확히 설명하고, 그들로부터 신뢰를 얻어야 한다. 그들의 신뢰를 확보하기 위해서는 일관성 있는 대외정책을 취하는 것이 필수적이다. 대외정책의 일관성이 흔들리면 그들로부터 신뢰를 얻을 수 없기 때문이다.

세계 2대 강국으로 올라선 중국은 한반도 통일을 사활적vital 문제로 바라보고 있다. 미국의 저명한 국제정치학자 브레진스키Zbigniew Brzezinski가 그의 저서 『The Choice』에서 지적했듯이, 중국은 한반도 통일이 자국에게 유리하다고 판단할 때만 통일을 지지할 것이다. 통일을 달성하기 위해서는 중국과 매우 특별한 관계를 가질 수밖에 없는 이유가 바로 여기에 있다.

그렇지만, 미국은 말할 것도 없고, 일본과 러시아, 인도, EU 등과의 관계를 약화시키는 것도 결코 바람직하지 않다. 고립된 한국은 국제 비중이 줄어들 수밖에 없고, 결국 중국이 매우 다루기 쉬운 나라가 될 것이기 때문이다.

태공망 강상이 말했듯이, 우리 외교의 기본은 「원교근공遠交近攻」, 즉 미국, 인도, EU 등 먼 나라들과는 매우 가까운 관계를 유지하고, 중국과 일본, 러시아 등 인근국가들과는 선린우호善隣友好 관계를 유지하는 방향으로 나아가야 할 것이다. 통일을 달성하기 위해서는 미국에 좀 더 비중을 두되, 중국과도 특별한 관계를 구축하여야 한다. 이런 측면에서 고육지책苦肉之策이라 할 수 있으며 정치·경제적 파급효과가 큰 중국과의 FTA 체결을 적극 검토해야 한다.

한반도의 안정을 유지하고, 통일을 이룩하기 위해서는 인접한 국가들과 국제기구, 다국적기업, 사회·문화조직들과 우리나라를 촘촘한 거미줄Web과 같이 연결해야 한다. 이와 함께, 동포인 동시에 현실적으로 적이기도 한 북한이 가진 양면적 성격을 상황에 맞게 해석하고, 필요시 북한과의 관계도 활용하여야 할 것이다.

參考文獻

김한규, 『요동사』, 문학과 지성사, 2004.

다이아몬드, 김진준역, 『총, 균, 쇠』, 문학사상사, 2005.

도나미 마모루, 임대희 역, 『풍도의 길(나라가 임금보다 소중하니)』, 소나무, 2004.

르네 그루쎄, 김호동·정재훈·유원수 역, 『유라시아 유목제국사』, 사계절출판사, 1998.

마르코 폴로, 김호동 역, 『마르코 폴로의 동방견문록』, 사계절출판사, 2000.

마스이 스네오, 이진복 역, 『대청제국』, 학민사, 2004.

모리 마사오·다니가와 미치오, 송정수 역, 『중국민중반란사』, 혜안, 1996.

민두기, 『중국근대개혁운동의 연구-강유위 중심의 1898年 개혁운동』, 일조각, 1985.

박원호, 『명초 조선관계사 연구』, 일조각, 2002.

박한제, 『영웅 시대의 빛과 그늘』(박한제 교수의 중국역사기행1), 사계절출판사, 2003.

박한제, 『강남의 낭만과 비극』(박한제 교수의 중국역사기행2), 사계절출판사, 2003.

박한제, 『제국으로 가는 긴 여정』(박한제 교수의 중국역사기행3), 사계절출판사, 2003.

박한제·김형종·김병준·이근명·이준갑, 『아틀라스 중국사』, 사계절출판사, 2007.

백범흠, 『4강 및 북핵 외교』, 늘품플러스, 2009.

백범흠, 『중국 중심적 중화질서를 거부해야 하는 이유』, 혜민원, 2007.

시프린, 민두기 역, 『손문평전』, 지식산업사, 1990.

신명호, 「우리 편은 공론, 남의 편은 당론」, 월간중앙 2010년 2월호.

스펜서, 이준갑 역, 『강희제』, 이산, 2001.

아마코 사토시, 임상범 역, 『중화인민공화국 50년사』, 일조각, 2003.

에드가 스노우, 신홍범 역, 『중국의 붉은 별』, 두레, 1985.

에릭 오르세나, 양영란 역, 『물의 미래』, 김영사, 2009.

오함, 박원호 역, 『주원장전』, 지식산업사, 2003.

웨난, 심규호 외 역, 『삼성퇴의 청동문명』, 일빛, 2006.

유인선, 『베트남사』, 민음사, 1984.

이스트만, 민두기 역, 『장개석은 왜 패하였는가』, 지식산업사, 1986.

이덕일, 『송시열과 그들의 나라』, 김영사, 2000.

이덕일, 『장군과 제왕』, 웅진지식하우스, 2005.

이춘식, 『중국 고대사의 전개』, 신서원, 1990.

이학근·심재훈 역, 『중국 청동기의 신비』, 학고재, 2005.

이희수, 『터키사』, 대한교과서, 2008.

임계순, 『청사-만주족이 통치한 중국』, 신서원, 2000.

정수일, 『고대문명교류사』, 사계절출판사, 2001.

제임스 류, 이범학 역, 『왕안석과 개혁정책』, 지식산업사, 2000.

제프리 파커, 김성환 역, 『아틀라스 세계사』, 사계절출판사, 2004.

주경철, 『대항해시대, 해상팽창과 근대세계의 형성』, 서울대학교출판부, 2008.

지배선, 『전조와 유연』, 연세대학교출판부, 1994.

천순신·권순만·김태용·오정환·윤대균·진영보 역, 『중국의 역사』, 한길사, 1995.

최영진, 『동양과 서양』, 지식산업사, 1993.

하야시 미나오, 이남규 역, 『고대 중국인 이야기』, 솔, 1998.

한명기, 『임진왜란과 한중관계』, 역사비평사, 1999.

허우긍·황재기 외, 『지리부도』, 교학사, 2001.

홍원탁, 『동아시아 역사 강의』, 2005.

Altheim, 「Geschichte der Hunnen」, Berlin, Vol. I, 1959; Vol. II, 1960; 1961; Vol. VI-V, 1962.

Brezezinski, Zbigniew, 「The Choice, Global Domination or Global Leadership」, New York, 2004.

Diamond, Jared, 「Guns, Germs, and Steel」, New York, 1997.

Fukuyama, Yoshihiro Francis, 「The End of History and the Last Man」, New York, 1992.

Grousset, Rene, 「The Empire of the Steppes; a History of Central Asia」, New Jersey, 1970. (English Version)

Hanson, Victor Davis, 「Carnage and Culture」, New York, 2001.

Huntington, Samuel, 「The Clash of Civilizations and the Remaking of World Order」, New York, 1996.

Kennedy, Paul, 「The Rise and Fall of the Great Powers」, Oxford, 1993.

Li & Cheong, 「China and Korea in the World Economy」, Seoul, 2008.

Mackerras, Colin, 「The Uighur Empire 744-840, According to the T'ang Dynastic Histories」, Canberra, 1968.

Woetzel, Jonathan, 「Capitalist China」, Singapore, 2003.